THE NEEDS AND SERVICES OF THE DISABLED

残障者的需求与服务供给

——基于广东省的混合研究

THE NEEDS AND SERVICES OF THE DISABLED

Based on the mixed research in Guangdong Province

徐 岩 著

社会科学文献出版社
SOCIAL SCIENCES ACADEMIC PRESS (CHINA)

本研究获得了广东省残疾人联合会的大力支持，并获得广东省残疾人联合会委托的“广东省残疾人基本服务状况和需求调查”项目的经费支持，以及中山大学城市社会研究中心的资助。

致　谢

感谢中国残疾人联合会、广东省残疾人联合会、中山大学中国残疾人事业发展研究中心对本研究的支持与帮助；感谢蔡禾教授对本研究写作与出版的支持；感谢朱健刚教授对本研究自始至终的支持；感谢深圳大学周林刚教授在调研过程中给予的支持和帮助；感谢广东省残联张永安理事长、杨志明部长在研究开展与数据获得等方面的大力支持；感谢中山大学中国残疾人事业发展研究中心的助理研究员严国威在整个研究过程中给予的支持与帮助；感谢中国残联研究室胡仲明博士在数据提供方面的帮助；感谢北京大学陈功教授对数据分析过程中所发现问题的及时回复；感谢中山大学社会学系的梁玉成教授、梁宏副教授对本研究数据分析部分的宝贵建议；感谢我指导的社会工作硕士生陈艳红、张佳怡和周宇，她们作为研究助理担负起了访谈录音的整理与初步分析工作。更要感谢参与到研究中的各位残障人士、家属亲友，以及专业工作人员，是他们的无私分享让我们更加了解残障者的生活与需求。

序

捧读完徐岩博士的《残障者的需求与服务供给——基于广东省的混合研究》书稿，心中倍感欣喜和鼓舞。在公益慈善领域耕耘了几近20年，我越发认识到我国残疾人事业研究的重要性和迫切性。2015年9月中山大学中国残疾人事业发展研究基地（中心）成立之时，我们有幸邀请了蔡禾教授、富明慧教授、周林刚教授、徐岩博士等在残障研究领域颇有建树的学者加入。在各级残联的大力支持下，围绕着“残障视角与全面康复”的核心课题，我们开展了相关学术及政策研究并与助残社会组织合办了系列实务工作坊。其中就包括我与徐岩博士合作的“广东省残疾人基本状况与需求调查（2015）”项目，而本书正是拓展于此。徐岩博士的这一著作更进一步地通过科学实证的调查方法，利用混合研究的优势，先从全广东省持证残疾人官方调查的大样本数据分析入手，对目前广东省各个地区的持证残疾人的需求与服务供给情况进行摸底与分析，再结合面向残障群体的质性调查，反映目前广东省残障人士面临的具体生活困境，在此基础上从发展中的残障社会模式视角，不仅对残疾人社会保障与社会政策的诸多方面进行了探讨，也揭示了残障者赋能的必要性，以及残障社会工作与残障社会组织发展对残疾人事业的重要性。

从理论研究到实务工作，残障视角一直都处在不断的演进与完善当中。现代的残障研究以及残疾人事业的实践发展均已从生物医学模式转向社会模式，并经过对社会模式的再思考，开始超越社会模式，逐渐迈向普同模式。即使是在以往与医疗卫生联系更为密切的残障康复领域，倡导与推行涵盖医学康复、教育康复、职业康复和社会康复等内容的残疾人综合性康复服务已是国际学界和政界的共识。联合国于2001年通过的《国际功能、残疾和健康分类》（ICF）是当代国际社会最重要的残疾与健康分类体系，它指出残疾具有三项核心内容：残疾是个体的身体结构与功能上的障碍；残疾是个体的活动受限和参与局限；残疾是个体与环境因素相互作用而产生障碍的结果。ICF关于残疾的分类体系不仅是医学的和生物的，而且还关注了社会的与环境的。这犹如徐岩博士在本书中所指出的：残障风险的避免与残障者福祉的实现，不仅与社会生活中的每一个个体息息相关，也是社会和国家的共同责任。残疾人事业的发展不仅需要自上而下的政策保障与公共服务提供，也需要社会大众与残障者自身的努力。对残障者及其照顾者的赋能既是残疾人事业发展的目标又是手段，是实现包括残障者在内的全体社会成员共同福祉的重要内容。

我国残疾人事业在“十二五”期间取得了丰硕成果，残疾人参与社会生活的环境和条件得到明显改善。残疾人事业发展的各项“十三五”实施规划2016年以来也都相继出台，各项残疾人事业发展利好政策逐渐颁布，这是残疾人事业发展的又一契机，也是残障研究的春天。李克强总理在审议《关于加快推进残疾人小康进程的意见》时更是强调“要在2020年全面建成小康社会，不能让残疾人掉队”。但是，我国目前约有8500万残疾人，其中1230多万农村残疾人尚未脱贫，260万城镇残疾人生活十分困难。广大残疾人对基本生活、医疗卫生、康复、教育、就业、扶贫、托养、无障碍、文化体育、权益维护等需求依然迫切，亟待建设契合残疾人多层次、个性化、类别化需求的公共服务体系。实现残疾人全面小康的目标，不仅需要动员全社会的力量来加速残疾人事业的发展，也同样需要高质量的残障研究为残疾人事业提供理论支持与科学依据。

随着党和政府对社会建设的日益重视，各类助残社会组织在残疾人公共服务体系的建设过程中发挥了重要作用。各级政府相关部门通过购买服务项目、服务岗位等形式逐渐将适合由社会组织开展的残疾人服务工作交由助残社会组织承担。整体而言，均等化、标准化、组织化、专业化、职业化是残疾人公共服务体系建设的重要方向，而提升残联组织的枢纽作用、重视残疾人自身和助残社会组织的主体作用、鼓励发展残疾人服务业、引入残疾人社会工作的专业技术成为创新残疾人社会管理的重要途径。本书对于广东省的实证研究让我们看到了目前残疾人公共服务供给的严重不足，同时也揭示了在建设残疾人公共服务体系的过程中，聚焦于社区康复的社会力量还有待进一步激活。

最后我还是要老生常谈：社会转型不仅仅需要自上而下的推动，更需要自下而上的普通人的努力，残疾人事业的发展亦是如此，需要更多的学者和实务工作者介入，残障人事业才能有长足的发展。希望有更多的类似徐岩博士这样的优秀学者能够加入这一前景广阔的事业。

中山大学中国残疾人事业发展研究基地（中心）主任　朱健刚教授

2017 年 3 月于文科楼

目 录

第一章　引言

第一节　研究背景

世界卫生组织与世界银行于2011年共同发布的《世界残疾报告》中指出，“估计全球超过10亿人或15%的世界人口（2010年全球人口估计）带有某种形式的残疾而生存”。《世界健康调查》（*World Health Survey*）估计约7.85亿（15.6%，即占世界人口的比例，下同）的15岁及以上的人带有残疾[1]生活，而《全球疾病负担》（*Global Burden of Disease*）估计约9.75亿人（19.4%）带有残疾。此外，《世界健康调查》估计1.1亿人（2.2%）有很严重的功能障碍，而《全球疾病负担》估计1.9亿人（3.8%）有“严重的残疾”，诸如四肢瘫痪、严重的抑郁症或失明。《全球疾病负担》调查了儿童（0～14岁）残疾情况，估计有0.95亿（5.1%）带有残疾，其中0.13亿（0.7%）有“严重残疾”[2]。

目前随着人口老龄化进程的加快，以及全球与残疾有关的慢性健康状况（如糖尿病、心血管疾病和精神疾病等）的增加，残疾人口的数量在持续增长。同时，残疾的形式也受到“健康状况发展趋势和环境以及其

---

① 语言文字的使用可以体现人们特定的价值取向。关于残疾的称谓本身一直就是一个在探讨与演进中的词汇。本书采用社会模式来看待残障问题，并支持社会模式的进一步完善，向普同模式迈进。实际上相比残疾，残障一词更贴合社会模式视角，现在越来越多的学者、社会工作者、服务提供者使用残障一词，甚至国内也开始沿用中国台湾地区率先使用的“身心障碍”来取代残障中的“残”所表达的负面含义。但目前国内官方渠道，以及相关法律政策（包括国际文件中译本）中仍然主要使用残疾一词。因此，在本书行文中，为避免由词汇使用造成的阅读不便，残疾与残障两种称谓均有使用，并且“残疾”的使用频率更高，主要是配合现有各种政策法规文件，以及中残联主导的全国调查数据。（具体残障视角的转变及称谓的使用详见本书第二章第一节。）

② 具体数据内容参考世界卫生组织网上公布的《世界残疾报告》的中文版概要。

他因素如交通车祸、自然灾害、暴力冲突、饮食和药物滥用发展趋势的影响”[①]。全球残疾人口的估计值从20世纪70年代的占世界人口的10%上升到了15%。

可见，残疾的发生率越来越高，已经成为全球视角下需要关注的与大众生活息息相关的重要问题。残疾，从科学角度更应称之为残障，它不仅是个人与家庭面临的问题，也是个体身体、心理与社会多重因素导致的复杂社会问题。残障群体在社会生活中往往处于弱势地位，需要社会支持与保障。从科学研究层面，随着经济的发展，人口寿命的延长、医疗水平的提高等原因，对残障的认识逐渐从简单的医学模式转为社会模式，残障不再是少数人先天性的问题，而变成每个人成长过程中都可能发生的风险，残疾人的幸福与全体社会成员的幸福不再割裂。这要求全社会必须更加关注残障问题。

一 残疾人口数量分布情况

根据第二次全国残疾人抽样调查数据[②]显示，全国残疾人口中，男性为4277万人，占51.55%；女性为4019万人，占48.45%。性别比（以女性为100，男性对女性的比例）为106.42。全国残疾人口中，0～14岁的人口为387万人，占4.66%；15～59岁的人口为3493万人，占42.10%；60岁及以上的人口为4416万人，占53.24%（65岁及以上的人口为3755万人，占45.26%）。

研究显示，我国0～4岁残疾人比例逐步上升，由0岁的9.46‰上升到3岁的22.3‰，4～6岁稳定在21‰～22‰；但是7岁突然降低到15.49‰；其后平稳地上升，由15.49‰上升到29岁的29‰，再上升到49岁的55.7‰；50岁后残疾人比例快速上升，由50岁的59.5‰快速上升到80岁的442.9‰，再上升到85岁及以上的618.9‰。与此同时，中国人口中残疾发生风险率在婴幼儿时期较高，在6～59岁之间的残疾发生风险率较低但随年龄的增长而加速上升，60岁及以上发生风险率快速上升，60

① 见世界卫生组织网上公布的《世界残疾报告》的中文版概要第8页。

② 第二次全国残疾人抽样调查数据来源于国家统计局、第二次全国残疾人抽样调查领导小组《第二次全国残疾人抽样调查主要数据公报（第二号）》，《中国残疾人》2007年第6期。

岁时残疾发生风险率超过10‰，80岁时超过95‰，到84岁达到160‰（王金营、张翀，2009）。

第二次全国残疾人抽样调查数据还显示，全国残疾人口中，城镇残疾人口为2071万人，占24.96%；农村残疾人口为6225万人，占75.04%。残疾等级为一、二级的重度残疾人为2457万人，占29.62%；残疾等级为三、四级的中度和轻度残疾人为5839万人，占70.38%。具有大学程度（指大专及以上）的残疾人为94万人，高中程度（含中专）的残疾人为406万人，初中程度的残疾人为1248万人，小学程度的残疾人为2642万人（以上各种受教育程度的人包括各类学校的毕业生、肄业生和在校生）。15岁及以上残疾人文盲人口（不识字或识字很少的人）为3591万人，文盲率为43.29%。

全国有残疾人的家庭户2005年人均全部收入，城镇为4864元，农村为2260元。12.95%的农村残疾人家庭户年人均全部收入低于683元，7.96%的农村残疾人家庭户年人均全部收入在684元至944元之间。

我国残疾人规模目前进入快速扩大时期，残疾人数量继续扩大，残疾率持续上升，2006年至2020年总人口规模将持续增加，人口老龄化进程加快，残疾人增长速度也随之逐渐递增。据第二次全国残疾人抽样调查数据预测，残疾人年增量将在2035年达到峰值约为230万人，之后逐年呈现下降趋势，到2050年，估计我国残疾人总数将达到1.65亿人（程凯，2008）。我国致残因素主要为后天致残，获得性残疾则占到3/4，并具有较大的地区差异、城乡差异和性别差异，不同年龄人口面临不同的致残风险（崔斌、陈功、郑晓瑛，2009）。规模庞大的残疾人口揭示了我国残疾人事业发展的必要性与重要性，也显示出残疾人事业肩负着重要的民生责任。

二　残疾人事业的发展

改革开放以来，从1988年起，我国已经制定和实施了六个残疾人发展纲要，残疾人事业从开创、形成到发展不断前进（毛传清，2015）。“八五”纲要提出要初步解决残疾人的温饱问题；“九五”纲要设定基本解决残疾人温饱问题；“十五”纲要提出“经济发达地区残疾人生活基本达到小康，欠发达地区基本解决温饱”；“十一五”纲要提出“残疾人基本生活总体初步达到小康水平”；“十二五”纲要提出“残疾人生活总体达到小康”。2016 年 8 月颁布的“十三五”纲要指出“十三五”时期是全面建成小康社会的决胜阶段，强调这一时期“必须补上残疾人事业的短板，加快推进残疾人小康进程，尽快缩小残疾人状况与社会平均水平的差距，让残疾人和全国人民共同迈入全面小康社会”。这一系列的发展目标和要求反映了我国残疾人事业发展的视角、决心与能力，体现了残疾人事业发展扎根中国国情，从实际需要出发，以人文本，不断追求公正公平与进步的过程。

从残疾人事业发展的规划中可以看出，党和国家一直以来都高度重视残疾人事业的发展。在注重社会治理与创新社会实践的新时期，习近平总书记系列重要讲话中明确指出社会政策要托底满足困难人群的需要。2013 年以来，相继出台了一系列完善与推进残疾人事业的政策规定与法律法规。2013 年 11 月，党的十八届三中全会通过的《中共中央关于全面深化改革若干重大问题的决定》强调，要健全残疾人权益保障制度。2014 年 10 月，党的十八届四中全会通过的《中共中央关于全面推进依法治国若干重大问题的决定》强调，要完善残疾人合法权益保护等方面的法律法规。2015 年 10 月，党的十八届五中全会通过的《中共中央关于制定国民经济和社会发展第十三个五年规划的建议》强调，要加强对特定人群特殊困难的帮扶，办好特殊教育，支持残疾人事业发展，健全扶残助残服务体系。2015 年 1 月，国务院推出了《关于加快推进残疾人小康进程的意见》。2015 年 9 月，国务院出台了《关于全面建立困难残疾人生活补贴和重度残疾人护理补贴制度的意见》等①。

2016 年，民政部等六部门联合制定的《关于做好农村最低生活保障制度与扶贫开发政策有效衔接的指导意见》中，明确指出“对农村低保家庭中的老年人、未成年人、重度残疾人、重病患者等重点救助对象，要采取多种措施提高救助水平，保障其基本生活，严格落实困难残疾人生活补贴制度和重度残疾人护理补贴制度”。国务院办公厅印发了《国家残疾

① 具体见鲁勇《在开展加快推进残疾人小康进程专项调研工作启动会上的讲话》，《中国残疾人联合会工作通讯》第 15 期，2016 年 4 月 5 日。

预防行动计划（2016—2020年）》，为推动开展残疾预防工作提供了重要指导。为贯彻落实《国务院关于加快推进残疾人小康进程的意见》（国发〔2015〕7号）和《国务院关于进一步做好新形势下就业创业工作的意见》（国发〔2015〕23号）要求，进一步提高残疾人职业技能水平和就业创业能力，保障和改善残疾人民生，人力资源社会保障部与中国残联共同颁布了残疾人职业技能提升计划（2016—2020年），力争到2020年，"使新进入人力资源市场的残疾人都有机会接受至少一次相应的就业技能培训；使企业技能岗位的残疾人都有机会得到一次以上岗位技能提升培训或高技能人才培训；使具备一定创业条件或已创业的残疾人都有机会接受创业培训"。除此之外，2016年国家相关部门相继在困境儿童、攻坚脱贫、精准康复、医疗保障等方面出台了一系列的政策、意见与规划。

"十三五"纲要中明确指出了残疾人事业发展的指导思想、基本原则和主要目标。在新时期残疾人事业的发展要深入贯彻习近平总书记系列重要讲话精神，贯彻创新、协调、绿色、开放、共享的发展理念，把"加快推进残疾人小康进程"作为重点任务，要"聚焦农村、贫困地区和贫困、重度残疾人"，要"健全残疾人权益保障制度和扶残助残服务体系，增加残疾人公共产品和公共服务供给"，让残疾人群体能够更多、更公平、更实在地共享改革成果，强调残疾人增收、生活质量、融合发展与尊严。原则上坚持普惠与特惠相结合的福利政策，坚持残疾人服务提供的政府主导与社会参与、市场推动相结合，坚持增进残疾人福祉和促进残疾人自强自立相结合，坚持统筹兼顾与分类指导相结合，考虑残疾程度、城乡与地区差异，以及经济差异。

在国际上，中国在亚太以及全球残疾人事业发展上也发挥了越来越重要的作用。2014年在北京雁栖湖畔召开的亚太经合组织第二十二次领导人非正式会议上，"残疾人问题"写入了宣言附件三《亚太经合组织经济创新发展、改革与增长共识》中，提出要为残疾人参与经济活动创造有利环境，鼓励加强残疾人方面的区域合作①。在这次会议上，由中国残疾人联合会起草的《促进残疾人平等参与和融合发展的联合倡议》获得20

① 来源：中残联网站，http：//www. cdpf. org. cn/zcwj1/gjwx/201412/t20141209_ 433307. shtml。

个亚太经济体的一致通过，在倡议中重申了联合国《残疾人权利公约》所确立的尊重差异，认可多样性，以及非歧视和融合发展的核心观点，肯定了残疾人作为社会发展的推动和受益者，为全社会做出的重要贡献。强调了残疾人的人权、自由与社会平等，以及社会参与的权利和包容性发展战略的重要性。并呼吁 APEC 经济体做出承诺为残疾人提供平等机会与平等参与经济和社会发展的权利，创造平等就业机会与包容性社会环境，通过教育与培训提升残疾人参与经济活动的能力，加强政府与民间团体的合作。该倡议也指出要合理满足残疾人需求，通过跨国协作与创新促进残疾人康复服务的发展；要积极发展无障碍环境，加大各国对残疾人事务的资源投入。此倡议建议将残疾人议题纳入 APEC 合作框架并自愿成立一个开放式的“残疾人事务之友小组”（Group of Friends on Disability Issues）来推动倡议的具体实施。

此后，在每年的亚太经合组织领导人会议声明上，都能看见有关残疾人的内容[①]。2015 年《亚太经合组织第二十三次领导人非正式会议宣言》提出“扩大社会各行业和各阶层参与经济发展，特别是妇女、青年、残疾人、土著居民、低收入群体、中小微企业的参与，对于实现包容性增长有重要意义”。2016 年 APEC 部长级会议联合声明，提出“鼓励成员经济体开拓潜在的包括中小微企业、妇女、青年、老年人和残疾人在内的人力资本发展跨领域合作”，“特别关注妇女和弱势群体专业技能的提升”。2016 年 11 月的《亚太经合组织第二十四次领导人非正式会议宣言》提出“应将妇女、青年和残疾人的经济赋权作为 APEC 加强高质量增长和人类发展议题的工作重点”。这些都凸显了中国残疾人事业的发展中残障的社会模式影响越来越显著。不仅如此，中国在亚太乃至全球的残疾人事业发展也开始起到越来越重要的带头作用。

三 广东省残疾人事业发展概况

广东省残疾人事业发展有着悠久的历史。礼记中曾提到，“鳏寡孤独

---

① 上述国际会议“宣言”或“声明”资料均可在中残联网站政策文件/国际文献部分找到公开材料。

废疾者皆有所养”，这可以说是中华民族最早的扶残济困的思想的体现（梁左宜，2015）。广东早在清代就设置了普济五院，收养盲人、老人与精神病人。新中国成立后，除了各类公立残疾人服务机构的发展，广东省由民间人士兴办的残疾人福利事业也非常多。改革开放以来，随着党和国家各种发展残疾人事业的政策、法规的相继出台，残疾人服务工作是各级政府工作中非常重要的组成部分。广东省作为经济发展的排头兵，其残疾人事业发展也处于全国前列，在残疾人康复、教育、培训、就业与扶贫、社会保障与托养、文体事业等各方面都取得了显著成绩。

宋卓平、杨志明与江明旭（2010）① 曾经总结了广东省残疾人工作20年的成就与经验，指出过去广东残疾人事业发展有其鲜明的特色：“快发展、求实效、上水平”；以及“全面性、领先性、创新型”的特点，残疾人事业的多项工作指标都位居全国前列，在残疾人组织体系与社区网格化发展、残疾人理论研究、残疾人就业推动与扶贫救助、残疾人康复、残疾人教育，以及残疾人文化体育事业等方面都具有优势特色。

当前，广东省残疾人事业发展也存在着机遇与挑战并存的局面。据《2015年广东国民经济和社会发展统计公报》显示，全省地区生产总值（GDP）高达72812.55亿元，人均GDP达到67503元，按平均汇率折算为10838美元。② 虽然广东省的经济发展一直处于全国领先地位，但据2006年全国残疾人抽样调查结果显示，广东省残疾人口539.9万，占全省总人口的5.86%，残疾人口总量位于全国第4。近10年来残疾人口总量持续递增，由于残疾人口总量大，残疾人总体生活状况与广东省社会平均水平相比差距比较明显，各项服务的供需缺口也还比较大。

此外，广东省内由于地理资源、资源分布与经济基础之间的差异，粤东西北地区与珠江三角洲地区的发展并不平衡，珠三角地区在经济发展与资源分布方面要领先于其他区域。

珠三角地区包括广州、深圳、佛山、东莞、中山、珠海、江门、

① 见郑成功主编《中国残疾人事业发展报告》，人民出版社，2011，第168～188页。

② 《2015年广东国民经济和社会发展统计公报》，见广东统计信息网（http：//www.gdstats.gov.cn/tjzl/tjgb/201605/t20160516_327975.html）。

图 1－1　广东省行政区划图（图片来源：广州日报）

肇庆、惠州共 9 个城市。粤东地区，是广东省东部地区的简称，包括汕头、潮州、揭阳、汕尾。粤西地区一般包括湛江、茂名、阳江、云浮四个地级市。粤北山区则包括韶关、清远、梅州、河源。

从经济发展方面看，珠三角地区生产总值占全省比重为 79.2%，而粤东西北地区三者相加只占全省的 20.8%。珠三角地区不仅仅是经济上处于优势地位，在其他方面也相对领先。据《2011 年广东省社会建设综合评价报告》[①] 显示，从社会建设总指数来看，珠三角地区领先优势较大（156.9），粤东（105.3）与粤西（95.5）、粤北（98.9）相比则有一定优势。珠三角地区在人口发展、生活水平方面都遥遥领先，在公共服务方面也是相比粤东西北地区要更具优势。这些地区间的差异也可能使广东省内的残疾人事业发展出现区域不平衡现象，残疾人工作需要依据各个地区的情况来进行统筹安排。

① 《2011 年广东省社会建设综合评价报告》，见广东统计信息网（http：//www.gdstats.gov.cn/tjzl/tjgb/201301/t20130121_98142.html）。

第二节　研究问题

无论从政策导向、学理视角还是从社会发展趋势上来说，残疾人事业的发展重要性不言而喻。本研究立足广东这一改革开放的前沿地区，以中国残联主导的全国残疾人基本服务状况和需求专项调查所收集的广东省持证残疾人大数据为依托，又依照该省的实际情况，分析省内各地市残疾人基本需求与服务提供情况，对该省 2015 年残疾人服务与需求情况进行摸底，并开展针对各类残疾人个体的焦点小组座谈会与访谈，对广东省残疾人服务与需求情况进行立体化深描，力求以广东为例，比较全面和精细化地反映残疾人事业发展的成果与面临的挑战，结合残障研究的相关理论与视角进行分析，为广东省残疾人事业“十三五”规划的具体实施提供有效可信依据，为加速残疾人小康、增进残疾人福祉、最终实现社会全面小康提供有价值的政策建议。

本调研的具体研究问题有：

一、以全国残疾人基本服务状况和需求专项调查为依托，摸清广东省内 21 个地市各类残疾人在家庭收入与生活状况、教育、就业与扶贫、社会保障、康复、无障碍设施建设、文化体育活动、社区服务等方面的托底服务需求与供给情况。

二、进一步深入了解广东省内各个地市残疾人服务供给分布与残疾人需求分布情况，比较省内珠三角与粤东西北各个地市之间需求与供给差异。

三、通过残疾人群体自我发声渠道，了解残疾人个体的具体诉求与面临的困难，以翔实的个案充实残疾人调研细节，生动形象地呈现广东省残疾人服务与需求状况，深化对残疾人困境的了解，促进对残疾人赋权必要性的认识。

四、最终，在此基础上提出继续深化细化广东省残疾人服务的政策建议，力求为残疾人事业“十三五”期间的发展提供有价值的参考。

第二章　文献回顾

第一节　残障研究的视角转变

对残障的理解是一个不断发展与演进的过程，必须植根于社会、历史与文化的背景下来探讨。总体上来讲，有个体模型与社会模型这两类模型为如何理解残障提供了理论支持与实践依据。个体模式认为残障体现的是个人属性，是因个人身上存在的缺陷而导致的障碍，需要接受治疗，社会应该给予慈善帮助。在这样的视角下，医疗模型、道德模型、慈善模型都可以纳入个体模式的大框架下（杨锃，2015；谢佳闻，2012；Rothman，2013）。社会模式把对残障的关注点从个体的生理心理局限转移到物理结构、社会系统、文化环境和社会环境对个体施加的限制上来，认为残障是社会过程导致的社会问题，是社会政治经济文化下产生的社会不利状况或活动限制，这种不利状况或限制往往与社会压迫与歧视相联系（奥利弗等，2015）。英国利兹大学残障社会政策研究领域的专家 Priestley 教授指出，把握残障个体模式和社会模式的深层差异，是理解当代残障问题的关键（普里斯特利，2015）

人类社会发展历史中，长久以来对待残障问题都是从个体模型视角出发的。古代西方文化常把身体残疾看成邪恶与低贱的，也认为身体残疾的个体是需要治疗的对象。在西方，宗教对残障的道德模型发展起到了深远的影响。很长一段历史时期中，对待残障的态度往往伴随着道德上的评价，一方面认为残障是对不道德行为或恶行的惩罚，这种惩罚可能来自代际的传播（比如由于父母的恶行报应到子女身上），也可能是受到了邪恶力量的控制（尤其针对精神障碍与智力障碍），必须受到道德上的审判。

另一方面又主张社会大众有照顾残疾人的道义责任，认为残障者经历磨难是必然的，但值得同情与关爱，是可以被拯救、照顾和治疗的（Rothman，2003）。

随着科学技术与人权意识的发展，西方社会对待残障者的观念也逐渐发生了变化。科学有助于破除封建的迷思，对残障者的具有浓重宗教意味的道德审判逐渐弱化，社会开始关注对残障者的治疗与照顾。残障被当作疾病来对待，开始重视残障相关的医疗福利政策的制定与实施（谢佳闻，2012）。

世界卫生组织从 20 世纪 70 年代开始从医学视角系统讨论残疾是如何形成的。1980 年颁布的《国际机能损伤、残障和障碍分类》（*International Calssification of Impariments*，*Disabilities and Handicaps*，ICIDH），其中对损伤（impairment）、残疾/残障[①]（disability）与障碍（handicap[②]）进行了界定。“损伤”指生理与心理意义上的结构或功能的丧失或异常；“残疾/残障”指个体的能力因损伤而造成的某种缺失或限制，进而不能以公认的正常人的方式或能力行事；“障碍”是指因损伤或残障导致的个体在社会生活上的障碍（杨锃，2015；奥利弗等，2015）。

但是，在医疗模式下，残障的判定更是一个贴标签的过程。残障者被看作丧失了一定的功能，是偏离了常模的有缺陷的个体。这种基于医学视角的贴标签过程在对残障者的身体损伤提供了医学分类与治疗标准之外，也强化了对残障的社会偏见与刻板印象，加深了残障者的社会隔离状况，成为社会排斥的强有力的借口。

因此，以医学模型为代表的个体模式受到了许多社会学者的批判。这种个体化的解释暗示了个体的遭遇只是一个生理心理的发展变化过程，是残障者个人的问题，忽略了来自家庭与社会的影响。在个人模式下的残障者往往是自怨自艾、需要同情和怜悯的角色，将残障者标签化，增加了社会排斥的可能性。并且，为服务提供部门及专业人员提供了推卸社会责任的根据，人们会认为障碍是残障者自身问题造成的，而缺乏对社会环境进

① 对于 disability 一词，有文献翻译成残疾，也有文献翻译成残障。总体来说，官方渠道更多地翻译成残疾。

② 由于 handicap 这一英文单词从词源上带有强烈的贬损色彩，现在基本被弃用。

行改变的动力（Finkelstein，1980；奥利弗等，2015；杨锃，2015）。

ICIDH 颁布之后，由于没有考虑环境对残障的影响，完全采用医学视角来将残障的责任归为个体而被残障人士群体和组织诟病，其后世界卫生组织经过了多次的修订与改版，在 2001 年的世界卫生大会上通过了《国际功能、残障与健康分类》（*International Classification of Functions*，*Disabilities and Health*，ICF）。ICF 的颁布可以说是世界卫生组织对残障医学模型批判的一个积极回应。

ICF 分类系统纳入了医学模型和社会模型两者中的要素，综合建立了对于残障的生物心理社会模式（bio - psychosocial model），除了体现了个体的身体功能、身体结构的改变及活动和参与的情况外，也考虑到了个人和环境因素对个体功能造成的影响。ICF 分类系统将残障过程放在了健康状态的大框架下进行讨论，从身体功能与身体结构、活动与参与，以及个体生活和生存的背景性因素四个方面的互动关系来反映个体的健康状况（包括疾病与障碍的状况），从更加积极的层面来关注残障者的活动与参与过程，而不是一味地消极面对残障中的社会排斥（何侃、胡仲明，2011）。

有学者认为 ICF 虽然考虑了环境因素，仍然是在个体取向的模式下讨论残障（奥利弗等，2015）。但不可否认，ICF 分类系统促进了各国更多地从社会模式出发来进行残障政策的制定与实施。社会模式让我们更深刻地思考一个问题，即社会多大程度上愿意进行制度上的调整与环境的改造来移除强加在残障者既有限制上的障碍（Shearer，1981）？社会模式认为损伤是个体限制的原因，而残障是强加在损伤之上的（奥利弗等，2015）。残障研究所探讨的中心议题，诸如社会排斥、社会融入、社会福利与政策、社会服务、医疗与康复、社会认同等问题，已经超越了医学与心理学的范畴，更大程度上是社会学领域的研究问题（杨锃，2015）。

社会模式促进了残障政策与服务的变革式发展，但是社会模式仍然存在争议。随着对残障认识的深化，社会模式遭到了一些学者的批判（Morris，1996；Bury，2000；Shakespeare，2006）。他们认为，社会模式只着眼于社会环境造成的障碍，而忽略了损伤。并不存在简单的损伤与障碍之间的二元对立，损伤是残障个体客观存在的一部分，我们必须反省损伤和障碍的互动关系，在重视残障的社会中观与宏观层面的影响因素的同时，也不能无视残障个体的微观心理体验。当然，也有学者指出，目前对残障社会模式的认识存在一定的误区，社会模式往往被矮化（星加良司，2015）。Thomas（1999）拓展了早期社会模式对损伤与障碍的理解，她认为障碍是由于人们（包括身体损伤与身体无损伤的个体）之间的不平等社会关系所导致的，而损伤效应（impairment effects）是生理上客观存在的损伤所带来的消极影响，社会模式下的研究不仅要研究残障的社会过程与实践中的行动障碍，还要研究反映残障者个体心理认知的认同障碍（谢佳闻，2012）。

左拉是美国社会学领域残障研究的重要代表人物，他强调残障的"社会壁垒"对残障者社会参与的影响，认为残障者必须克服社会壁垒，获得作为残障者的身份认同，承认人的多样性，找回真实自我，才能获得真正意义上的社会融入（杨锃，2015）。左拉在社会模式的基础上，提出了普同模式的概念。人口的老龄化趋势，医学技术的提升，养老模式从家庭到社区的一路演化，使得残障成为一个越来越普遍的问题，每个人都可能面对残障的风险。这种普同的观点实际上也获得了国际社会的认同。WHO 的 ICF 分类系统已经采纳了普同的残障理念，认为每个人在其一生中都有可能经历健康状况受损形成残障的经验，这种普遍的人生经验是生理心理条件与环境状态共同作用的结果（何侃、胡仲明，2011），有助于消除社会大众对残障的偏见（Bickenback et al.，1999）。

可见，社会对残障的认识在不断地演进。残障是一个复杂的社会现象，需要多元的视角与理论支撑，不同学科对残障研究有着不同的切入点。社会学的残障研究以福利理论为基本框架，注重在社会模式视角下对残障问题进行理论探讨，而社会工作则在实践中更加强调对残障者的赋能（李学会、傅志军，2015）。

第二节　残疾人服务与保障

一　残疾人社会保障总体状况

社会保障是国家依法建立的、具有经济福利性的国民生活保障系统，也是运用经济手段解决社会问题进而实现特定政治目标的制度安排，同时也是维护社会公平、实现国民共享发展成果的基本保障机制（郑功成，2009）。随着中国经济持续快速增长，重视残疾人社会保障事业是衡量社会公平与文明进步程度的基本指标，也是保障残疾人群体共享国家发展成果的有效路径。构建与经济社会发展水平相适宜的残疾人社会保障制度亦成为近年来学界关注的重点（陈斌、陶冶、张皓，2015）。

残疾人社会保障主要包括残疾人的就业保障、生活保障、教育保障、医疗康复保障、环境及服务保障等五方面（许琳、张艳妮，2007）。就业保障方面，我国政府实行集中与分散相结合的方针，在不同层次上、通过多种渠道、采用多种形式来安排残疾人就业，具体方法包括：集中安排残疾人劳动就业；按比例安置残疾人就业；鼓励残疾人自谋职业，并扶持农村残疾人参加各种形式的生产劳动；开展残疾人职业培训，提高就业能力；等等。

生活保障方面，主要是对生活困难的、无劳动能力的残疾人提供基本生活保障，主要通过临时救济、五保供养、定期补助、扶贫开发等途径给予基本生活保障，并且对重度残疾、一户多残等具有特殊困难的残疾人给予特别扶助，尽量提升残疾人社会保障水平，促进残疾人生活质量的提高。

医疗与康复保障帮助残疾人恢复与发展社会功能，促进社会生活的平等参与。除了国家每年均拨有专款组织开展医疗抢救性康复工作，诸如白内障手术、肢体矫正手术等医疗康复项目外，还包括了精神疾病与智力残疾的预防、干预与康复，以及各种康复器具用品的服务提供。同时残疾人康复保障也从注重以医学视角为主的医院康复，逐渐开始重视心理与社会功能康复的家庭康复与社区康复。

要实现残疾人小康、促进残疾人实现公平参与社会生活的目标，教育保障是必不可少的要素。联合国《残疾人权利公约》明确规定缔约国必须保证残疾人教育的包容性，指出了融合教育对打破障碍、挑战社会偏见的重要作用。我国也制定了一系列的法律法规来保障残疾人受教育的权利。目前残疾人的教育状况有了进一步的提升，但是依然存在着不同残疾类别受教育情况不同、非义务教育阶段力度亟须加强、高等教育需要大力发展、融合教育规模与效果需要进一步提升等问题。

环境与服务保障主要指残疾人的无障碍环境与无障碍服务保障，通过为残疾人提供各种无障碍设施、信息交流无障碍服务、各种基于“合理便利”的优先服务和照顾，来营造对残疾人无障碍的社会环境，促进残疾人的社会融入，更好地实现残疾人“平等、参与、共享”的目标。目前，我国正在加强城乡残疾人无障碍环境建设，针对主要道路、商场、医院、机场、公交车站等公共场所，以及残疾人居民住宅进行了坡道、盲道、扶手、交通音响信号装置等无障碍设施改造。

对于残疾人社会保障制度以往存在的问题，学者们也分别做了总结。比如，余向东（2011）认为，以往我国在残疾人特惠保障、特供保障、均衡保障和服务保障方面存在体系性缺失。他指出，虽然残疾人贫困状况不断得到改善，生存压力逐步得以缓解，但改善的速度和缓解的程度比较有限，且主要得益于经济增长带来的普惠性收益分享，而不是特惠性法律制度设计。如果根据2006年第二次全国残疾人抽样调查取得的数据资料进行分析，会发现以往16岁及以上残疾人群体的残疾人社会保险、医疗保险，以及其他险种的覆盖水平均明显低于全国平均水平。许多具体的问题没有得到解决，比如一些残疾人无力缴纳新型农村合作医疗或居民基本医疗保险个人承担部分的费用；有特殊需求的医疗项目没能纳入报销范围或者虽然个别项目纳入报销，但比例偏低；重度残疾人无力住院治疗；残疾人很难得到大病救助；一些康复所需的药品、设施和护理，被排斥在报销目录和保险范围之外；等等。

郑成功（2011）指出，残疾人群体随着经济发展与社会进步大量涌现，满足残疾人需求的社会保障制度建设非常重要。一方面，残疾人群体中的贫困问题相当突出，那些急切需要社会救助的群体，在没有健全的保障制度的环境下，将很难生存与发展。另一方面，残疾人分享国家发展成果的合理途径相对来说较少，如果不能从社会保障制度上下功夫，残疾人将依然难以平等地分享国家社会经济发展成果。另外，残疾人保障的城乡差异也相对突出。黎建飞（2011）则强调了社会偏见与歧视对残疾人保障制度真正落实到位的影响，例如就业制度的真正落实仍存在不少困难。

郑成功（2011）对如何完善残疾人社会保障提出了自己的建议。一要树立平等、参与和共享的理念。残疾人与其他社会群体共享国家发展成果，为残疾人提供保障不是特殊照顾、不是恩赐，而是对残疾人平等参与社会生活权利的保障。二要坚持一般性制度安排与专项制度安排相结合、经济保障与服务保障相结合、生活保障与其他保障相结合。由于残疾人身体条件的特殊性，需要辅助一定符合残疾人自身特点与需求的保障内容配合面向大众的一般性保障制度，才能真正实现残疾人的平等参与和共享理念。最后，政府虽然承担着残疾人社会保障的主导责任，但是仍需要全社会的努力，需要更多的社会组织，调动更多的社会资源参与到残疾人社会保障建设中来，多渠道多层次辅助实现残疾人的福利与保障。

二 残疾人教育

1949 年后，中国残疾人教育制度经历了三个不同的发展阶段，从计划经济时期对残疾人的教育政策缓慢发展阶段，到市场经济转型时期的残疾人教育政策法制化阶段，再到目前社会建设时期残疾人教育发展与政策体系化阶段。尤其是从改革开放之后，政府相继出台了一系列与残疾人教育相关的政策法律法规，在法律层面，有《中华人民共和国宪法》《中华人民共和国义务教育法》《中华人民共和国残疾人保障法》等。1990 年，《中华人民共和国残疾人保障法》颁布实施，明确规定了“国家保障残疾人受教育的权利”（彭华民、冯元，2015；赵宇辉，2010）。

在专门政策法规层面，有《残疾人教育条例》《关于进一步加快特殊教育事业发展意见》等。1994 年颁布的我国第一部有关残疾人教育的专项法规《残疾人教育条例》，对残疾人的学前教育、义务教育、职业教育、高等教育、成人教育等方面做出具体的规定。

在工作纲要和实施细则层面，先后出台了“十五”至“十三五”四部《中国残疾人事业发展纲要》，其中，对残疾人教育的发展均有着明确的规划。在 2010 年国务院召开的全国教育工作会议上，颁布了《国家中长期教育改革发展规划纲要（2010—2020）》，首次把“促进公平”作为国家基本教育政策，并把特殊教育作为教育改革发展任务之一，强调发展残疾人高等教育。这一系列的具体工作纲要与细则丰富了残疾人教育政策层次，为实现残疾人教育的均衡发展提供了保障（黄伟，2011）。

国家在残疾人教育政策上的发展与完善体现了对残疾人教育理念的发展变化。残疾人受教育的方式一直以来有两种取向：一种是隔离，另一种是融合（崔凤鸣，2010）。早期社会推崇隔离式的残疾人教育体系，认为隔离可以为残疾人提供更适合其自身特点的教育方式，减少与非残疾人之间不必要的矛盾与冲突，能够更好地避免伤害，也可以有效减少对非残疾人的影响。这种教育理念还是在单纯的医学模式下来看待残疾，忽视了社会环境对残疾人造成的种种障碍，忽视了残疾人的平等权利，而这种忽视也阻碍了残疾人的能力的发展。

融合教育的概念最早由 Stainback 夫妇于 1986 年提出，并在 1994 年通过联合国教科文组织发布的《萨拉曼卡宣言》正式提出，它强调“学校应该接纳所有的儿童，而不考虑其身体的、智力的、社会的、情感的、语言的或其他任何条件”。在融合的理念下，“零拒绝”“个别化教育”“最少受限制环境”等特殊教育理念逐步发展起来（彭兴蓬、邓猛，2013）。

中国社会福利正在从补缺型向适度普惠型转变，在这个过程中，残疾人教育也由“隔离”走向了“融合”。彭华民、冯元（2015）指出，目前针对残疾人的特殊教育包含两个层面的含义：“在特殊教育学校为残疾人提供的狭义特殊教育”与“在普通学校为残疾人提供的广义特殊教育”。目前国家倡导的正是广义上的特殊教育。他们分阶段地概括总结了目前国内特殊教育状况：一是以普通学校为主、特教学校为骨干的义务教育新格局。2003～2013 年在普通学校随班就读和在附设特教班就读的残疾儿童招生数和在校生数，分别占特殊教育招生总数和在校生总数的 60% 左右。中国特殊教育学校总量由 2003 年的 1551 所增加到 2013 年的 1933 所，增加了 382 所，增幅为 24.63%。特殊教育学校在读残疾学生总量也在逐年增长，由 2003 年的 12.32 万人增长到 2013 年的 17.73 万人，增加了 5.41 万人，增幅为 43.91%。二是普通高中逐步成为残疾人教育的新主力。三是高等特殊教育机构成为特殊教育发展的新空间。他们指出，“高等特殊教育体系由特殊教育师资与残疾人事业人才培养体系、残疾人人才培养体系构成。前者主要以师范院校为主体，由特殊教育专业和康复专业等构成，以培养就业方向为特殊教育事业和残疾人事业的普通学生为主；后者由特殊教育院校和高职院校为主体，由残疾人集中式教育和以普通高校为主体的残疾人分散式教育构成”。残疾人高等教育发展仍然严重不足，但是我们也可以看到近十年的努力取得了一定的成果，高校 2013 年残疾人招生规模达到 1388 人，与 2003 年相比增加了 561 人，增幅为 67.84%。2003 年至 2013 年间特殊教育院校共招录残疾学生 11329 人，年平均招录残疾学生 1030 人。另外，普通高等院校 2013 年招生人数已达到 7538 人，与 2003 年相比增加了 4501 人，增幅为 148.21%（彭华民、冯元，2015）。

目前，在融合教育理念的推动下，残疾人教育公平是政府、社会与学界关注的热点问题。尹海洁（2012）认为，我国的残疾人教育公平研究包含三个方面的内容，分别为教育起点公平、教育过程公平与教育结果公平。而教育公平的实践原则包括教育机会平等原则、能力差异原则和弱势补偿原则。他的研究也指出了目前我国在这方面存在的一些问题，包括虽然残疾人群体义务教育阶段入学比率不断增加，但是辍学率高、能够继续接受更高等级教育的残疾人比例非常低；教育过程中，尤其是融合教育过程中，普通学校教师没有面对残疾学生的经验，教育系统内部的一些教育工作者，包括普通学生与家长还可能存在对残疾学生的误解、偏见与歧视行为，影响到融合教育过程的开展。此外，在教育结果上也存在着对残疾人的排斥现象，许多残疾人即使从学校顺利毕业也很难融入社会，在职业发展上很难获得公平竞争的机会。

彭兴篷、邓猛（2013）也从社会学视角指出了融合教育目前面临的三个发展困境。一是社会排斥导致了残疾人的融合教育实施存在困难，针对残疾人群体的一些教育福利与优惠政策可能受到其他群体的质疑。二是有限的教育资源导致了处于弱势地位的残疾人融合教育发展存在一定的困难。三是残疾人自身生存权与发展权的冲突，即残疾人往往由于自身仍处在挣扎艰难求生的状态而忽略了对自身教育与发展的需求，也在一定程度上影响了融合教育的发展。他们指出，残疾人融合教育的实现，需要各级政府、全社会、残疾人所在社区、学校、家庭与残疾人自身共同的努力和奋斗。

三 残疾人就业

残疾人由于身体状况与环境的限制，往往在劳动力市场上处于劣势，是“最后被雇佣，最早被解雇”的弱势群体（廖娟，2015）。残疾人就业不仅关系着残疾人自身的权利是否能够实现，也影响着每一个拥有残疾人的家庭，以及全社会的福利与发展，因此它是残疾人事业发展中非常重要的一环。《宪法》、《残疾人保障法》、《劳动法》、《残疾人就业条例》和《就业促进法》等多部法律法规中都明确规定对残疾人劳动就业要给予扶持、优惠和保护，通过多种多样的措施来推进残疾人就业工作，实现与保障残疾人劳动的各项权利。虽然我国的残疾人就业状况获得了长足的改善，但目前残疾人就业的形势仍然十分严峻，残疾人就业率低、就业层次低、收入水平低、残疾人内部就业发展不平衡（张建伟、胡隽，2008）。

依托于2006年第二次全国残疾人抽样调查数据进行的分析研究已经显示，不仅残疾人就业率与非残疾人就业率有明显差距，即使是在就业残疾人内部，也存在城乡、地域、性别、不同残疾类型之间的差异（赖德胜、廖娟、刘伟，2008）。残疾人的身体状况、受教育水平、社会保障状况、地区经济发展水平是影响其就业的主要原因。

集中就业、按比例就业和个体灵活就业是城镇残疾人就业的三种主要形式（廖娟，2015；杨伟国、代懋，2007；廖娟、赖德胜，2010；廖慧卿、杨罗观翠，2011）。集中就业是计划经济时代残疾人就业的主要途径，主要以安排残疾人在福利企业中就业为主。福利企业中的残疾人就业属于典型的庇护式就业模式，残疾人的工作环境与非残疾人的工作环境相对独立，难以促进残疾人与非残疾人的社会融合。随着计划经济向市场经济的转型，福利企业由于不适应市场竞争，逐渐萎缩。按比例就业从20世纪90年代开始从试点城市渐渐推广至全国，成为残疾人就业的主要形式。通过残疾人与企业的双向选择，将残疾人分散地安排到各种企业与单位中去，在一定程度上促进了残疾人融入实际的社会经济生活。近几年更是随着社会建设的力度加大，以及公益慈善事业的发展，新的就业形式也在探索中前进，比如公益岗位就业、社区就业、辅助性就业以及自主创业等，使得残疾人就业形式更加多元。

从研究上看，目前国内的残疾人就业研究主要集中在以下几个方面：一是在现有残疾人就业法律法规与政策条例分析基础上的就业政策研究（比如张建伟、胡隽，2008；杨伟国、代懋，2007；廖娟、赖德胜，2010）；二是基于国内外政策特点的比较性研究（比如田蕴祥，2016；廖娟，2008）；三是依托于各类大型调查数据的描述性统计分析研究，并在此基础上给出政策建议（比如赖德胜、廖娟、刘伟，2008）；四是以相关理论为依托，聚焦残疾人就业影响因素，或是对残疾人就业政策实施效果的评估等（廖娟，2015；张晖、王萍，2011）。纵观过往国内的残疾人就业研究，对残疾人就业的实证研究仍需加强，一方面需要对新时期残疾人就业数据进行新的摸底调查，另一方面更需要深化质性研究与量化研究。

从研究成果上看，廖慧卿（2014a）总结了以往国内学者对残障者就业状况的分析结果，指出目前残障人士就业仍处于边缘化的弱势地位，主要体现在就业歧视、就业率低、就业层次低、就业范围狭窄、劳动培训参与率低、经济收入低等问题上。她通过三个不同经济性质的福利企业残障员工工作权状况的质性研究，揭示了目前残疾人就业中存在的劳动力价值和法定福利被挤占和受侵害的现实情况，并指出造成这一现实状况的原因之一是社会模式理念的缺失。因此，进一步增进残疾人就业权益，需要普及和推进在社会模式与优势视角理念下以国家责任为主导的积极福利模式，并发展多元福利体系，通过多层次、多方面的共同努力，不断改善残疾人就业效果。

四　残疾人康复服务

康复（rehabilitation）具有“复原”、“重新获得能力”和“恢复良好状态”的意思。面向残疾人的康复概念有广义和狭义之分，广义上的康复涵盖内容广泛，包括医学、教育、职业、社会等多方面、多层次的康复，而狭义上的康复主要集中在医学康复上（中国残疾人联合会，2009）。

1982 年联合国大会第三十七届会议通过的《关于残疾人世界行动纲领》将康复定义为：“有既定目标并且时间有限的一段过程，这一过程旨在使有缺陷的人在心智上、身体上、参与社会生活的功能上都能达到最佳状态，这样就为其生活的改善提供了自身的条件。康复包括为补偿某一丧失或削弱的功能所采取的各种措施（例如采用辅助器械），也包括有助于使他们适应或重新适应社会生活的措施”。其中也进一步指出了康复服务的具体内容，包括“（a）及早发现、诊断与处理；（b）医疗护理；（c）社会、心理和其他方面的咨询和协助；（d）进行自理训练，包括行动、交往及日常生活技能，并为听觉、视觉受损者和弱智者提供所需的特殊器材；（e）提供辅助器械、行动工具及其他设备；（f）专门教育服务；（g）职业技能训练（包括职业指导）、职业培训、公开招聘的和保护性的就业安置；（h）后续工作”。

根据《残疾人机会均等标准规则》和联合国《残疾人权利公约》（*The Convention on the Rights of Persons with Disabilities*，CRPD）以及世界卫生组织有关《残疾，包括预防、管理和康复》的决议的要求，世界卫生组织在《残疾与康复行动计划（2006年—2011年）》中，提出了残疾人社会康复的主要目标是有尊严地生活，具有平等的权利和机会。康复是为了提高残疾人的生活质量，能够融入社会生活，共享资源与成果。因此，康复不仅是残疾人个体的事情，也是每个国家和地区的事情，需要全世界一起努力来提高残疾人的生活质量。康复服务中涉及的任务内容众多，包括提高有关残疾的成因和结果的认识；促进有关残疾的信息与数据的收集、分析或发布工作；支持与加强为残疾人提供的医疗和康复服务；推进社区康复；促进辅助技术的开发与应用；支持残疾人相关政策的制定、实施、评估和监测，来保障残疾人实现机会均等与享有应有的权利；加强对残疾人服务提供者的能力建设；鼓励不同社会部门与各种社会资源之间的交流协作（邱卓英、李建军，2007；邱卓英、李多，2011）。

此外，世界卫生组织2010年出版的《社区康复指南——以社区为基础的康复》（*Community - based Rehabilitation Guidelines*，CBR）以1987年阿拉木图宣言①为指导，强调社区康复的重要性。其中明确指出“社区康复是一种多层面，自下而上的策略”“能保证残疾人权益在社区水平的多

① 阿拉木图宣言理念为：人人享有卫生保健、基本人权、贴近民众/社区、社会经济发展，与其他部门协作（转引自邱卓英、李多，2011）。

样化”“社区康复项目提供了残疾人和发展活动之间的纽带”，能够“促进社会参与”。同时，也指出提供康复服务的关键部门需要具有包容性，这样才能提高残疾人及其家庭的能力和地位，促进形成一个包容的社会或“人人共有的社会”（society for all）（世界卫生组织，2010，P18～19）。指南中也明确指出了社区康复的结构，由健康、教育、谋生、社会、赋能五大部分组成，每个部分又具有五项相应的内容要点。具体如图2-1所示。

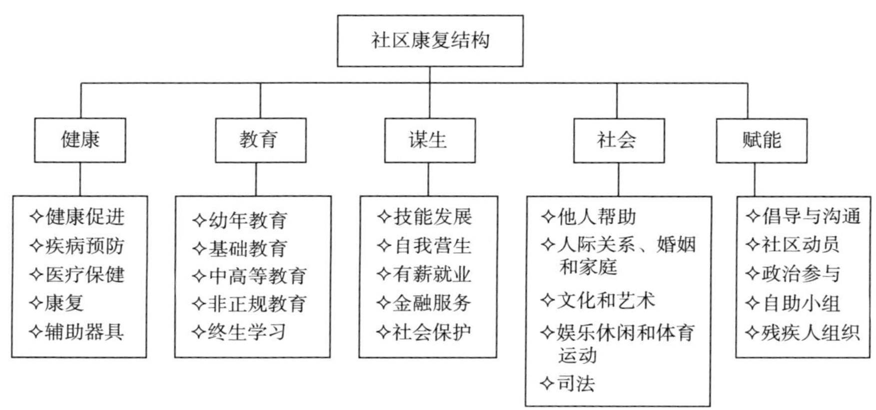

图2-1 社区康复结构（世界卫生组织，2010）

在国际残疾人公约与政策，以及国内相关法律法规与政策的指导下，国内的残疾人康复工作也取得了很大的进展。程凯（2008）总结了我国残疾人康复工作的三个历史发展阶段：第一阶段始于20世纪80年代初，到“九五”末期结束，为探索积累阶段，以残疾人康复工作被纳入国家发展规划为主要标志。该阶段初步建立起社会化的康复服务体系，初步形成了康复工作发展的基本机制，各类康复机构得到了建设发展，为将来打下了良好基础。

第二阶段从“十五”初期到“十五”末期，以第三次全国残疾人康复工作会议的召开为主要标志，为拓展提升阶段。这一阶段一手抓机构建设，一手抓社区康复，拓展了残疾人康复工作的新领域，除了在最初抢救性的三项康复工作（白内障复明手术、小儿麻痹后遗症矫治手术、聋儿听力语言训练）上继续加大力度，也进一步发展了精神疾病综合防治康复、辅助器具服务、智力残疾人康复训练、残疾儿童早期康复干预等众多领域，并重视残疾预防工作，以及相应的大众宣传与倡导。

第三阶段始于“十一五”初期，以第四次全国残疾人康复工作会议的筹备召开为主要标志，为全面发展阶段。这一阶段是对残疾人康复工作的继续深化，开始将康复工作与社会发展各领域的工作有机结合，把社区康复与社区建设相结合，重视农村残疾人康复工作，并把它与新农村建设以及农村卫生工作改革联系起来，点面结合，以点带面，促进全面康复。

程凯（2008）也指出了以往残疾人康复工作中存在的问题，包括康复服务网络不健全、康复场所与设施比较缺乏，康复服务手段单一，涉及面窄，不同类别残疾人的康复服务不均衡；康复服务专业化水平比较低，康复专业人才缺乏；康复知识的普及程度不高，残疾人自身对康复需求缺乏了解，也缺乏相应的诉求渠道。此外，残疾人数量众多而相应的康复服务供给能力则比较薄弱，康复资源相对匮乏；目前的残疾风险逐渐增高但应对风险与预防残疾的能力有待加强；残疾人的医疗保障机制需要更加完善；等等。

2017 年 1 月国务院第 161 次常务会议通过了《残疾预防和残疾人康复条例》①。其中第二条就明确界定了残疾人康复的概念，即指“在残疾发生后综合运用医学、教育、职业、社会、心理和辅助器具等措施，帮助残疾人恢复或者补偿功能，减轻功能障碍，增强生活自理和社会参与能力”。同时指出，预防与康复密不可分，康复工作中要坚持以人为本，从实际出发，要支持帮助残疾人融入社会，禁止任何基于残疾的歧视。

五 无障碍建设

无障碍的概念来自英文“accessibility”，意为“可及的”。这一称谓实际上表明了残障服务中的“无障碍”的本质是实现残障人士对公共产品与服务，以及社会资源的可及。从广义上来讲，“残疾人事业发展的最终目标就是破除一切物质的、制度的与结构的障碍，帮助残疾人达到如同健全人一样的生活样态”（贾玉娇，2012）。从狭义视角来看，无障碍建

① 条例具体内容见中残联网站，http：//www.cdpf.org.cn/ggtz/201702/t20170227_ 583379.shtml。

设主要集中在去除影响残障人士正常生活的社会物理环境与沟通交流方式中的物质与人力障碍。无障碍建设可以说是在社会模式下发展起来的公共政策选择。无障碍的理念是要将残障者的活动需要纳入各种公共设施与服务中区，这也就使得本属于残障者私人领域的问题转变为社会领域的公共政策问题（王国羽，2015）。

国内学者张东旺（2014）将无障碍环境定义为物质环境无障碍、信息交流无障碍和无障碍社区服务。其中，物质环境无障碍指“道路、公共建筑物、公共交通工具和居住区的规划、设计、建设应方便残疾人、老年人自主安全地通行和使用；道路应满足坐轮椅者、拄拐杖者通行和方便视力残疾者通行；建筑物应在出入口、地面、电梯、扶手、厕所、房间、柜台等设置残疾人、老年人可使用的相应设施和方便残疾人、老年人通行等”。信息交流无障碍指“政府和公共传媒应使听力言语及视力残疾人、老年人能够无障碍地获得信息，进行交流，如政府政务信息公开无障碍、方便残疾人的电信业务、信息交流技术、产品、影视作品、电视节目的字幕和手语等”。无障碍社区服务指“社区各种服务设施及在社区举办的相关活动、服务如选举、方便聋人的短信报警、家庭改造等要为残疾人提供种种便利”。

谈及针对残障者的无障碍建设，首先想到的是“无障碍设施建设”。这类在建筑上考虑到残障人士需求的建筑设计思路起源于对欧洲第一次世界大战所产生的残障者的照顾。此后，无障碍设施建设随着欧美国家福利制度的发展而快速蔓延开来，各个国家均制定了无障碍设施建设相关的政策。无障碍建设的目的是“平等，参与，自强，共享”，使得残障者能够真正平等地参与到社会生活中去（曹儒、张琲，2008）。随着残障社会模式的演进，“通用设计”的概念随着对残障的普通观念的发展而产生。通用设计则更加强调公用空间需要面向不同特质的使用者，要能够同时满足不同群体的需求。从残障的普同观点来看，只有采取最大包容性的设计，使得残障者参与社会生活的途径成为普遍的经验，才是真正促进了残障者的社会融入（王国羽，2015）。

我国在20世纪80年代中期开始发展无障碍环境建设。1989年，由建设部、民政部与中国残联颁布了《方便残疾人使用的城市道路和建筑物设计试行规范》。1990 年颁布的《中华人民共和国残疾人保障法》中首次从法律上规定了无障碍设施建设的内容。中国残疾人事业“八五”“九五”“十五”计划和“十一五”“十二五”规划纲要中都规定了建设无障碍设施的任务与措施。1998 年，建设部下发《关于做好城市无障碍设施建设的通知》，同年建设部、民政部、中国残联三部门联合发布《关于贯彻实施方便残疾人使用的城市道路和建筑物设计规范的若干补充规定的通知》，对城市无障碍建设提出了具体要求。2001 年，国家建设部发布了《城市道路和建筑物无障碍设计规范》；2007 年，我国签署《残疾人权利公约》，依据公约确保残障人士能够公平地在社会环境中无障碍地行动，使用交通工具，进行各种信息交流与通信，能够在城市及农村各类地区共享面向公众开放的各类设施和服务。2012 年，国务院颁布《无障碍环境建设条例》，这是无障碍建设的里程碑，标志着中国无障碍环境建设进入了依法、系统化建设阶段（贾玉娇，2012；张东旺，2014）。此外，诸如民航、铁路等相关部门也相继出台了关于交通出行无障碍方面的规定，信息交流无障碍方面（包括网站无障碍、手语播报、短信报警平台、盲文标注等）的标准也在不断完善中。

第三节　残疾人社会服务与社会工作

社会服务（Social Service），又称社会关照服务（Social Care Service），一般指由政府或社会组织为公民提供的具有社会福利性质的个人或社区公共服务（岳经纶、刘洪、黄锦文编，2010：P1 ~ 2）。残疾人是社会服务的主要对象之一，是社会福利的体现。残疾人的支持服务体系是在残疾人社会保障政策的指引下围绕着残障人士的康复、教育、就业、医疗等主要方面展开的。我国至今没有建立专门的社会服务部门进行社会服务的分配、供给、递送和筹资，在残疾人社会服务和养老服务的管理方面“碎片化”明显（王磊，2015）。王磊分析了目前国内残疾人社会服务存在的问题，具体为：

（1）制度资源碎片化导致了目前残疾人社会服务功能的弱化。由于目前国家并没有设置专门管理残疾人社会福利的政府主管部门，因此残疾人社会服务责任分散在民政、劳动与社会保障、卫生、教育等政府职能部门以及残联系统。不同部门之间的利益不一致和责任边界的模糊导致了政策与服务实践两者之间的不同步，面向残疾人的整体社会服务效率不高，效果不强。

（2）残疾医疗模式制约服务发展。虽然政府部门与学界已经意识到残障模式从医学模式向社会模式转变的必要性，但实际工作中仍然难以避免受到传统医学模式的影响。对残疾人的社会服务主要集中于满足基本需求阶段，主要聚焦在提供社会救助服务与基本医疗康复上，对于残疾人心理健康服务、社会融入等社会服务项目供给有限。

（3）基础保障落后削弱了服务供给。残疾人社会服务效能的发挥取决于社会保险和社会救济的完善性。目前国内残疾人事业的发展并不均衡，一些地区残疾居民并没有很好享受到普惠保障制度，残疾人基础保障未实现全覆盖，降低了残疾人接受社会服务的意愿。尤其是在以家庭照顾为主的情况下，老年残疾人的生活非常艰难，缺少充足的用于养老、医疗与日常照料的社会服务供给。残疾人康复服务覆盖率、社区服务覆盖率和社区活动参与率均较低，这也在一定程度上阻碍了残疾人真正走出家门，融入社会。

社会组织在很大程度上是社会服务的载体，它可以弥补国家社会服务供给的不足，满足社会群体多样化的需求（李莹，2012）。一方面，民办残疾人服务机构可以为不同类别不同程度的残疾人提供在不同社会系统层次提供不同内容的服务；另一方面，通过政府购买服务的形式，政府部门与社会服务组织之间可以形成一种良性互动的合作关系，更好地满足残疾人需求，促进残疾人福祉。同时，社会组织发展与社会工作也密不可分。社会工作本身就起源于人道主义发展过程中民间力量对社会底层人民的帮助，19 世纪以英国为代表的济贫运动中发展起来的慈善组织会社和睦邻组织运动都对社会工作的发展产生了影响，尤其是睦邻组织运动，推动了社会工作推动社会进步，实现社会公平正义这一专业理念的形成（陈立周，2017）。

社会服务离不开社会工作的介入，社会工作（social work）本身就是指一种为个人或群体开展的有组织的专业活动，这些活动依据个人、群体或社区的需求来提供服务（奥利弗等，2015）。在中国社会文化背景下，社会工作“作为服务困难群体、促进社会和谐的专业服务活动，是一种服务型治理”（王思斌，2016）。社会工作能够为困境人群解决现实问题，通过增加对困难群体的福利来减少社会不公，协调各方面利益关系，解决利益失衡问题，促进社会全体成员共享和谐社会。社会工作可以在具体服务提供过程中寻找造成困境的生态原因，解决服务对象与社会环境之间存在的冲突关系，协调各方资源与关系来使得既存问题变得“可治理”（王思斌，2016）。

残疾人社会工作（也称残障人士社会工作）专门针对残疾人群体（包括残疾人个体、家庭、照顾者，以及残疾人社会组织等）提供专业社会工作服务（马良，2013），这些服务需要专业社会工作者以伙伴关系来同残障者一起工作，帮助残障者确定自身的需求，并争取足够的资源来提高生活质量，消除各类障碍。

我国的残疾人社会工作服务可以追溯到1921年美国医务社会工作者蒲爱德创立的北京协和医院社会服务部，把社会工作的思想传入国内（马良，2013）。医务社会工作并不等同于残疾人社会工作，虽然20世纪40年代陆续产生了一些残疾人组织（诸如中华聋哑协会等），但专门针对残疾人的社会工作服务并没有开展起来。直到20世纪80年代以后，随着残疾人相关政策的出台，残疾人有关法律法规的相继颁布与完善，残疾人社会组织不断发展壮大（比如各级残疾人联合会的发展；中国盲人协会、聋人协会、肢残人协会、智力残疾人及亲友会，以及精神残疾人及亲友会五大专门协会的成立；等等），加之国家对社会建设与社会工作的重视，使得残疾人社会工作逐渐蓬勃开展起来。

以往面向残疾人的服务多从问题视角出发，在医学模式下提供对残疾人的服务。随着视角的转变，残疾人社会工作在残疾人事业发展中的重要性也更加凸显出来。赋能理论与优势视角是社会工作的重要理论基础，从优势与赋能视角来研究和开展残疾人服务，发掘服务对象的优点与资源，发挥其主体性。这正贴合了社会模式，甚至是普通模式下对残障问题的再认识，注重残疾人的优势和对残疾人尊重，促进残疾人的权益（汤夺先、张传悦，2012）。

第四节 残疾人赋能

Priestley（2003）指出残障是个体身体、心理认同、社会结构与文化多重因素导致的复杂社会问题。残障群体多数在社会生活中处于无权的弱势地位，而针对残障群体的社会刻板印象、污名化现象，严重影响着残障人士社会生活（彭宅文，2008；Titchkosky，2000）。随着残障理念的不断演进，残障研究视角也逐渐从医学模式转为社会模式甚至是普同模式（彭宅文，2008；杨锃，2015；Gilson & DePoy，2002；Reddy，2011）。社会模式将残障看作社会制度建构而成的社会问题，障碍源于社会结构与制度下的功能受阻。普同模式更是指出残障是大众风险，是正常生活的一部分。这种视角的转变促使残障社会工作离不开"赋能"（empowerment）。赋能（也称充权、赋权、增权、激发权能）研究是国内外社会工作研究的重要内容（陈树强，2003；郭伟和，郭丽强，2013；Cattaneo & Chapman，2010），也是残障与残障康复研究中的重要理论视角（Zimmerman & Warschausky，1998；周林刚，2005）。赋能视角更加关注社会结构性问题，以及由此导致的个人心理层面的效能感弱化（郭伟和，2014）。

从国际上看，赋能的发展受到了美国20世纪60年代黑人民权运动的影响，Barbara Solomon（1976，1986）关于社会工作与黑人赋能的著作成为美国赋能运动发展的开端。同时，也受到了美国社会工作者Mary Parker Follett对非正规教育、邻里运动等方面研究的影响；以及关于国际儿童照顾的慈善行动影响。与此同时，欧洲以英国为主的赋能观念及实践则更多地受到18世纪以来发展起来的社团和互助会产生出来的自助与互助传统的影响。自助行动、慈善政策，以及为穷人提供的社会工作支持增强了人们对赋能观念与实践的认同。此外，20世纪60年代在欧美兴起的反精神病学（anti－psychiatry）运动，以及各种反歧视运动都对赋能观念与实践产生了影响（Adams，2008：P8～10）。

郭伟和（2014）指出社会工作的赋能（增权）模式可以将马克思主义的结构分析与社会心理学的自我效能理论结合起来。马克思主义认为，社会问题的根源在于资源分配结构问题，而生产资源的分配不公导致压迫。新马克思主义则把谋求利益分配公平作为核心内容，这些宏观思路往往会忽视弱势群体的微观心理体验与能动参与，忽略弱势个体可能产生的社会性习得无助。社会工作赋能实践恰恰可以将宏观结构与微观主体联系起来，促进弱势群体反思自己生活问题的社会根源，更好发挥自我潜能，具备批判性思维能力，培养并掌握权能来改变自我生活和集体困境。

世界卫生组织（2010）发布的《社区康复指南（赋能篇）》中，将对残疾人的赋能简要概括为“使残疾人能够有发言权、意见得到尊重、自力、自主、自控、自由、独立、有能力争取自己的权益、作为能对社会做贡献的平等公民和人，能被认可、被尊重”，认为赋能“是一个过程，它包括诸如增强意识、能力建设，以此进一步提高参与能力、决策能力、控制能力和采取行动以求改变”。而赋能必须是在残疾个体或其群体认识到他们自己可以改变他们的状况并将其付诸行动时才开始。

与赋能相对的是“减能”。世界卫生组织（2010）指出，过往许多残疾人曾经历过“减能”，比如说被家庭过度保护，被拒绝或排除在社会生活之外，被看作同情和怜悯的对象。这些“减能”的经历往往伴随着社会偏见与歧视，让他们在自主选择的机会上受到各种限制，甚至因此产生无力感与无能感，自我否定，悲观消极。这种被“减能”的经历促使我们必须探索如何赋能。

Zimmerman 等人认为参与和控制（control）是个体、组织与社区层面赋能的重要内容，而赋能是对社会政治环境的洞察与理解，是与他人一起参与到实现目标的活动中，并获得个体生活控制感。专业人士与残障者的合作本身就是残障者赋能的过程，赋能就是用健康（wellness）取代疾病，能力取代缺陷（Zimmerman & Warschausky，1998）。赋能可以在个体、组织与社区水平上实现，不同层次的赋能过程与任务不同，但无论哪个层次的赋能，都需要具备认知的（包括态度、价值与目标）、行动的与结果的要素，最终实现自我效能、知识与能力的提升。

国外的研究显示，残障者无论是在与家人朋友的非正式人际网络，还是在组织与机构中的正式网络，以及物质经济与情感支持方面都存在着社会资本的不平等（Mithen et al.，2015），而立足社区的残障人士照顾者与家庭的互助支持正是一种残障者家庭与社区赋能的过程（Boyd - Franklin, Morris & Bry, 1997）。近期研究也显示，促进残障者社区参与、社会互动、生活独立与社会资本增加的赋能过程，会最终促进社会融合，提升残障者心理健康与尊严，减少刻板印象与污名，促进生活质量与幸福（Simplican et al., 2015）。

在赋能的观点下，立足社区的社会组织发展是残疾人服务提供的重要一环。文军（2012）曾指出社会组织可以协助政府帮扶社会弱势群体，残障者自组织正起到了这方面的作用，既促进残障者赋能，也是残障者赋能的一部分。国外研究者也认为，草根社区组织是社区与人际赋能的重要场所，并对整个社会生态系统产生影响（Neal & Christens, 2014）。社会工作的自助要素有助于赋能（Adams, 2008），通过社区组织来实现的对残疾人的赋权，也需要社会工作的专业服务提供。

第三章　研究方法

第一节　研究思路

采取大样本量化数据分析与小样本定性研究相结合的方法，主要依托由国务院残工委统一领导的“全国残疾人基本服务状况和需求专项调查”2015 年度广东省的数据，对全广东省专项调查数据进行整理与统计分析，从而对全省 21 个地市的残疾人基本服务与需求情况进行摸底与分析，并且结合深度访谈与座谈会等形式的质性研究方法，对残疾人的服务现状与各方面的需求情况有一个更加翔实、细致深入的了解。最后将两部分调查研究的结果结合起来进行讨论，力求为全面建成小康社会新起点上的残疾人事业发展，为残疾人事业“十三五”发展，以及进一步健全残疾人社会保障和服务体系提供有效依据。

具体研究思路如图 3 - 1 所示，采用混合研究方法，以全国残疾人专项调查广东省数据的量化分析为主要依托，在数据初步分析基础上开展残疾人定性调查研究，来补充大规模残疾人量化摸底调查中的局限，对广东省残疾人现实生活场域中的残疾人服务接受情况、残疾人服务体验、生活中遇到的困难与各类需求进行细致了解。通过对定量与定性研究的分析与讨论，得出调研的结论，并在此基础上形成进一步促进广东省残疾人服务提升的政策建议。

第二节　混合研究方法

在社会科学领域，虽然一直存在研究范式之争，实证主义范式强调定

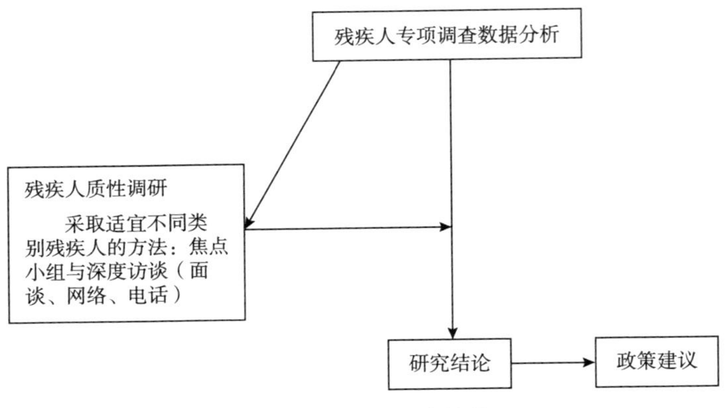

图 3－1　研究思路结构

量研究，而建构主义范式则支持定性研究方法①。这种争论其实让学者们更加认清了定性研究与定量研究各自存在的局限性。由此，学者中出现了一种声音，认为定性研究和定量研究是可以共存和互补相容的。社会科学研究对象的复杂性要求对社会问题的探讨不能局限在某一个单一的视角或范式中，不同的社会问题可能需要不同的切入点，这种实用主义的折中取向对解决复杂的社会问题更加有效。因此，现今社会科学界的研究范式之争逐渐衰亡，而混合研究方法近年来越来越受到重视。

一　混合研究类型

混合研究方法是将定性研究路径与定量研究路径结合在一起的使用的研究方法。混合研究有 4 种主要类型：第一种是通过定性研究提出定量研究工具，最终得出结果。第二种是定量研究给出结果的同时，定性研究作为补充，帮助解释定量结果。第三种是定性研究的结果通过定量研究进一步证实与扩大效果。第四种为定性与定量研究均衡实用，共同给出研究结果。

依据不同类型的混合研究可以有不同的研究设计，主要的研究设计思路有以下几种（Creswell，1995），分别为顺序研究（也称两阶段研究）、

① 混合研究的详细介绍与讨论具体见〔美〕阿巴斯．塔沙克里、查尔斯．特德莱《混合方法论：定性方法和定量方法的结合》，唐海华译，重庆：重庆大学出版社，2010。

平行/共时研究、平衡设计研究、主—次设计研究，以及多层次路径模型。顺序研究指定性和定量的两个过程相互分开依次进行，或者先定性研究，后定量研究，反之亦可。平行/共时研究指定性与定量研究同时展开。平衡设计指同时使用定性研究和定量研究方法来解释研究问题，两类方法的使用比较均衡。主—次研究设计是以某一种研究为主，另一种为辅的方法。多层次路径设计是在不同层次的研究对象上使用不同的研究方法，比如个体层次定性为主，社区层次定量为主。

本研究是在全国残疾人基本服务状况与需求专项调查广东省入户问卷调查的基础上，对广东省残疾人服务与需求进行深入分析，因此依据调查研究的目的与主题，采取了混合研究中的主—次研究设计，分两个阶段先定量后定性的研究顺序，以专项调查的广东省数据量化分析为主，并辅以对不同类别残疾人个体的定性研究，对目前广东省残疾人服务状况与需求进行分析、讨论与建议。

二　混合研究抽样

无论是定性研究还是定量研究，都重视研究中的抽样文体。一般来说，无论是定量还是定性研究，都没有办法穷尽要研究的所有对象，因此需要通过抽样来找到具有代表性的一小部分对象，来尽量反映研究对象总体的情况。尤其是定量研究，更重视通过恰当的抽样方法来获取更高的效度。而定性研究，大多数并不一定要将研究结论推广泛化，定性研究重视研究结果的可转换性，因为情境的在场性，研究对象的特殊性，时间的变化性等因素的存在，结论是否可以从一个情境转换到另一个情境，需要研究者的重视。虽然对研究结论普遍性和可推广性的观点不同研究范式之间存在着分歧，但并不妨碍混合研究中两种方法的使用。混合研究方法的使用者往往需要在不同的抽样方法间转换，研究中的某些时候或部分需要研究抽样具有代表性，能够从样本推论总体；有的时候或部分则需要将结论放在特定的场域中，来考虑结论在不同场域下的可转换性问题。

研究抽样方法有很多，常用的有随机抽样或非随机抽样、分层抽样、比例抽样、目的抽样、便利抽样、滚雪球式抽样、顺序抽样、同质抽样或异质抽样等。这些抽样方法均可用于定量或定性研究。

三　具体方法

（一）量化研究

“全国残疾人基本服务状况和需求专项调查”包括针对残疾人个体服务与需求的调查，以及针对各地市社区残疾人服务情况的调查。调查方法为入户实名问卷调查与社区问卷调查①。

1. 残疾人调查

残疾人调查问卷包括以下几个部分：（1）基础信息。主要包括出生年月日、残疾证号、婚姻状况、居住情况与户口性质。（2）经济及住房状况。（3）教育。（4）就业扶贫。（5）社会保障。（6）康复。（7）无障碍。（8）文化体育。

2. 社区调查

社区调查问卷包括两大板块，一部分是社区（村居）内公共服务机构设置以及公共服务场所无障碍设施情况，调查内容包括综合服务中心、医疗机构、教育机构、金融与商业场所、文化活动中心的机构设置与无障碍化情况。另一部分是社区（村居）内对残疾人的服务情况，包括康复站、日间照料机构、残疾人居家服务与文体服务的情况。

（二）质性研究

在对广东省残疾人基本服务状况和需求专项调查数据量化分析的基础上，针对不同类型残疾人，分别开展了焦点小组座谈会与个案深度访谈。

1. 焦点小组座谈会

焦点小组座谈会也叫作焦点团体，是在一个舒适安全的环境中，对一个特定的领域或关心的研究问题进行小组讨论的定性研究方法。这种小组讨论是事先对讨论问题经过设计、准备，讨论时有协调者进行小组的引导，小组成员能够充分交流与发表看法（Puchta & Potter，2004；Stewart & Shamdasani，1990）。一般小组规模为 8～12 人，最少不低于 4 人。一般一次座谈持续时间为一个半小时至 2 个半小时。

---

① 具体的调查问卷内容及相关说明详列在《全国残疾人基本服务状况和需求专项调查工作手册》中，尚未公开颁布，详细情况可咨询中国残疾人联合会。

焦点小组可以相对快捷与经济地获得研究所需资料，研究者在小组中可以与小组成员直接互动，也可以在交谈的同时观察成员的非言语信息，比如表情、肢体动作等。由于小组成员之间的互动可以达到头脑风暴的作用，在某种程度上能够促进被访者进行自我揭露，并且可能产生有价值的新发现。同时，焦点小组也非常适合儿童与不识字的被访者。

本调研中依据残疾类别的不同，经过广东省残联介绍，联系广州市残联各个残疾人专门协会，对肢体残疾、听力与言语残疾、精神与智力残疾家属分别开展焦点小组座谈。其中由于听力与言语残疾在沟通交流上的特殊性，调查采取网络焦点座谈的形式，通过建立聋人微信群，进行网络座谈。

2. 深度访谈

本次调研由于时间与经济因素，一对一的个案深度访谈仅用于没有参与焦点小组座谈会的盲人群体。在定性调研联络准备阶段，与广州市盲协主席与副主席的沟通商量下，考虑到盲人出行困难，因此主要采用电话（本调研中主要面向盲人开展）与网络深度访谈（本调研中主要面向聋人开展）的方式收集资料。

深度访谈通过向被访者就研究关心的问题进行提问，获得被访者对相关问题的详细的回答，并尽量地深入追问以获得更详尽的资料。传统的面对面访谈，在访问员口头提问与追问的同时，也可以直接观察被访者的反应。

虽然电话访谈或网络访谈不能直接观察到被访者的非言语反应，但是对于残疾人群体，尤其是盲人与聋人群体，则可以避免不同类别的沟通困难，并兼顾了残疾人被访者对身份的敏感，有助于他们畅所欲言。

第三节 研究对象

一 专项调查研究对象

专项调查研究对象为广东省内 21 个地市在全国残疾人人口基础数据库中登记的残疾人，以及在数据库中登记而暂未持证的疑似残疾儿童。对广东省专项调查研究报告涉及广东省 21 个地市共 1090209 名残疾人，具体情况在后续章节中有详细分析。社区调查中则涉及广东省 21 个地市的 26240 个社区（村居），具体情况在后续章节有详细分析。

二 质性研究对象

通过广东省残联与广州市残联介绍，经广州市残联各专门协会协助，调研分别针对不同类别残疾开展了焦点小组座谈会与深度访谈。因残疾人群体的特殊性，在研究抽样上采取了便利抽样、滚雪球抽样、同质性抽样等方法，并在抽样中尽量涵盖不同年龄层、不同残疾程度，以及处在不同社会经济地位的残疾人，以求调研能尽量反应各层次残疾人面临的需求问题。

（一）肢体残疾人士座谈会

经广州市肢体残疾协会推荐，10 位肢体残疾人士参加了座谈，均为女性，其中 4 人为重度残疾，有 6 人有工作，分别为公务员、特教老师、社区工作人员、企业挂靠人员、专门协会工作人员。已婚 3 人，其余未婚。地点在广州市残联会议厅。

（二）精神残疾（包括智力障碍）座谈会

考虑到智力障碍人士和尚未康复的精神病患者无法配合完成访谈，为了争取收集到更翔实、有价值的资料，通过实地参与广州市残联举办的一次精神残疾亲友团活动，组织了两场精神残疾焦点小组座谈会，地点在花都残联。由于精神残疾的特殊性，座谈会访谈对象有残疾人家属（包括残疾人父母、兄弟姐妹）、精神疾病康复者（1 名）、精神科医生（1 名）与残联工作人员（1 名），共 12 名。

（三）听力残疾

在调研筹备期间，由于听力残疾在人际沟通交流上的特殊性，此次调查先通过微信，经广州市听力残疾专门协会协助，通过滚雪球的方式建立了有 48 位群成员的调研微信群。共有 9 位听力残疾人士参与了线上焦点小组讨论，其中有听力重度残疾 3 人。成员中有 3 人获得大学本科学历，职业则包含残联工作人员、杂志社员工、自由职业者、速记等多种职业。

（四）视力残疾

视力残疾主要经残联专门协会协助，通过滚雪球的方式进行一对一的电话或微信线上访谈。访谈对象均为广州市市民，共11人。从性别上看，有5名男性，6名女性。对视障儿童的资料收集主要是通过与他的母亲的访谈得到的。从年龄上看，未成年的1人，20~30岁的2人（均未婚），30~50岁的5人（两人未婚，一人离异），50岁以上的3人。从残疾程度上来看，一级视障6人，二级视障1人，三级视障1人，四级视障2人。从文化程度来看，初中及以下3人，包含初中在读1人，高中/中专3人，大专2人，本科及以上3人。访谈对象涉及正在接受义务教育和高等教育的学生，也涉及从事教育、按摩服务、速录、个体经营的人员，还有盲协会长、副会长、退休人员、失业人员等。

第四节 研究数据来源

广东全省残疾人服务状况与需求数据分析首要来源为由国务院残工委统一领导的，由中国残联、国家统计局会同发展改革委、教育部、工业和信息化部、公安部、民政部、财政部、人力资源社会保障部、卫生计生委等部门组织实施的“全国残疾人基本服务状况和需求专项调查”①。

另一种数据来源为，在广东省残联与广州市残联协助下，针对不同类型的残疾人专门协会组织开展焦点小组座谈会；通过滚雪球的方式深度访谈残疾人个体；通过互联网社交网络工具建立微信群进行线上访谈等方式，对残疾人服务状况与需求进行更加细致的了解。

一 专项调查数据收集过程

全国残疾人基本服务状况和需求专项调查的数据收集工作由国务院残工委统一领导，在多个部门的配合下组织实施，各个地区的专项调查实施工作由各个省、市、县级人民政府残工委成立的专项调查办公室负责组织

① 调查的具体情况可参照残工委发（2014）6号文件《关于开展全国残疾人基本服务状况和需求专项调查的通知》。

实施[①]。专项调查的实施阶段计划如表 3－1 所示。

表 3－1 专项调查实施阶段计划

阶 段	时 间	内 容
准备阶段	2014 年 12 月 31 日以前	宣传启动工作 确定重要节点调查方案 动员与培训工作 制定数据处理标准 开发数据处理软件等
调查阶段	2015 年 1 月 1 日零时至 3 月 31 日	入户调查登记、复查与录入工作 入户填写调查表 调查员自查互查 数据核查 数据录入与审核 数据检查评估等
数据初步处理阶段	2015 年 4 月 1 日及以后	初步数据分类汇总与制表 数据分析
数据发布	2015 年 12 月以后	委托第三方专门机构进行评估 成果报告 与高校、研究机构等合作开发数据，形成研究报告

注：实施阶段计划参考了中国残疾人联合会与全国残疾人专项调查办公室编制的《全国残疾人基本服务状况与需求专项调查工作手册》，具体实施进度还需要以调查实际进度为准。

二 定性研究数据收集过程

定性研究数据主要以对广州市残疾人基本服务状况与需求情况的了解与分析为内容，通过广东省残联与广州市残联的协助，在广州市各残疾人专门协会的支持与配合下，分别举行了焦点小组座谈会与个案深度访谈，并且依照不同类别残疾人的自身特点选择了适合的方法进行访谈。虽然由于时间与人力物力的限制，质性研究数据的收集未能在全省范围内展开，且只局限在广州地区，并未涉及农村及偏远地区，但仍希望能以相对有限

① 该实施阶段计划表是笔者参考残联厅发（2014）49 号文件《全国残疾人基本服务状况和需求专项调查宣传方案》进行的总结。本研究经残联许可对专项调查的广东省原始数据独立进行了整理与开发分析，笔者并未负责或参与表 3－1 所示前三阶段的专项调查广东省数据收集工作。

的质性材料，作为前面量化研究的辅助与补充，使研究者获得的不仅仅是大样本下的数据统计结果，更能够听到来自残障者自身的声音，从他们的视角，通过他们自身的经历与体验来发现残障者在生活中可能遇到的困境，以及他们的内心需求和服务接受情况，以此来尽量丰富和立体化对残障者的需求与服务供给分析，更深刻体现社会模式下赋能的重要性。

具体执行研究数据收集的过程如表 3－2 所示。

表 3－2　质性调研实施计划

阶　段	时　间	内　容
调研准备阶段	2015 年 9 月至 10 月	资料查找 文献回顾 调研访谈提纲制定 被访者联络
调研开展阶段	2015 年 11 月至 2016 年 2 月	数据资料收集 召开焦点小组座谈会 个案深度访谈 社交网络线上访谈
数据整理阶段	2016 年 3 月	质性资料的誊录、整理与编码
数据分析阶段	2016 年 4 月至 5 月	质性资料的分析

第五节　研究伦理

社会科学研究必须重视研究中的伦理道德问题，不论量化研究还是质性研究，对伦理道德的考量必须从研究设计之初就开始。作为一个研究者，必须在研究的实践中去平衡研究中可能存在的一个重要冲突：对科学知识的渴求和被研究者的权利，这两者关系中可能存在的矛盾（Neuman，2006，P129）。如何在通过被研究者来获得社会科学知识的过程中，避免对被研究者造成尊严、自尊、隐私或自由选择权等方面的损害，是每一个社会科学研究者必须思考的。

对残障群体的研究不同于面向社会大众的一般性研究，因为残障者往往对自己的身份信息更加敏感，也更容易在心理层面受到研究过程中的影响。本研究的数据分析分为量化与质性两部分，量化部分研究数据来源于中残联全国性调查中的广东省数据，这部分数据的使用获得了中残联与广东省残联的书面许可，可以用于研究发表，并且签订了数据方面的保密协议，不会将原始数据透露给与研究无关的任何单位、组织或个人。

质性研究数据的收集获得了广东省残联、广州市残联及广州市各专门协会的支持，在联络残障人士参与研究中的访谈与座谈会过程中，均事先出示了书面的调研介绍信，每位受访者均被告之了研究目的与研究主要内容，以及被研究者的权利，相关的所有访谈、录音与记录均征询了每个人的同意。在对不同类别的残障人士（包括精神障碍家属）进行联络的时候，笔者也发现了不同类别残障人士对自身身份的敏感性并不完全相同，乐于采用的会谈方式也不一样。比如，在联络视力障碍人士时，考虑到视障人士出行方面的不便，本想通过线上方式进行焦点小组座谈会，或者利用盲协活动时招募一些志愿参与者进行小组座谈，但是后续获知大家并不想互相公开自己的身份，一起分享自己的经验，而是希望与研究者一对一地进行线上访谈，于是便改变了最初的数据收集方案，采用一对一的线上或电话访谈的方式进行。而精神残疾者家属和康复者代表则非常欢迎笔者加入他们亲友协会的活动中去，并积极地参与到面对面的焦点小组座谈会中，乐于分享与倾诉他们在生活中面临的困境与需求。

在质性数据收集过程中，本研究自始至终在尊重不同类别残障人士意愿的前提下进行具体的会谈安排；尊重与保护参与研究的每一位受访者的隐私；研究中出现的所有名字均为化名。本研究收集的所有资料仅用于学术研究。

第四章　残疾人基本状况

第一节　广东省残疾人口数量与性别分布

本次调查广东省残疾人口总计 1090209 人，珠海、深圳与中山残疾人口相对少，不超过 2 万人，其余地市残疾人口都在 2 万人以上，其中广州残疾人数量最多，超过 10 万人。茂名、梅州、肇庆与湛江残疾人口均超过 8 万人，清远与河源残疾人口超过 6 万人。具体残疾人口在各地市分布如图 4 - 1 所示。

图 4 - 1　各地市残疾人口数量分布

广东省残疾人口性别分布特点为男多女少，本次调查中残疾人男性有660165人，占60.6%；女性有430044人，占39.4%。整体男女性别比为153.51∶100。各地市男性残疾人口均超过当地总残疾人口的50%，各地市性别比例分布如图4－2所示。

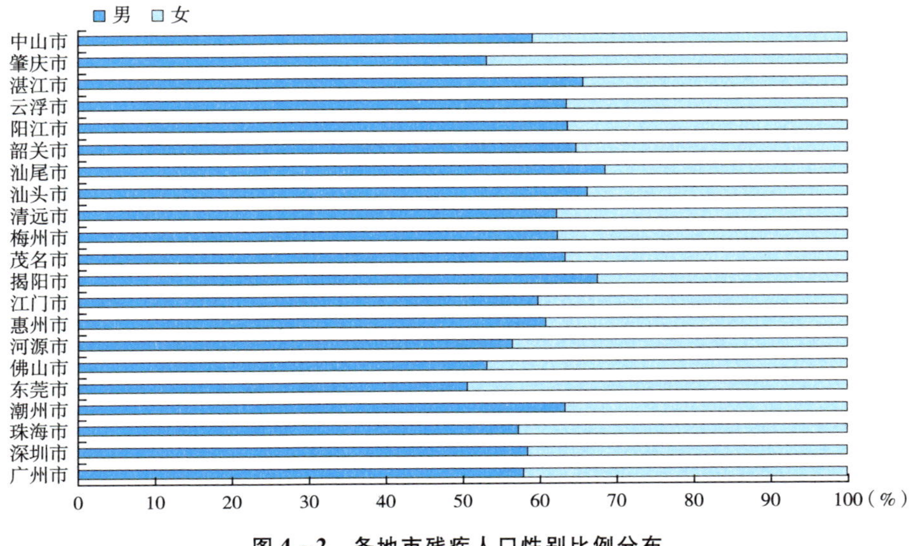

图4－2　各地市残疾人口性别比例分布

从地域分布上来看，珠三角区域残疾人口最多，有431822人，其中男性242835人，女性188987人。其次是粤北、粤西和粤东。

表4－1　残疾人口区域分布

	珠三角	粤　东	粤　北	粤　西	总　计
男	242835	92988	166091	158251	660165
女	188987	47107	105498	88452	430044
总　计	431822	140095	271589	246703	1090209

第二节　残疾证持证情况与残疾类别

全国专项调查全省1090209名残疾人中，已经持有第二代《中华人民共和国残疾人证》的共计1088055人，占99.8%；还有2154名0～15岁未成年残疾人暂未领取残疾人证。

本次调查对持有残疾证的残疾人残疾类别进行了统计分析（见表4－2），肢体残疾人口数量最多，占全省残疾人口的51.9%；其次是精神残疾，占12.8%；智力残疾占10.1%；视力残疾占9.8%；听力残疾占7.4%；多重残疾占5.9%；言语残疾占1.9%；未持有残疾人证而未评定残疾类别的占0.2%。从地域分布情况看，珠三角地区的肢体残疾人、视力残疾人、言语残疾人、智力残疾人、听力残疾人、精神残疾人数量均高于粤东西北各区域。多重残疾人口则是粤北地区数量最多，其次是粤西和珠三角。粤东地区各类别残疾人数量均为四个区域最少的。

表4－2　残疾类别数量区域分布

	珠三角	粤　东	粤　北	粤　西	总　计
视力残疾人	43191	9522	29118	24622	106453
肢体残疾人	206823	68453	150064	140989	566329
多重残疾人	16239	12101	18692	17123	64155
言语残疾人	7116	3122	5583	4814	20635
智力残疾人	50097	17493	24682	18324	110596
听力残疾人	44973	7855	15003	12366	80197
精神残疾人	62940	20982	27800	27968	139690
未评定	443	567	647	497	2154
总　计	431822	140095	271589	246703	1090209

从全省范围来看（见表4－3至表4－6），视力残疾人数最多的是肇庆，其次是茂名和广州，分别排在第二、三位。肢体残疾人数最多的是广州，然后是湛江与茂名。多重残疾人数最多的是梅州，然后是茂名和揭阳。言语残疾人数最多的是河源，然后是肇庆和湛江。智力残疾人数排在前三位的是广州、梅州和佛山。听力残疾人数最多的前三位是广州、肇庆和河源。精神残疾人数最多的是广州，其次是湛江和梅州。

表4－3　珠三角地区残疾类别数量

	广州市	深圳市	珠海市	东莞市	佛山市	肇庆市	中山市	惠州市	江门市
视力残疾人	10001	1078	1109	3829	4281	14377	1044	2691	4781

续表

	广州市	深圳市	珠海市	东莞市	佛山市	肇庆市	中山市	惠州市	江门市
肢体残疾人	56060	7210	6102	17252	27068	38824	8384	18775	27148
多重残疾人	3091	597	279	451	1761	4344	593	1697	3426
言语残疾人	1169	264	139	1019	1045	1953	654	376	497
智力残疾人	16745	2515	1573	3327	8111	5614	2693	4017	5502
听力残疾人	14505	1812	1818	4247	5164	11879	851	2203	2494
精神残疾人	20591	3430	2153	5166	7894	7788	3216	3679	9023
未评定	113	19	10	1	46	52	72	80	50
总　计	122275	16925	13183	35292	55370	84831	17507	33518	52921

表 4-4　粤东地区残疾类别数量

	潮州市	揭阳市	汕头市	汕尾市
视力残疾人	2124	3272	2721	1405
肢体残疾人	14455	23076	18509	12413
多重残疾人	2359	5315	2161	2266
言语残疾人	590	1471	548	513
智力残疾人	3655	4198	6568	3072
听力残疾人	1269	2369	3258	959
精神残疾人	3897	4783	8805	3497
未评定	107	143	82	235
总　计	28456	44627	42652	24360

表 4-5　粤北地区残疾类别数量

	河源市	清远市	韶关市	梅州市
视力残疾人	8666	6916	4794	8742
肢体残疾人	37927	37819	29139	45179
多重残疾人	3419	4714	2618	7941
言语残疾人	2144	895	975	1569
智力残疾人	5591	5294	4668	9129
听力残疾人	6247	2790	2201	3765
精神残疾人	5785	6601	5298	10116
未评定	342	48	70	187
总　计	70121	65077	49763	86628

表 4－6　粤西地区残疾类别数量

	茂名市	阳江市	云浮市	湛江市
视力残疾人	10175	3959	2595	7893
肢体残疾人	49079	23728	17436	50746
多重残疾人	7035	2854	2410	4824
言语残疾人	1717	700	460	1937
智力残疾人	5764	2448	3076	7036
听力残疾人	5999	1662	1016	3689
精神残疾人	8252	4676	4777	10263
未评定	151	1	207	138
总　计	88172	40028	31977	86526

第三节　残疾等级地域分布

残疾等级可分为 4 级，一级、二级为重度残疾，三级与四级为中度与轻度残疾。本次调查显示（见表 4－7），全省持证残疾人中，一级 195289 人，占 17.9%；二级 295672 人，占 27.1%；三级 310757 人，占 28.5%；四级 286337 人，占 26.3%。总体上重度残疾人口占 45%，中轻度残疾人口占 55%。从地域分布来看，珠三角地区各残疾等级数量均为最多。粤东西北地区中，粤东的一级残疾人口数量多于粤北与粤西，但二级、三级与四级人口数量则是粤北与粤西居多。

表 4－7　残疾等级数量地域分布

	珠三角	粤　东	粤　北	粤　西	总　计
残疾一级	83970	43219	34341	33759	195289
残疾二级	102464	44507	77246	71455	295672
残疾三级	122144	30029	91568	67016	310757
残疾四级	122801	21773	67787	73976	286337
未评定	443	567	647	497	2154
总　计	431822	140095	271589	246703	1090209

各地市持证残疾人中残疾等级分布如表4－8至表4－11所示。从数据中可以看到，从全省范围内来看，广州市一级残疾的人口数量最多，其次是揭阳与汕头。二级残疾人口数量最多的仍是广州，排在第二与第三位的是梅州与湛江。三级残疾人口数量最多的还是广州，其后是河源与清远，位列第二与第三。四级残疾人口数量最多的是肇庆，其次是茂名和广州。

表4－8 珠三角地区残疾等级数量

	广州市	深圳市	珠海市	东莞市	佛山市	肇庆市	中山市	惠州市	江门市
残疾一级	32156	5402	4191	7350	9898	5896	3381	7483	8213
残疾二级	32400	3356	3443	8169	12124	15526	4087	7315	16044
残疾三级	30735	4342	3425	9713	16485	24777	5470	9767	17430
残疾四级	26871	3806	2114	10059	16817	38580	4497	8873	11184
未评定	113	19	10	1	46	52	72	80	50
总　计	122275	16925	13183	35292	55370	84831	17507	33518	52921

表4－9 粤东地区残疾等级数量

	潮州市	揭阳市	汕头市	汕尾市
残疾一级	9442	15101	14226	4450
残疾二级	9556	11808	11314	11829
残疾三级	6633	10066	8637	4693
残疾四级	2718	7509	8393	3153
未评定	107	143	82	235
总　计	28456	44627	42652	24360

表4－10 粤北地区残疾等级数量

	河源市	清远市	韶关市	梅州市
残疾一级	5949	9418	6079	12895
残疾二级	14590	21071	13035	28550

续表

	河源市	清远市	韶关市	梅州市
残疾三级	26669	25904	17645	21350
残疾四级	22571	8636	12934	23646
未评定	342	48	70	187
总 计	70121	65077	49763	86628

表 4－11 粤西地区残疾等级数量

	茂名市	阳江市	云浮市	湛江市
残疾一级	12280	4927	4361	12191
残疾二级	21436	13540	11010	25469
残疾三级	21923	12712	8631	23750
残疾四级	32382	8848	7768	24978
未评定	151	1	207	138
总 计	88172	40028	31977	86526

第四节 残疾人口户口分类情况

本次调查中，广东全省 1090209 名残疾人口中，农业户口 824908 人，占 75.7%；非农业户口 265301 人，占 24.3%（见表 4－12）。各地市的残疾人户口分类情况如图 4－3 所示。只有广州、深圳与珠海三地非农业户口残疾人所占百分比过半，其中深圳非农业户口接近 100%。其他地市均为农业户口残疾人居多，所占百分比均超过 60%，河源与云浮农业户口残疾人超过 90%。

表 4－12 残疾人口户籍数量区域分布

	珠三角	粤 东	粤 北	粤 西	总 计
农 业	269600	110952	235604	208752	824908
非农业	162222	29143	35985	37951	265301
总 计	431822	140095	271589	246703	1090209

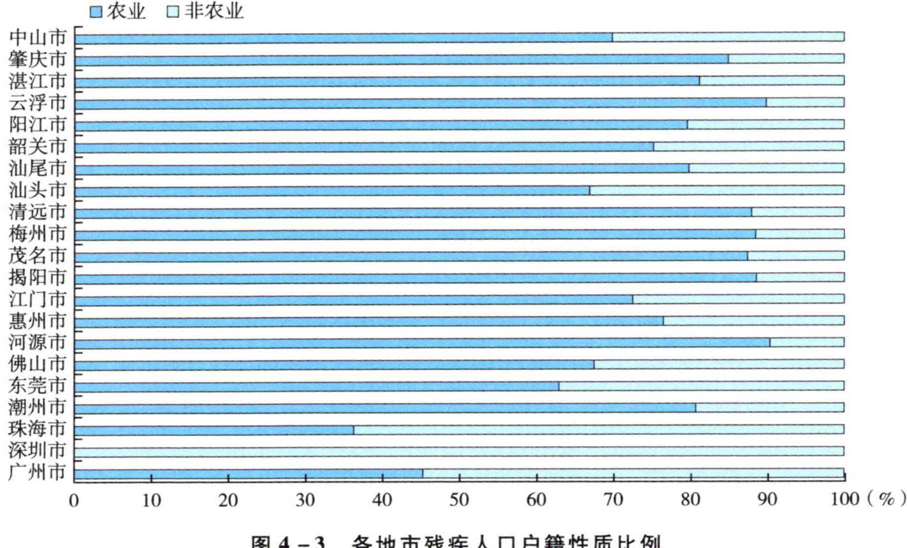

图 4－3　各地市残疾人口户籍性质比例

第五节　残疾人口婚姻状况

广东省 1000005 名 20 周岁以上残疾人口在各地市的数量分布如图 4－4 所示。

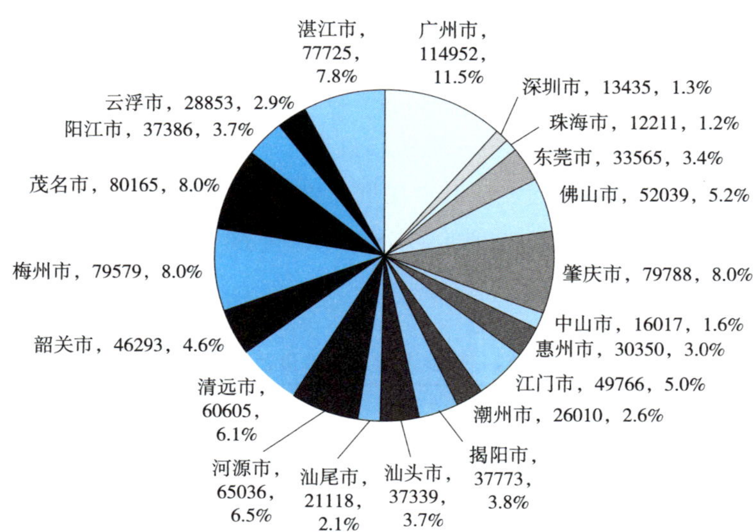

图 4－4　各地市 20 周岁以上残疾人口数量分布

从全省整体来看（见表 4－13），未婚 611385 人，占 61.1%；已婚 258075 人，占 25.8%；离异 25914 人，占 2.6%；丧偶 104631 人，占 10.5%。已婚残疾人离婚率为 6.67%。各地市残疾人的婚姻状况分布见图 4－5，各地市适龄未婚残疾人比率均超过 50%。

表 4－13　婚姻状况区域分布

	珠三角	粤　东	粤　北	粤　西	总　计
未　婚	235213	70368	162314	143490	611385
已　婚	96714	43342	60008	58011	258075
离　异	14080	1980	5780	4074	25914
丧　偶	56116	6550	23411	18554	104631
总　计	402123	122240	251513	224129	1000005

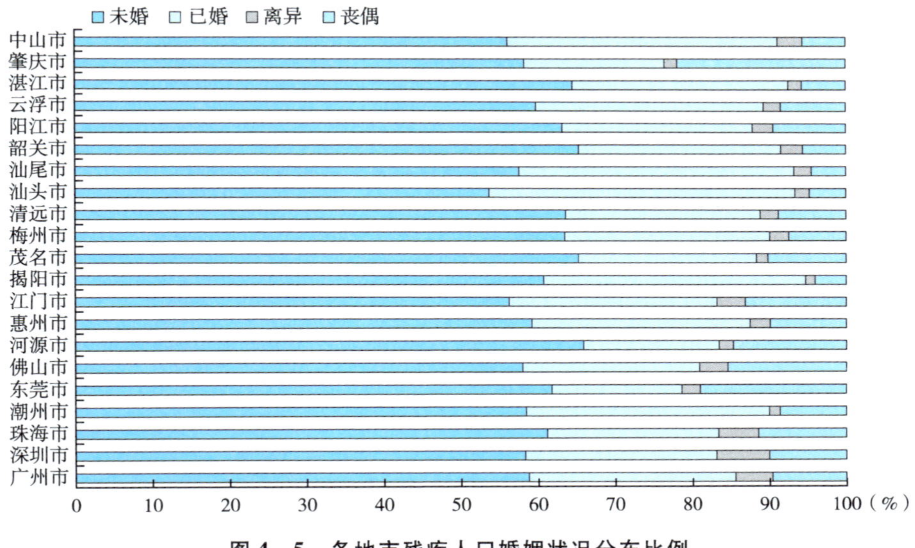

图 4－5　各地市残疾人口婚姻状况分布比例

从地域分布来看，珠三角地区由于残疾人口基数大，未婚及已婚等各类婚姻状况下的残疾人口数量均显著多于粤东西北各地区。

第六节　残疾人口居住场所

本次调查的广东省 1090209 名残疾人中，11785 人在敬老院（养老院）、福利院或荣军院居住，占 1.1%；1078424 人在家居住，占 98.9%。

每个地市残疾人都是以在家居住为主，居住在养老院等机构的残疾人数量分布如图 4－6 所示。广州市残疾人在各类机构居住的比例相对最高，其次是佛山、江门、深圳、肇庆与梅州，分别超过或达到了 5.1%。

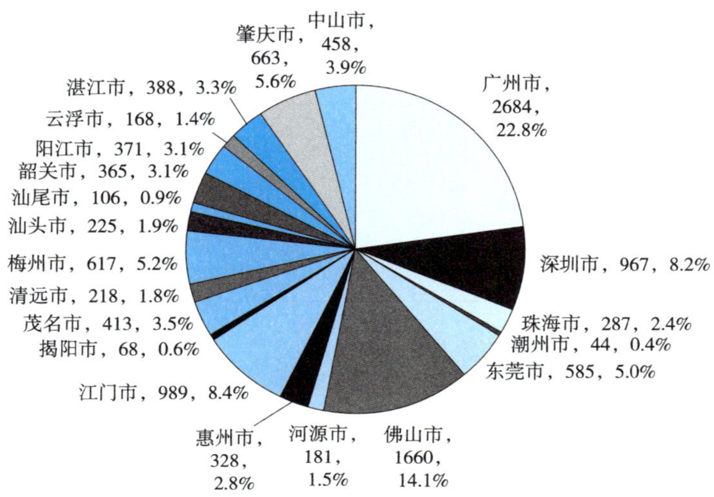

图 4－6　各地市机构居住残疾人口数量分布

珠三角地区生活在各类机构中的残疾人数量最多，有 8621 名。但从整体来看，广东省各个区域内残疾人口还是以在家居住为主要居住形态。粤东西北地区，尤其是粤东地区，在敬老院（养老院）、福利院或荣军院生活的残疾人数量最少（见表 4－14）。

表 4－14　残疾人口是否机构居住地域分布

	珠三角	粤　东	粤　北	粤　西	总　计
是	8621	443	1381	1340	11785
否	423201	139652	270208	245363	1078424
总　计	431822	140095	271589	246703	1090209

第七节　残疾人口年龄分布情况

从表 4－15 中可以看出，广东省年龄处于学前教育阶段的残疾人或潜在残疾人有 9611 人，占总残疾人口的 0.9%。年龄处于义务教育阶段（6～15 岁）的残疾人有 48699 人，占 4.5%。年龄处于高中阶段的残疾人有 14425 人，占1.3%。18岁以下的儿童青少年总计有70735人，占6.7%。60岁以上老年人所占比重相对较大，占33.1%。残疾人口分布呈现中老年人口比重大、儿童青少年比重小的分布形态，这一特点基本符合残疾人口老龄化的特点。

表4－15　广东省残疾人口年龄分布

年　龄	数　量	百分比（%）
6岁以下	9611	0.9
6～15岁	48699	4.5
16～17岁	14425	1.3
18～29岁	123050	11.3
30～39岁	122734	11.3
40～49岁	197111	18.1
50～59岁	213783	19.6
60～69岁	165917	15.2
70岁以上	194879	17.9
总　体	1090209	100

各地市残疾人口年龄分布情况如图4－7所示，与广东省总体数据分布模式大体一致，各地市40岁以上中老年残疾人数量要高于青壮年与儿童残疾人数量。

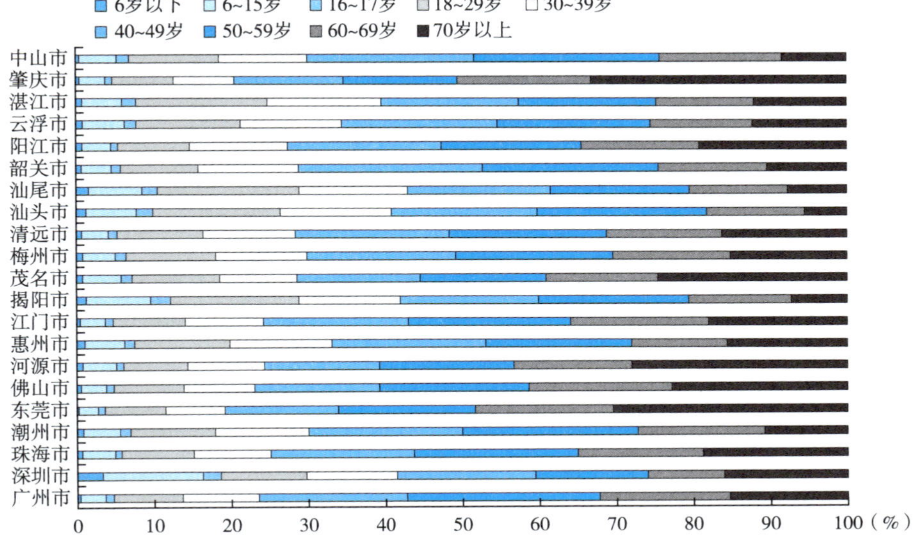

图4－7　各地市残疾人口年龄分布比例

从广东省残疾人口各年龄段的地域分布来看，珠三角地区各年龄段的残疾人口均多于粤东西北三地，尤其是40岁以上的中老年残疾人口，粤东西北各地残疾人口数量与珠三角地区残疾人口数量的差距还是很大的。粤东西北地区中，粤东地区的各年龄段残疾人口数量相对最少。

表4-16 残疾人口年龄区域分布

	珠三角	粤 东	粤 北	粤 西	总 计
6岁以下	3078	1856	2385	2292	9611
6~15岁	16313	9545	10841	12000	48699
16~17岁	4726	2963	3077	3659	14425
18~29岁	39886	22070	28204	32890	123050
30~39岁	41649	18836	31482	30767	122734
40~49岁	75289	26170	51879	43773	197111
50~59岁	86895	28870	54471	43547	213783
60~69岁	72183	19130	40563	34041	165917
70岁以上	91803	10655	48687	43734	194879
总 计	431822	140095	271589	246703	1090209

第八节 广东省残疾人口统计学资料小结

本次调查广东省总计1090209名持证残疾人，男性有660165人，占60.6%；女性430044人，占39.4%。男女性别比为153.51∶100。农业户口824908人，占75.7%；非农业户口265301人，占24.3%。未婚611385人，占61.1%；已婚258075人，占25.8%；离异25914人，占2.6%；丧偶104631人，占10.5%。已婚残疾人离婚率为6.67%。居住在养老院等的有11785人，占1.1%；在家居住的有1078424人，占98.9%。

6岁以下（学前教育阶段）的残疾人或潜在残疾人有9611人，占总残疾人口的0.9%。6~15岁（义务教育阶段）的残疾人有48699人，占4.5%。16~17岁（高中阶段）的残疾人有14425人，占1.3%。18岁以下的儿童青少年共计70735人，占6.7%。18~29岁有123050人，占

11.3%；30～39岁有122734人，占11.3%；40～49岁有197111人，占18.1%；50～59岁有213783人，占19.6%；60～69岁有165917人，占15.2%；70岁以上有194879人，占17.9%。

全国专项调查全省1090209名残疾人中，已经持有第二代《中华人民共和国残疾人证》的共计1088055人，占99.8%；还有2154名0～15岁未成年残疾人暂未领取残疾人证。

本次调查对持有残疾证的残疾人残疾类别进行了统计分析，肢体残疾人口数量最多，占全省残疾人口的51.9%；其次是精神残疾，占12.8%；智力残疾占10.1%；视力残疾占9.8%；听力残疾占7.4%；多重残疾人占5.9%；言语残疾占1.9%；未持有残疾人证而未评定残疾类别的占0.2%。

全省持证残疾人中，一级195289人，占17.9%；二级295672人，占27.1%；三级310757人，占28.5%；四级286337人，占26.3%。总体上重度残疾人口占45%，中轻度残疾人口占55%。

第五章　残疾人个体服务与需求

第一节　经济与住房

一　收入情况

（一）城镇残疾人家庭人均收入情况

在本次调查的全省257886名非农业户口残疾人中，城镇家庭人均收入低于低保标准的有58670人，占22.8%；低于低收入标准或低保边缘标准（高于低保但低于当地低收入标准，一般为低保的150%）的有29253人，占11.3%；其他169963人，占65.9%。各个地市城镇残疾人家庭人均收入分布情况如表5－1至表5－4所示。广州城镇残疾人家庭人均收入低于低保标准的绝对数量最多，其后依次是湛江、汕头和茂名。低于低收入标准或低保边缘标准的城镇残疾人口数量湛江在绝对数量上最多，其后依次是东莞与汕头。

表5－1　珠三角地区城镇残疾人家庭人均收入分布情况

	广州市	深圳市	珠海市	东莞市	佛山市	肇庆市	中山市	惠州市	江门市
低于低保标准	7688	667	1450	1216	2051	2212	541	2172	2931
低于低收入标准或低保边缘标准	1831	629	734	3288	313	807	22	962	875
其他	54578	14653	5924	8032	14551	9191	4388	4442	10022
总　计	64097	15949	8108	12536	16915	12210	4951	7576	13828

表 5－2　粤东地区城镇残疾人家庭人均收入分布情况

	潮州市	揭阳市	汕头市	汕尾市
低于低保标准	1822	2083	5587	2082
低于低收入标准或低保边缘标准	1540	868	3132	1384
其他	2016	1985	5034	1274
总　计	5378	4936	13753	4740

表 5－3　粤北地区城镇残疾人家庭人均收入分布情况

	河源市	清远市	韶关市	梅州市
低于低保标准	2615	2061	3623	3724
低于低收入标准或低保边缘标准	1355	909	1756	1043
其他	2514	4662	6655	4663
总　计	6484	7632	12034	9430

表 5－4　粤西地区城镇残疾人家庭人均收入分布情况

	茂名市	阳江市	云浮市	湛江市
低于低保标准	4031	3164	1058	5892
低于低收入标准或低保边缘标准	1843	1465	341	4156
其他	4680	3302	1711	5687
总　计	10554	7931	3110	15735

各地市区域内城镇残疾人家庭人均收入层级分布如图 5－1 所示。从比率上看，深圳、广州、中山、佛山这几个经济相对发达地区的城镇残疾贫困人口较少，低于低保标准与低收入标准或低保边缘标准的困难残疾人口加起来所占比例不到 20%。深圳贫困残疾人口最少，低于低保标准与低收入标准或低保边缘标准的残疾人口所占比例不到 10%。肇庆、珠海与江门两类贫困残疾人口所占比例少于 30%。汕尾、揭阳与河源三地收入低于低保标准的城镇残疾人口超过所在地区相应调查总人口的 40%。湛江、阳江、汕尾、汕头、梅州、茂名、揭阳、河源、潮州两类贫困残疾人口所占比例超过 50%，尤其汕尾两类贫困残疾人比例超过 70%。

从分布区域来看，珠三角地区的城镇贫困残疾人口绝对数量最多，粤

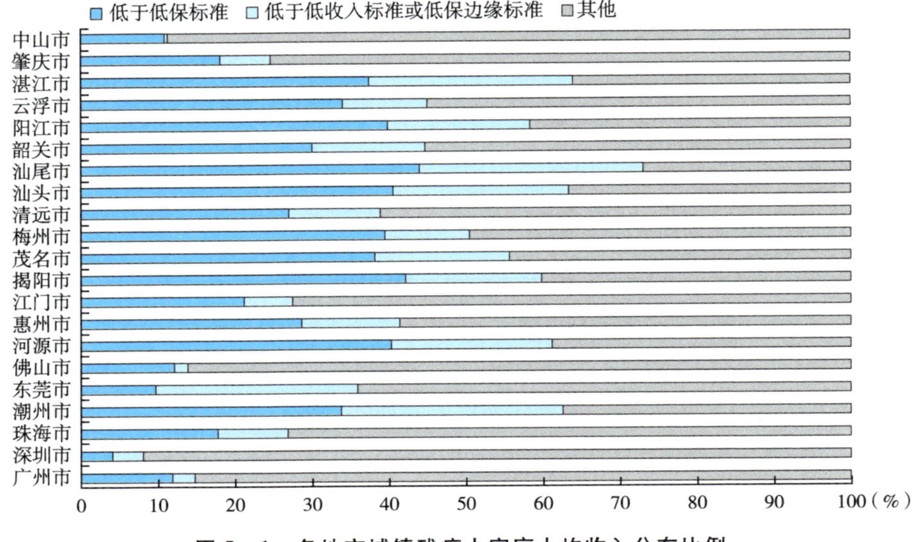

图 5－1 各地市城镇残疾人家庭人均收入分布比例

东的城镇残疾人口中家庭收入低于低保标准的绝对数量最少，而粤北低于低收入标准或处在低保边缘标准的残疾人口数量最少。但是，如果考虑到各个地区贫困残疾人口的分布比例，则是珠三角贫困残疾人口比例最低，低于低保标准的占珠三角地区的 13.4%；低于低收入标准或低保边缘标准的占 6.1%。粤东贫困残疾人口比例最高，低于低保标准的占粤东地区的 40.2%；低于低收入标准或低保边缘标准的占 24.0%。粤北贫困残疾人口低于低保标准的占粤北地区的 33.8%；低于低收入标准或低保边缘标准的占 14.2%。粤西贫困残疾人口低于低保标准的占粤北地区的 37.9%；低于低收入标准或低保边缘标准的占 20.9%（见表 5－5）。

表 5－5 城镇残疾人家庭收入情况区域分布

	珠三角	粤 东	粤 北	粤 西	总 计
低于低保标准	20928	11574	12023	14145	58670
低于低收入标准或低保边缘标准	9461	6924	5063	7805	29253
其他	125781	10309	18493	15380	169963
总 计	156170	28807	35579	37330	257886

（二）农村残疾人家庭人均收入情况

在本次调查的全省820538名农业户口残疾人中，年人均纯收入低于国家贫困标准（2300元/年）的有173861人，占21.2%；年人均纯收入低于省级贫困标准（3480元/年）的有230115人，占28.0%；其他416562人，占50.8%。从表5-6至表5-9可见，深圳、中山、东莞与佛山农业户口残疾贫困人口没有或很少。河源、茂名、梅州、清远、韶关、湛江两类农业户口残疾贫困人口数量均过万。

表5-6 珠三角地区农村残疾人家庭人均收入情况

	广州市	深圳市	珠海市	东莞市	佛山市	肇庆市	中山市	惠州市	江门市
年人均纯收入低于国家贫困标准（2300元/年）	4230	0	795	66	69	1667	1	4039	1174
年人均纯收入低于省级贫困标准（3480元/年）	2671	0	669	191	8	19684	10	4297	6140
其他	48593	9	3324	21914	36718	50607	12087	17278	30790
总　计	55494	9	4788	22171	36795	71958	12098	25614	38104

表5-7 粤东地区农村残疾人家庭人均收入情况

	潮州市	揭阳市	汕头市	汕尾市
年人均纯收入低于国家贫困标准（2300元/年）	7188	9532	7544	6592
年人均纯收入低于省级贫困标准（3480元/年）	8369	14468	10403	8500
其他	7477	15623	10727	4422
总　计	23034	39623	28674	19514

表5-8 粤北地区农村残疾人家庭人均收入情况

	河源市	清远市	韶关市	梅州市
年人均纯收入低于国家贫困标准（2300元/年）	15211	11644	10185	20003
年人均纯收入低于省级贫困标准（3480元/年）	25411	15143	12009	27426

续表

	河源市	清远市	韶关市	梅州市
其他	22835	30440	15170	29152
总　计	63457	57227	37364	76581

表 5－9　粤西地区农村残疾人家庭人均收入情况

	茂名市	阳江市	云浮市	湛江市
年人均纯收入低于国家贫困标准（2300 元/年）	26352	8254	11147	28168
年人均纯收入低于省级贫困标准（3480 元/年）	26141	10521	6503	31551
其他	24712	12951	11049	10684
总　计	77205	31726	28699	70403

各地市农业户口残疾人家庭人均收入层级分布如图 5－2 所示。从中也可以看到湛江两类贫困农业人口所占比重最高，超过 80%。汕尾次之，超过 70%。云浮、汕头、梅州、茂名、揭阳、河源与潮州两类贫困农业人口所占比重均超过 60%。珠海、惠州两类贫困农业人口所占比重超过 30%。广州两类贫困农业人口所占比重超过 10%。深圳、中山、佛山与东莞则两类贫困农业人口比重很小，甚至为零。

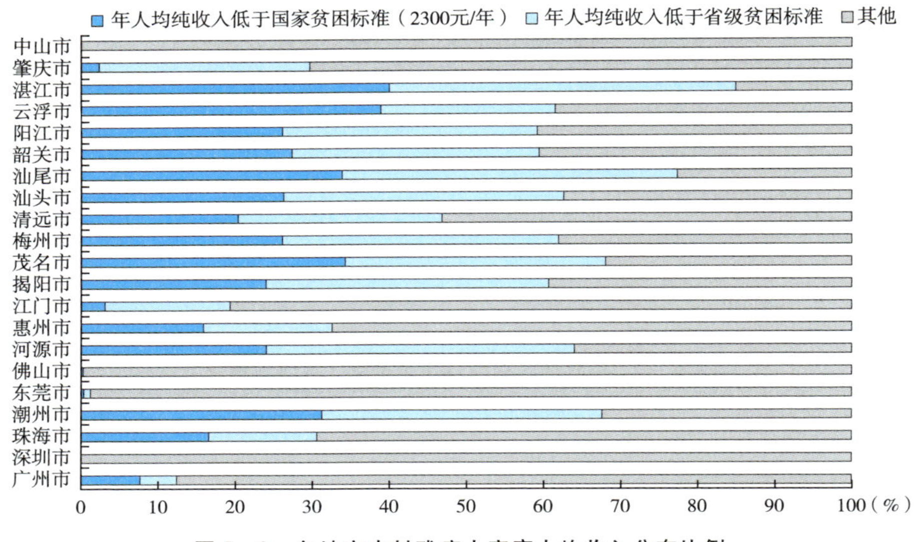

图 5－2　各地市农村残疾人家庭人均收入分布比例

从地域分布来看（见表5－10），农业户口残疾人家庭人均收入低于国家贫困标准的数量最多的是粤西，其次是粤北和粤东。低于省级贫困标准的农业户口残疾人则是粤北地区数量最多，其次是粤西与粤东。珠三角地区的农业户口残疾人年均收入低于国家贫困标准与低于省级贫困标准的数量均为最少。

表5－10　农村家庭收入情况区域分布

	珠三角	粤　东	粤　北	粤　西	总　计
年人均纯收入低于国家贫困标准（2300元/年）	12041	30856	57043	73921	173861
年人均纯收入低于省级贫困标准（3480元/年）	33670	41740	79989	74716	230115
其他	221320	38249	97597	59396	416562
总　计	267031	110845	234629	208033	820538

在173861名贫困农村残疾人口中，属于国家建档立卡贫困户的有16438人，占9.5%；不属于国家建档立卡贫困户的有157422人，占90.5%。从各地市的情况来看，河源、梅州、湛江、清远、广州属于国家建档立卡贫困户的残疾人口数量比较多（见表5－11至表5－14）。

表5－11　是否属于国家建档立卡贫困户珠三角地区数量分布情况

	广州市	深圳市	珠海市	东莞市	佛山市	肇庆市	中山市	惠州市	江门市
是	1359	0	16	24	40	53	0	279	1
否	2871	0	779	42	29	1614	1	3760	1173
总　计	4230	0	795	66	69	1667	1	4039	1174

表5－12　是否属于国家建档立卡贫困户粤东地区数量分布情况

	潮州市	揭阳市	汕头市	汕尾市
是	963	322	167	26
否	6225	9210	7377	6566
总　计	7188	9532	7544	6592

表5－13　是否属于国家建档立卡贫困户粤北地区数量分布情况

	河源市	清远市	韶关市	梅州市
是	3811	2204	180	3764

续表

	河源市	清远市	韶关市	梅州市
否	11400	9440	10004	16239
总　计	15211	11644	10184	20003

表 5－14　是否属于国家建档立卡贫困户粤西地区数量分布情况

	茂名市	阳江市	云浮市	湛江市
是	553	101	293	2282
否	25799	8153	10854	25886
总　计	26352	8254	11147	28168

从贫困户在当地所占的比率来看（如图 5－3 所示），佛山属于国家建档立卡贫困户的残疾人口占当地贫困残疾总人口的百分比最高，超过 50%。东莞与广州属于国家建档立卡贫困户的残疾人口百分比超过 30%，其他各地市均在 20% 以内。

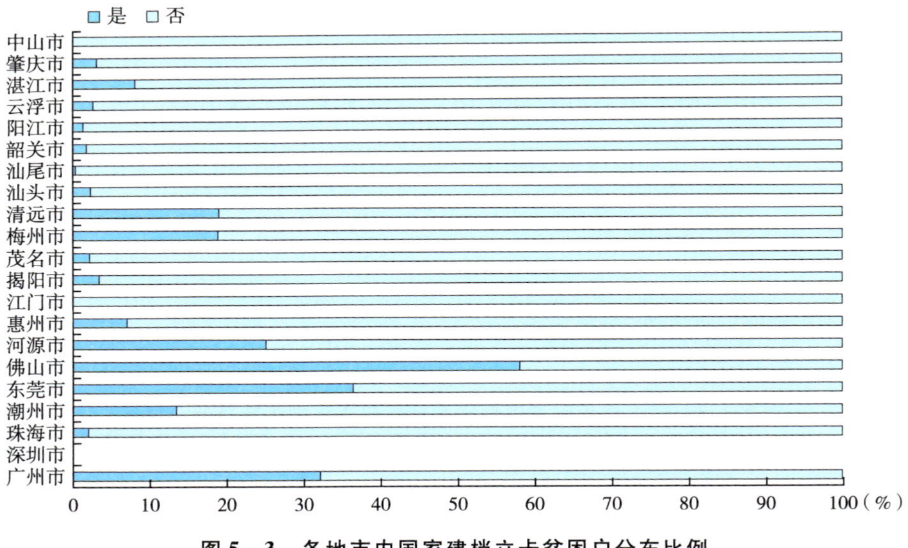

图 5－3　各地市内国家建档立卡贫困户分布比例

从地域分布来看（见表 5－15），在贫困农村残疾人口中，属于国家建档立卡贫困户的数量最多的是粤北地区，其后依次是粤西地区、珠三角地区和粤东地区。

表 5－15 是否属于国家建档立卡贫困户区域数量分布情况

	珠三角	粤 东	粤 北	粤 西	总 计
是	1772	1478	9959	3229	16438
否	10269	29378	47083	70692	157422
总 计	12041	30856	57042	73921	173860

二 住房状况

（一）城镇家庭住房情况

在本次调查的全省 257886 名非农业户口残疾人中，拥有自有产权住房的残疾人口有 174696 人，占 67.7%；享受住房保障政策（廉租房或公租房等）有 20365 人，占 7.9%；无房 62825 人，占 24.4%。

各地市住房情况如表 5－16 至表 5－19 所示。可见广州市非农残疾人口最多，无论是拥有自有产权住房的残疾人口，还是享受住房保障政策或是无房的残疾人口绝对数量都是最多的。

表 5－16 珠三角地区城镇残疾人住房情况

	广州市	深圳市	珠海市	东莞市	佛山市	肇庆市	中山市	惠州市	江门市
自有产权住房	40897	10769	5613	9498	10616	8981	2929	5667	10891
享受住房保障政策（廉租房或公租房等）	7719	464	358	516	1664	564	46	550	908
无房	15481	4716	2137	2522	4635	2665	1976	1359	2029
总 计	64097	15949	8108	12536	16915	12210	4951	7576	13828

表 5－17 粤东地区城镇残疾人住房情况

	潮州市	揭阳市	汕头市	汕尾市
自有产权住房	4282	3146	9052	3281
享受住房保障政策（廉租房或公租房等）	428	269	1404	222
无房	668	1521	3297	1237
总 计	5378	4936	13753	4740

表 5－18　粤北地区城镇残疾人住房情况

	河源市	清远市	韶关市	梅州市
自有产权住房	4556	5634	7981	5713
享受住房保障政策（廉租房或公租房等）	181	464	1496	558
无房	1746	1534	2557	3159
总　计	6483	7632	12034	9430

表 5－19　粤西地区城镇残疾人住房情况

	茂名市	阳江市	云浮市	湛江市
自有产权住房	6901	5528	2424	10337
享受住房保障政策（廉租房或公租房等）	650	432	186	1286
无房	3003	1971	500	4112
总　计	10554	7931	3110	15735

从图 5－4 可见，广州地区内拥有自有产权住房和享受住房保障政策的残疾人口比率并非最高，而是处于中等偏上水平。潮州无房残疾人口比率最小，其次是江门和云浮。

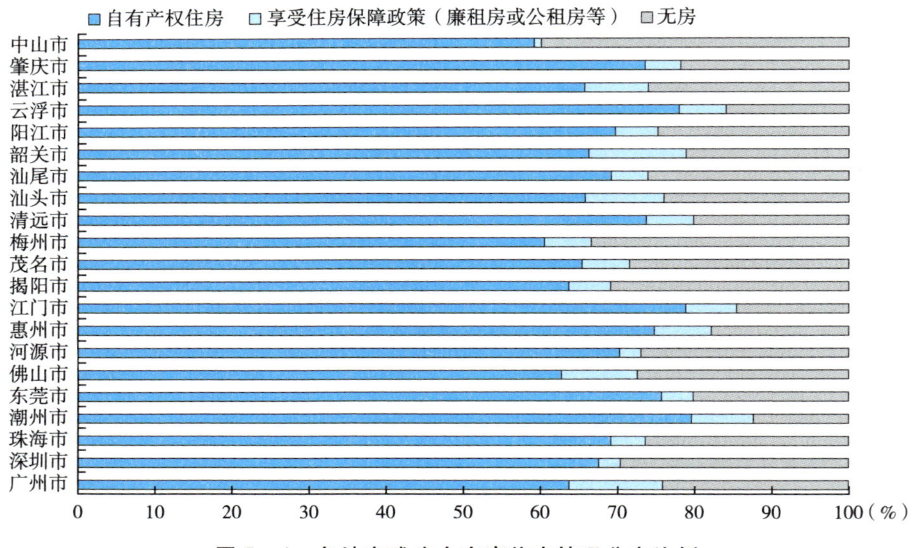

图 5－4　各地市残疾人家庭住房情况分布比例

从地域分布来看（见表5－20），珠三角地区城镇残疾人家庭自有产权住房、享受住房保障政策与无房的残疾人口数量均为最多。

表5－20 城镇残疾人住房地域分布情况

	珠三角	粤 东	粤 北	粤 西	总 计
自有产权住房	105861	19761	23884	25190	174696
享受住房保障政策（廉租房或公租房等）	12789	2323	2699	2554	20365
无房	37520	6723	8996	9586	62825
总 计	156170	28807	35579	37330	257886

（二）农村家庭住房情况

在本次调查的全省820538名农业户口残疾人中，农村家庭自有住房且房子状况良好的有599722人，占73.1%；自有住房，已鉴定属危房的有16228人，占2.0%；自有住房，属危房未鉴定的有146381人，占17.8%；无房的有58207人，占7.1%；。

各地市住房情况如表5－21至表5－24所示。可见茂名、肇庆、广州、湛江地区农业户口残疾人自有住房状况良好的绝对数量分别位居第一、第二与第三。拥有自有住房但属于危房的（包括鉴定与未鉴定）梅州、湛江、茂名、河源的农业户口残疾人绝对数量分别排在第1～4位。

表5－21 珠三角地区农村残疾人家庭住房情况

	广州市	深圳市	珠海市	东莞市	佛山市	肇庆市	中山市	惠州市	江门市
自有住房，状况良好	50939	6	3561	17917	26856	57752	10856	17964	30052
自有住房，已鉴定属危房	472	0	34	81	79	636	73	479	504
自有住房，属危房未鉴定	2359	0	617	775	821	11005	509	5371	4259
无房	1724	3	576	3398	9039	2565	660	1800	3289
总 计	55494	9	4788	22171	36795	71958	12098	25614	38104

表 5－22 粤东地区农村残疾人家庭住房情况

	潮州市	揭阳市	汕头市	汕尾市
自有住房，状况良好	12307	27872	21485	11217
自有住房，已鉴定属危房	679	729	415	567
自有住房，属危房未鉴定	9775	8880	5607	6313
无房	273	2142	1167	1417
总 计	23034	39623	28674	19514

表 5－23 粤北地区农村残疾人家庭住房情况

	河源市	清远市	韶关市	梅州市
自有住房，状况良好	42535	45873	26796	46346
自有住房，已鉴定属危房	1484	1172	906	2336
自有住房，属危房未鉴定	12271	8126	8049	19194
无房	7167	2056	1613	8705
总 计	63457	57227	37364	76581

表 5－24 粤西地区农村残疾人家庭住房情况

	茂名市	阳江市	云浮市	湛江市
自有住房，状况良好	58268	22181	21859	47080
自有住房，已鉴定属危房	2291	655	537	2099
自有住房，属危房未鉴定	13415	7331	4200	17504
无房	3231	1559	2103	3720
总 计	77205	31726	28699	70403

从各地市区域内住房状况的百分比数值看（见图 5－5，下述分析不包括深圳，因其农业户口残疾人总数太少），潮州地区无房农业户口残疾人百分比最少，其次是广州。超过 90% 的广州地区农业户口残疾人自有住房状况良好。广州自有住房状况良好的百分比最高，其次是中山、东莞。而危房百分比排在前三位的分别是潮州、汕尾和梅州。

从地域分布来看（见表 5－25），珠三角地区农业户口残疾人中自有住房且状况良好的数量最多。拥有自有住房但已鉴定为危房的则是粤北地区人数最多，拥有自有住房但属于未鉴定危房的也是粤北地区人数最多。

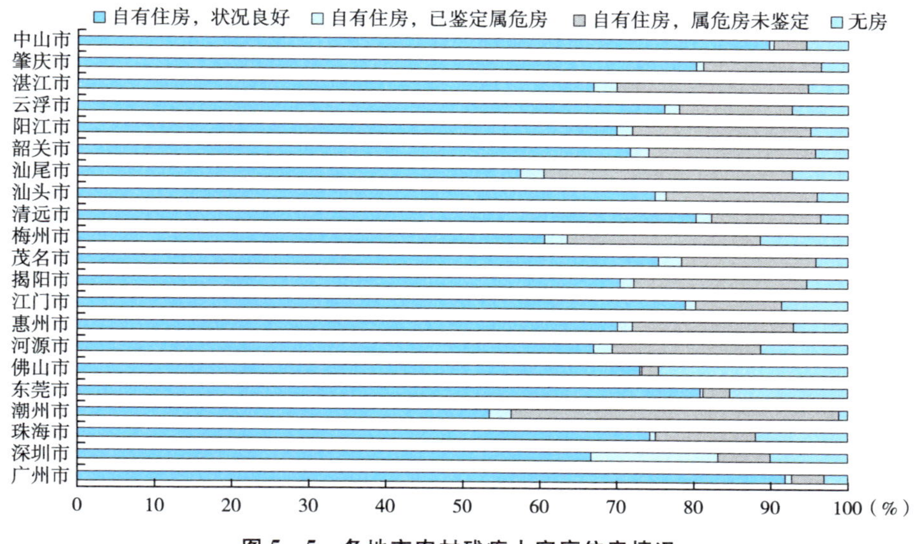

图 5－5　各地市农村残疾人家庭住房情况

表 5－25　农村残疾人家庭住房区域分布情况

	珠三角	粤　东	粤　北	粤　西	总　计
自有住房，状况良好	215903	72881	161549	149388	599721
自有住房，已鉴定属危房	2358	2390	5898	5582	16228
自有住房，属危房未鉴定	25716	30575	47639	42450	146380
无房	23054	4999	19541	10613	58207
总　计	267031	110845	234629	208033	820538

第二节　教育

一　识字率

以城镇居民识字量 2000 字以上，农民 1500 字以上，能看懂通俗报刊或写便条作为识字标准，本调查涉及的广东省 15 周岁以上 1038322 名残疾人中，识字残疾人 724113 人，占 69.7%；不识字残疾人 314209 人，占 30.3%。从各地市的数据来看（见图 5－6），不同地域的识字率差异不是很大，识字率最高的依次是深圳、梅州、韶关、广州、江门，这几个地市识字率都在74%以上，深圳达到75.3%。

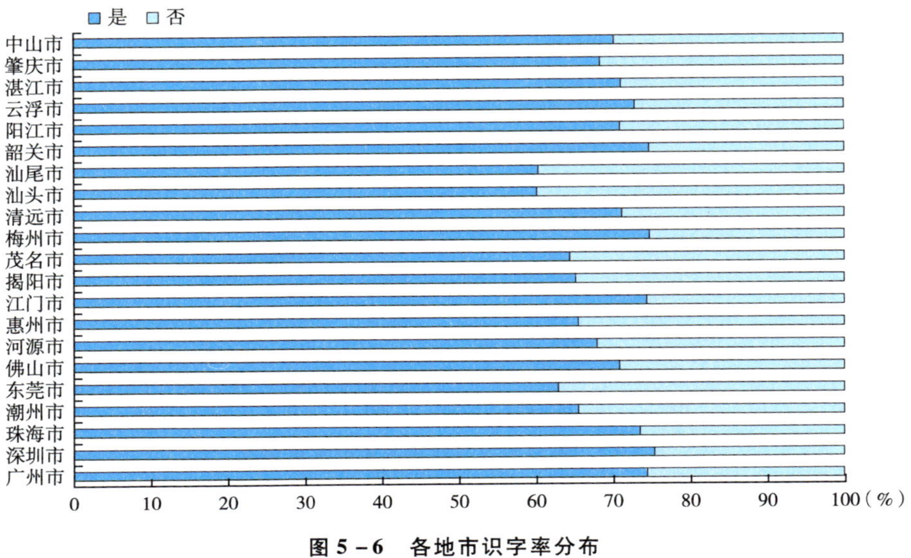

图5－6　各地市识字率分布

从地域分布上看（见表5－26），珠三角地区识字人数与不识字人数均居首位。但从识字率上看，珠三角识字残疾人数量占珠三角区域的71.0%；粤东识字残疾人占其所在区域的62.8%；粤北为72.1%；粤西为68.8%。粤北地区残疾人口识字率最高。

表5－26　识字情况的地域分布

	珠三角	粤　东	粤　北	粤　西	总　计
是	294194	81725	187074	161120	724113
否	120396	48373	72516	72924	314209
总　计	414590	130098	259590	234044	1038322

二　受教育程度

广东省15周岁以上残疾人口受教育程度情况如表5－27所示。从未上过学的残疾人口仍有很大比重，有265511人，占25.6%。从教育程度分布来看，小学教育程度的残疾人口比例最高，占39%，其次是初中教育程度的残疾人口，占 25.9%。能够进入高中（包括中专）教育的残疾人口比例相较接受过义务教育阶段的小学和初中教育的残疾人口比例有一个比较大的下降，只有 7.7%。能够进入高等教育阶段的残疾人口，尤其是大学本科及以上的残疾人口比例更小，只占 0.5%。

表 5－27　广东省残疾人口受教育程度分布

受教育程度	数　量	百分比（%）
从未上过学	265511	25.6
小学	404439	39.0
初中	268705	25.9
高中（含中专）	79737	7.7
大学专科	14334	1.4
大学本科及以上	5596	0.5
总　计	1038322	100

从各个地市的残疾人受教育情况看（见表 5－28 至表 5－31），广州、深圳的残疾人接受过高等教育，包括大专、本科及以上的人数最多。茂名地区从未上过学的残疾人口绝对数量最多，其次是湛江与广州。

表 5－28　珠三角地区残疾人口受教育程度分布

	广州市	深圳市	珠海市	东莞市	佛山市	肇庆市	中山市	惠州市	江门市
从未上过学	20667	2597	2407	8915	11652	23422	3239	9256	10385
小学	39569	2944	4355	15712	22862	37306	7069	12000	21066
初中	33789	3036	3379	6803	12459	17012	4289	7865	14573
高中（含中专）	18855	3006	1830	2333	5223	3520	1672	1975	4343
大学专科	3708	1576	434	499	935	565	292	382	607
大学本科及以上	1711	1161	183	167	357	111	122	142	253
总　计	118299	14320	12588	34429	53488	81936	16683	31620	51227

表 5－29　粤东地区残疾人口受教育程度分布

	潮州市	揭阳市	汕头市	汕尾市
从未上过学	8893	12600	13278	8232

续表

	潮州市	揭阳市	汕头市	汕尾市
小学	10269	17059	15147	9008
初中	6114	8986	7819	4235
高中（含中专）	1463	1849	2840	871
大学专科	220	300	473	153
大学本科及以上	45	77	140	27
总　计	27004	40871	39697	22526

表 5－30　粤北地区残疾人口受教育程度分布

	河源市	清远市	韶关市	梅州市
从未上过学	19034	15971	10401	18852
小学	27628	26817	16313	29900
初中	17182	16243	15647	27125
高中（含中专）	2561	3042	4345	5895
大学专科	267	440	767	629
大学本科及以上	69	108	196	158
总　计	66741	62621	47669	82559

表 5－31　粤西地区残疾人口受教育程度分布

	茂名市	阳江市	云浮市	湛江市
从未上过学	26911	10724	7219	20856
小学	32251	15753	12486	28925
初中	19312	9446	8597	24794
高中（含中专）	4255	2103	1636	6120
大学专科	590	258	205	1034
大学本科及以上	148	71	40	310
总　计	83467	38355	30183	82039

从各个地区的残疾人口受教育程度比率分布来看（见图 5－7），从未上过学的残疾人比率上，汕尾、汕头、潮州、茂名、揭阳依次排在比率最高的前列。广州、深圳、珠海从未上过学的残疾人口比率排在最低前三位。接受过高等教育最高百分比前三名分别是深圳、珠海与广州。

从地域分布上看（见表 5－32），珠三角地区各类受教育程度残疾人口数量均居首位，珠三角地区接受高等教育的残疾人口数量远超粤东西北

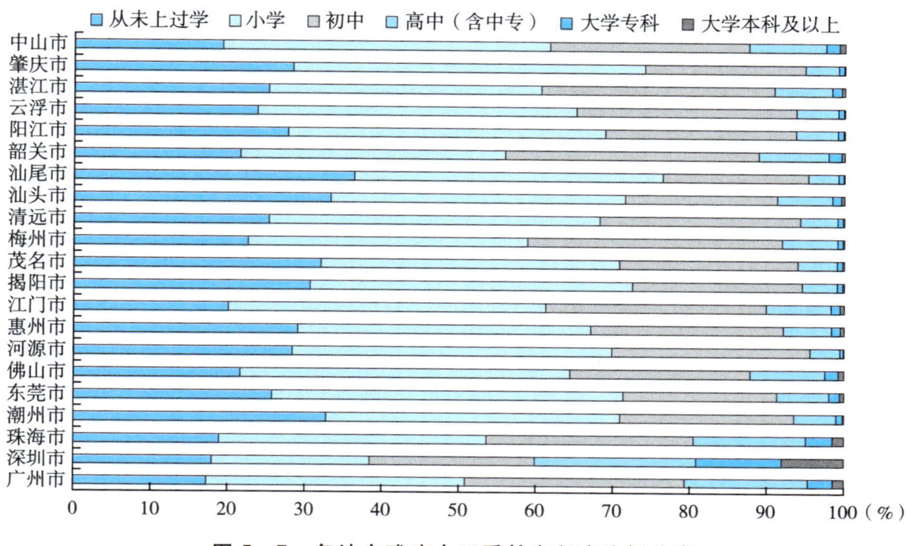

图 5-7　各地市残疾人口受教育程度比例分布

三地之和。

表 5-32　残疾人口受教育程度地域分布情况

	珠三角	粤　东	粤　北	粤　西	总　计
从未上过学	92540	43003	64258	65710	265511
小学	162883	51483	100658	89415	404439
初中	103205	27154	76197	62149	268705
高中（含中专）	42757	7023	15843	14114	79737
大学专科	8998	1146	2103	2087	14334
大学本科及以上	4207	289	531	569	5596
总　计	414590	130098	259590	234044	1038322

三　学校就读情况

（一）普通教育机构就读情况

残疾人口学校就读情况由调查中在园及在校的残疾儿童和残疾学生填报。其中，在广东省普通教育机构就读的残疾儿童/学生有 30326 名，就读儿童或学生主要集中在小学阶段，有 16049 人，占 52.9%；其次是学前阶段，有 6015 人，占 19.8%。初中阶段人数开始出现比较明显的下降，具体各阶段就读情况如表 5 - 33 所示。

表 5 - 33 广东省残疾人普校就读情况

普通教育机构	人 数	百分比（%）
学前	6015	19.8
小学	16049	52.9
初中	4905	16.2
高中阶段（含普通教育、职业教育）	2193	7.2
大学专科	816	2.7
大学本科及以上	348	1.1
总 计	30326	100

从各地市的情况来看（见表 5 - 34 至表 5 - 37），广州、湛江接受普通高等教育的残疾学生都超过百人，尤其广州在绝对数量上占据优势。广州在 9 年义务教育之外的残疾学生普通教育机构就学绝对人数也是排在前列。湛江、茂名、梅州、揭阳、河源、肇庆处于普通小学教育阶段的残疾学生人数均超过千人。

表 5 - 34 珠三角地区残疾人普校就读情况

	广州市	深圳市	珠海市	东莞市	佛山市	肇庆市	中山市	惠州市	江门市
学前	363	329	44	42	150	250	54	161	195
小学	946	588	144	224	413	1057	186	487	438
初中	543	203	59	117	247	327	102	138	210
高中阶段（含普通教育、职业教育）	333	136	39	100	149	123	48	65	117
大学本科	135	57	13	48	61	41	9	23	42
大学本科及以上	76	47	5	18	28	6	10	15	17
总 计	2396	1360	304	549	1048	1804	409	889	1019

表 5 - 35 粤东地区残疾人普校就读情况

	潮州市	揭阳市	汕头市	汕尾市
学前	181	362	269	110

续表

	潮州市	揭阳市	汕头市	汕尾市
小学	512	1218	701	408
初中	115	278	241	84
高中阶段（含普通教育、职业教育）	37	74	101	35
大学本科	20	17	45	22
大学本科及以上	3	9	18	2
总　计	868	1958	1375	661

表 5－36　粤北地区残疾人普校就读情况

	河源市	清远市	韶关市	梅州市
学前	479	344	338	612
小学	1201	871	749	1374
初中	210	226	222	321
高中阶段（含普通教育、职业教育）	60	92	83	107
大学本科	26	36	29	30
大学本科及以上	6	9	11	8
总　计	1982	1578	1432	2452

表 5－37　粤西地区残疾人普校就读情况

	茂名市	阳江市	云浮市	湛江市
学前	595	249	185	703
小学	1561	560	563	1848
初中	383	136	163	580
高中阶段（含普通教育、职业教育）	135	62	44	253
大学本科	32	21	9	100
大学本科及以上	15	6	4	35
总　计	2721	1034	968	3519

各地市普通教育机构就读百分比分布见图 5－8，基本上各地市都是小学阶段所占百分比最高，其次是学前或初中阶段。高中以上就读比例相对较小。

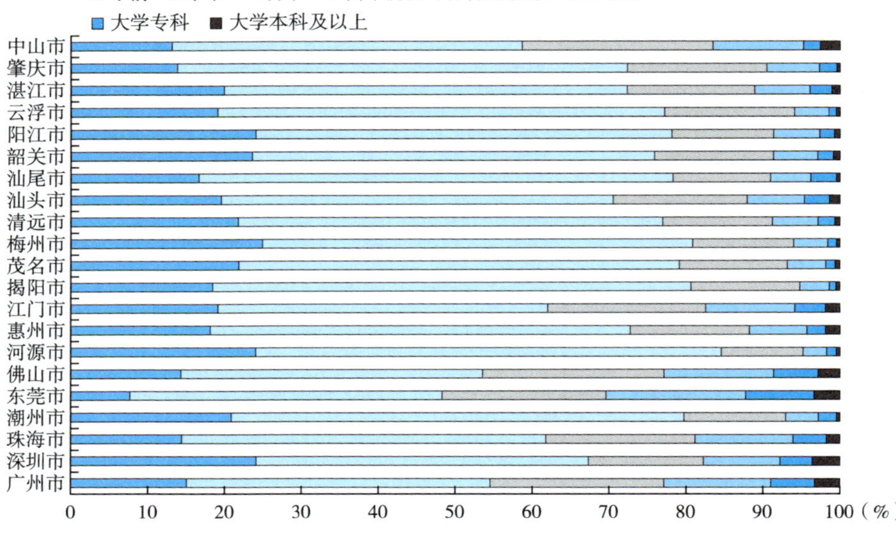

图 5－8　各地市残疾人普校就读情况

从地域分布来看（见表 5－38），学前阶段在普通学校就读的残疾学生数量最多的是粤北地区，其次是粤西地区、珠三角地区和粤东地区。小学阶段在普校就读的残疾学生数量最多的是粤西地区，其次是珠三角地区，最后是粤北与粤东。初中、高中以及高等教育阶段在普校就读的残疾学生人口数量分布顺序从多到少依次为珠三角、粤西、粤北与粤东。

表 5－38　残疾人普校就读地域分布情况

	珠三角	粤　东	粤　北	粤　西	总　计
学前	1588	922	1773	1732	6015
小学	4483	2839	4195	4532	16049
初中	1946	718	979	1262	4905
高中阶段（含普通教育、职业教育）	1110	247	342	494	2193
大学本科	429	104	121	162	816
大学本科及以上	222	32	34	60	348
总　计	9778	4862	7444	8242	30326

（二）特殊教育机构就读情况

在广东省特殊教育机构就读的残疾儿童/学生有 10788 名，就读儿童或学生主要集中在小学阶段，有 5209 人，占 48.3%；其次是学前阶段（包括民办机构未通过教育部分认证的），有 3596 人，占 33.3%。初中阶段开始人数出现比较明显的下降，具体各阶段就读情况如表 5－39 所示。

表 5－39　广东省残疾人特殊学校就读情况

特殊教育机构	数量	百分比（%）
学前	3596	33.3
小学	5209	48.3
初中	1306	12.1
高中阶段（含普通教育、职业教育）	550	5.1
大学专科	84	0.8
大学本科及以上	43	0.4
总　计	10788	100

从各个地市的情况来看（见表 5－40 至表 5－43），广州市就读特殊学校各阶段的残疾学生数量在广东省都处于前列。深圳市只有学前阶段就读特殊学校的儿童数量高于广州市，其他阶段学生数量皆为广州市处于第一位。

表 5－40　珠三角地区残疾人特殊学校就读情况

	广州市	深圳市	珠海市	东莞市	佛山市	肇庆市	中山市	惠州市	江门市
学前	399	446	55	98	141	220	32	172	130
小学	1166	495	136	173	398	218	194	222	279
初中	375	175	42	74	138	34	57	36	54
高中阶段（含普通教育、职业教育）	137	56	23	32	58	24	9	31	20
大学本科	16	1	2	2	5	4	2	5	1
大学本科及以上	7	5	0	1	4	3	1	1	2
总　计	2100	1178	258	380	744	503	295	467	486

表 5－41　粤东地区残疾人特殊学校就读情况

	潮州市	揭阳市	汕头市	汕尾市
学前	139	133	197	65

续表

	潮州市	揭阳市	汕头市	汕尾市
小学	72	149	203	46
初中	12	17	33	10
高中阶段（含普通教育、职业教育）	3	21	18	10
大学本科	0	1	10	2
大学本科及以上	1	2	5	0
总　计	227	323	466	133

表 5－42　粤北地区残疾人特殊学校就读情况

	河源市	清远市	韶关市	梅州市
学前	144	127	133	210
小学	160	223	112	202
初中	9	44	24	33
高中阶段（含普通教育、职业教育）	3	15	5	12
大学本科	2	5	3	6
大学本科及以上	0	1	2	1
总　计	318	415	279	464

表 5－43　粤西地区残疾人特殊学校就读情况

	茂名市	阳江市	云浮市	湛江市
学前	356	128	109	162
小学	350	73	110	228
初中	54	12	17	56
高中阶段（含普通教育、职业教育）	11	11	13	38
大学本科	4	0	1	12
大学本科及以上	2	1	1	3
总　计	777	225	251	499

但从各地市就读特殊学校的百分比上看（见图 5－9），学前阶段就读特殊学校比例最高的是潮州、阳江和汕尾，分列第一、第二和第三。义务教育阶段就读特殊学校小学残疾学生比例最高的前三位是中山、江门和广

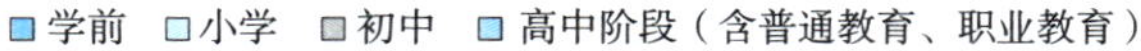

州。义务教育阶段就读特殊学校初中残疾学生比例最高的前三位是中山、东莞和佛山，广州排在第四位。就读特殊学校高中阶段的残疾学生比例最高的依次是珠海、东莞与佛山。

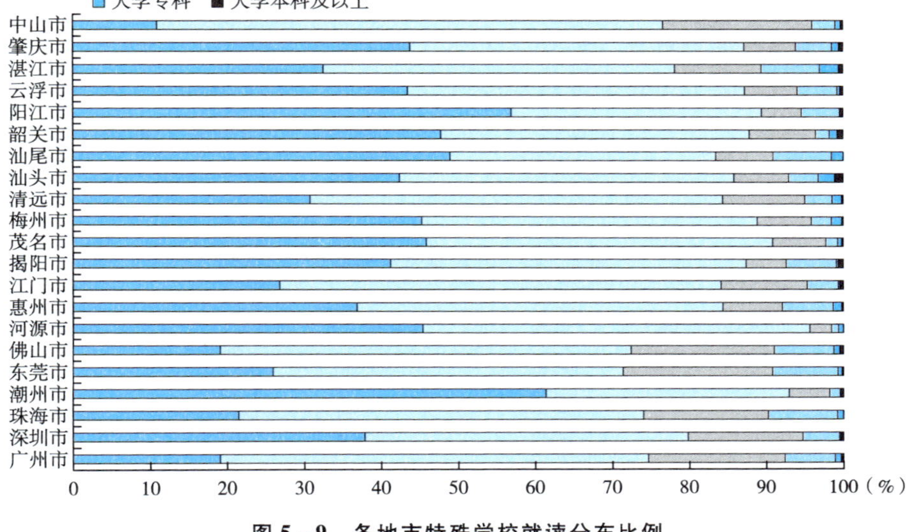

图 5－9　各地市特殊学校就读分布比例

从地域分布来看（见表 5－44），接受特殊教育各个学龄阶段的残疾人口数量分布均为珠三角区域最多。

表 5－44　特殊学校残疾人口就读情况地域分布

	珠三角	粤东	粤北	粤西	总　计
学前	1693	534	614	755	3596
小学	3281	470	697	761	5209
初中	985	72	110	139	1306
高中阶段（含普通教育、职业教育）	390	52	35	73	550
大学本科	38	13	16	17	84
大学本科及以上	24	8	4	7	43
总　计	6411	1149	1476	1752	10788

四 教育需求

通过对广东省内6～14周岁未入学残疾儿童的调查显示（见表5－45），15367名儿童中，有就读特殊教育学校需求的为大多数，有8075人，占52.5%。其次是希望能够送教上门的，有3968人，占25.8%。再次是有进入普通学校随班就读（残疾学生在普通学校中与健全学生同一个班级一起学习的教育方式）需求的有2451人，占15.9%。另外，还有873人希望在普通学校能附设特教班（在普通学校设立针对残疾人教育的特设班级，如盲班、聋人班、智残班等），占5.7%。

表5－45 教育需求情况分布

特殊教育机构	数量	百分比（%）
特殊教育学校	8075	52.5
送教上门	3968	25.8
普通学校随班就读	2451	15.9
普通学校附设特教班	873	5.7
总　计	15367	100

各地市的教育需求情况如图5－10所示，与广东省整体上各类教育需求分布基本一致，各地市都是特殊教育学校就读需求最高。大多数地市教育需求排在第二位的是送教上门，也有个别地市普通学校随班就读需求的比例更高一些，比如茂名市与河源市。普通学校附设特教班的需求比例在各地市相对来说都排在最后。

从地域分布来看（见表5－46），就读特殊教育学校的需求，广东省四个区域残疾人口数量差别不大，最多的是粤西地区，其次是珠三角地区，粤东与粤北紧随其后，位居第三、第四。普通学校随班就读与普通学校附设特教班的需求，粤东地区最多，其次是粤西，珠三角地区的需求数量最少。珠三角地区对送教上门的需求最多，其次是粤东地区。

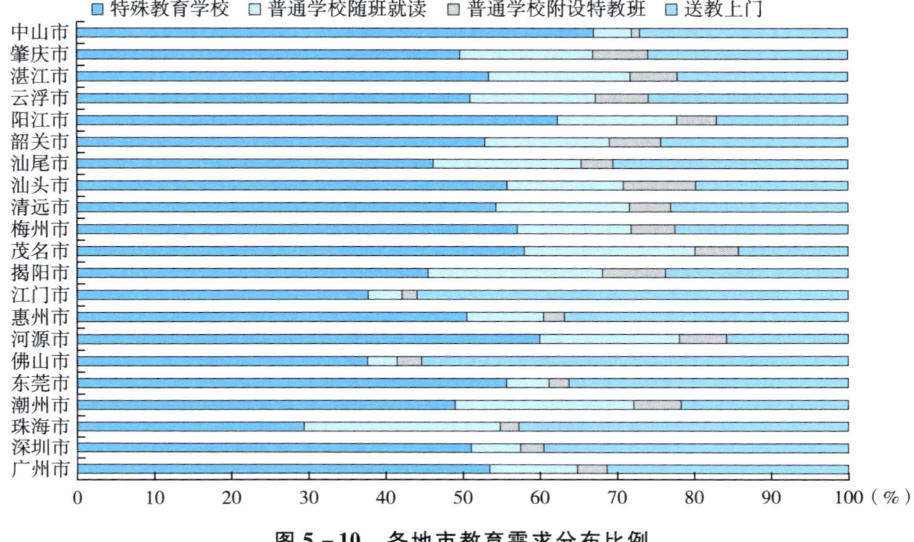

图 5－10　各地市教育需求分布比例

表 5－46　教育需求地域分布情况

	珠三角	粤　东	粤　北	粤　西	总　计
特殊教育学校	2040	2034	1904	2097	8075
送教上门	1564	986	704	714	3968
普通学校随班就读	381	809	548	713	2451
普通学校附设特教班	150	308	195	220	873
总　计	4135	4137	3351	3744	15367

第三节　就业扶贫

一　就业比率

截至调查结束，广东省内 16～59 周岁的 667264 名残疾人口中，实现就业残疾人 216821 名，占 32.5%；未就业残疾人 450443 名，占 67.5%。从各个地市的情况看（见表 5－47 至表 5－50），广州市实现残疾人就业的绝对残疾人口数量最多，其次是湛江、清远和肇庆。未就业残疾人数量也是广州最多，其次是梅州、湛江与茂名。从各地市实现就业残疾人比例来看（见图5－11），深圳市残疾人口就业率最高，超过60%，其次是韶关和肇庆，均超过50%。未就业残疾人比率最高的是汕尾，其次是汕头、揭阳。汕尾与汕头残疾人未就业率均超过80%。

表5－47 珠三角地区残疾人就业数量分布

	广州市	深圳市	珠海市	东莞市	佛山市	肇庆市	中山市	惠州市	江门市
是	25009	5955	2450	6132	11573	16002	4658	5523	9442
否	51905	3515	5380	10951	18276	22665	7544	16329	22291
总　计	76914	9470	7830	17083	29849	38667	12202	21852	31733

表5－48 粤东地区残疾人就业数量分布

	潮州市	揭阳市	汕头市	汕尾市
是	5655	7123	6012	3156
否	13404	23907	25425	14083
总　计	19059	31030	31437	17239

表5－49 粤北地区残疾人就业数量分布

	河源市	清远市	韶关市	梅州市
是	10625	16142	14910	15446
否	25369	25826	20182	40131
总　计	35994	41968	35092	55577

表5－50 粤西地区残疾人就业数量分布

	茂名市	阳江市	云浮市	湛江市
是	14680	7567	6597	22164
否	33709	16833	15157	37561
总　计	48389	24400	21754	59725

从地域分布来看（见表5－51），珠三角地区残疾人就业的绝对数量最多，粤东地区残疾人就业数量最少。从残疾人就业率来看，也是珠三角地区最高，为35.3%；粤东地区最低，为22.2%；粤北地区为33.9%，粤西地区为33.1%，相差不大。

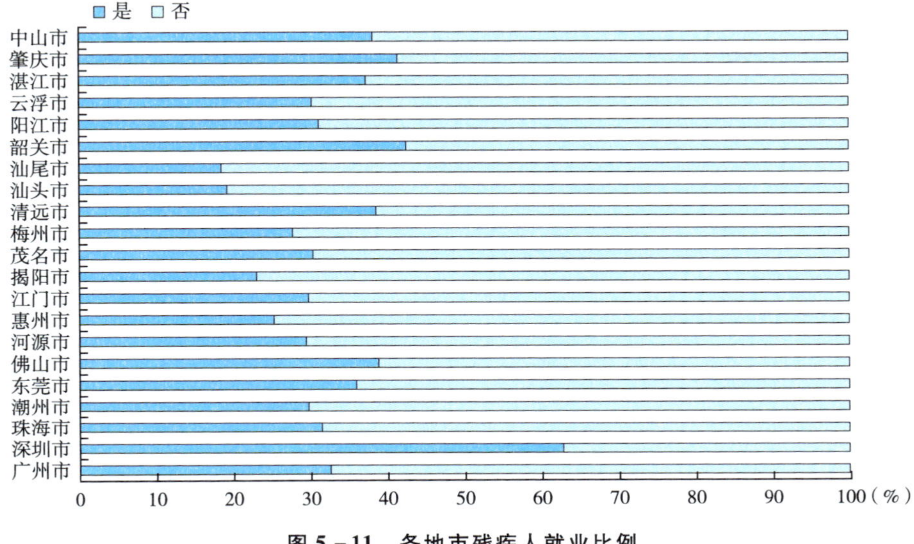

图 5－11　各地市残疾人就业比例

表 5－51　残疾人就业数量地域分布情况

	珠三角	粤　东	粤　北	粤　西	总　计
是	86744	21946	57123	51008	216821
否	158856	76819	111508	103260	450443
总　计	245600	98765	168631	154268	667264

二　残疾人就业形式

（一）非农业户口残疾人就业

在广东省内已经就业[①]的 55104 名非农业户口残疾人中（见图 5－12），属于集中就业的残疾人有 2813 名，占 5.1%；按比例就业的有 20118 名，占 36.5%；个体就业的有 8559 名，占 15.5%；其他形式就业（不属于以上三种形式就业的，包括公益性就业，比如残疾人专职委员）的有 23614 名，占 42.9%。

① 集中就业指残疾职工 10 人以上，占在职职工 25% 以上，签订劳动合同。按比例就业指按照国家相应政策就业的残疾人。个体就业指有《营业执照》的个体工商户；虽然没有领取工商执照但从事和个体工商户差不多的工作的残疾人，如各种小型手工业、商业、餐饮业、服务业、修理业、运输业、房屋修缮业等。

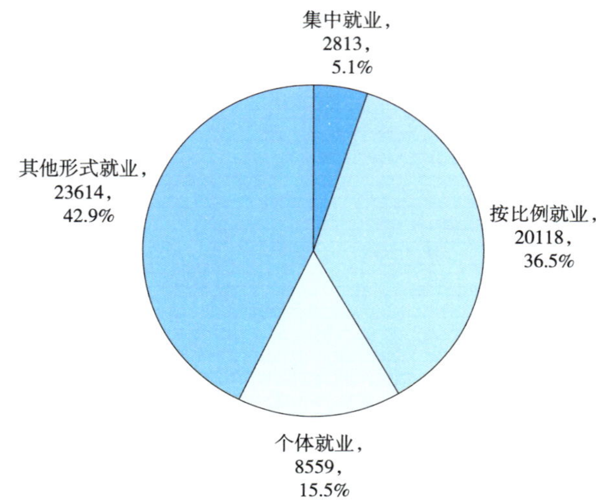

图 5－12　非农户口残疾人就业情况

从各个地市的情况看（见表 5－52 至表 5－55），广州的残疾人就业人数最多，其次是深圳与佛山。从各地市残疾人就业类型比例看（见图 5－13），深圳、广州与佛山按比例就业的残疾人口比例最多，集中就业的残疾人口则是茂名、潮州与揭阳分别排在前三位，个体就业则是河源、潮州与汕尾的残疾人口比例分别排在前三位。

表 5－52　珠三角地区非农户口残疾人就业数量分布

	广州市	深圳市	珠海市	东莞市	佛山市	肇庆市	中山市	惠州市	江门市
集中就业	617	140	102	30	280	75	105	27	136
按比例就业	8938	4448	487	698	1481	381	419	497	565
个体就业	1225	218	259	252	646	400	214	326	534
其他形式就业	4947	1147	787	1125	1510	1247	499	606	1387
总　计	15727	5953	1635	2105	3917	2103	1237	1456	2622

表 5－53　粤东地区非农户口残疾人就业数量分布

	潮州市	揭阳市	汕头市	汕尾市
集中就业	95	82	144	11
按比例就业	67	95	366	53
个体就业	255	221	451	243

续表

	潮州市	揭阳市	汕头市	汕尾市
其他形式就业	486	463	855	522
总　计	903	861	1816	829

表 5－54　粤北地区非农户口残疾人就业数量分布

	河源市	清远市	韶关市	梅州市
集中就业	33	90	136	104
按比例就业	43	157	630	152
个体就业	299	427	485	379
其他形式就业	631	1036	1481	847
总　计	1006	1710	2732	1482

表 5－55　粤西地区非农户口残疾人就业数量分布

	茂名市	阳江市	云浮市	湛江市
集中就业	193	66	31	316
按比例就业	68	81	93	399
个体就业	431	414	105	775
其他形式就业	1026	707	396	1909
总　计	1718	1268	625	3399

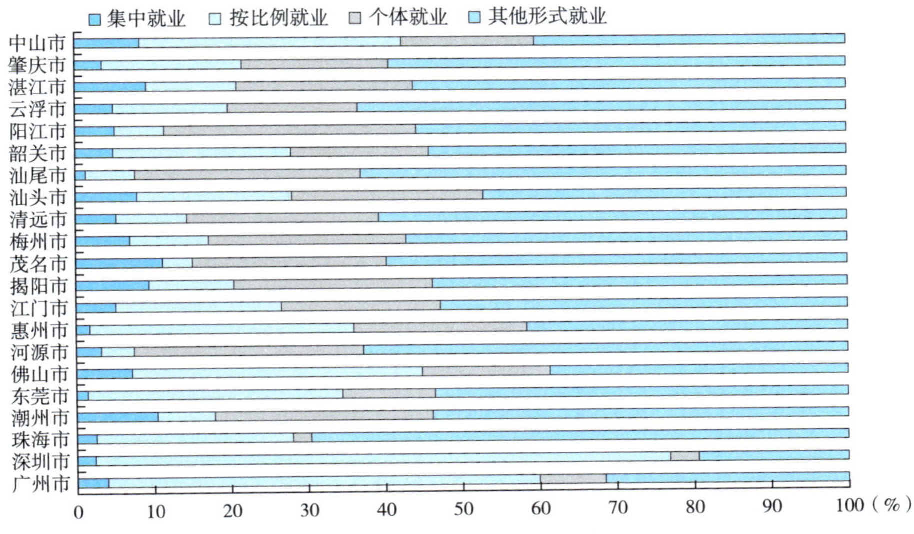

图 5－13　各地市非农户口残疾人就业分布比例

从地域分布来看（见表5－56），珠三角地区的非农户口残疾人各类型就业人数均为最多，尤其是按比例就业方面，粤东西北各区域与珠三角地区在残疾人就业数量上相差甚远。

表5－56 非农户口残疾人就业数量区域分布

	珠三角	粤 东	粤 北	粤 西	总 计
集中就业	1512	332	363	606	2813
按比例就业	17914	581	982	641	20118
个体就业	4074	1170	1590	1725	8559
其他形式就业	13255	2326	3995	4038	23614
总 计	36755	4409	6930	7010	55104

（二）农业户口残疾人就业

在广东省内已经就业的161717名农业户口残疾人中（见图5－14），进城务工的有31775名，占19.7%；从事种植养殖业的有50948名，占31.5%；属于个体就业的有22026名，占13.6%；村办或乡镇办企业就业的有5587名，占3.5%；其他形式就业的有51381名，占31.8%。

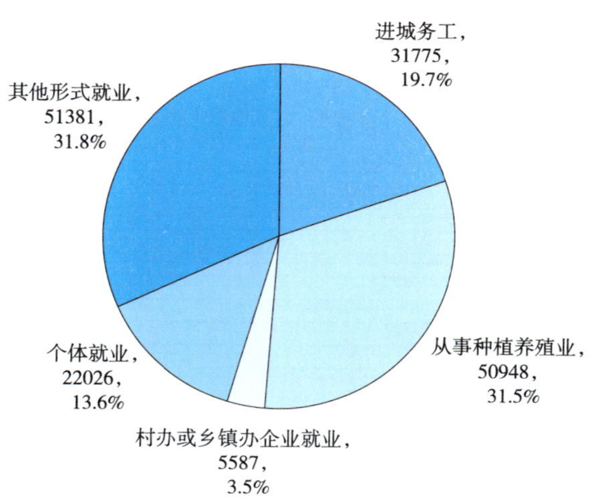

图5－14 农业户口残疾人就业情况

从各个地市的情况看（见表5－57至表5－60），农业户口残疾人就业数量最多的是湛江市，其次是清远、梅州、肇庆与茂名。从各个地市农业户口残疾人不同类型就业比例来看（见图5－15），阳江、河源与韶关的进城务工残疾人口比例分别位于前三位。从事种植养殖业的湛江、肇庆与韶关分别位于前三位。在村办或乡镇办企业就业的残疾人口比例东莞、中山与佛山分别位于前三位。

表5－57 珠三角地区农业户口残疾人就业数量分布

	广州市	深圳市	珠海市	东莞市	佛山市	肇庆市	中山市	惠州市	江门市
进城务工	1437	0	113	408	821	2916	401	909	1279
从事种植养殖业	1301	0	90	95	679	6197	221	1102	1488
村办或乡镇办企业就业	721	0	56	857	684	236	346	196	347
个体就业	1213	1	127	420	1147	1211	626	662	1082
其他形式就业	4610	1	429	2247	4325	3339	1827	1198	2624
总　计	9282	2	815	4027	7656	13899	3421	4067	6820

表5－58 粤东地区农业户口残疾人就业数量分布

	潮州市	揭阳市	汕头市	汕尾市
进城务工	670	923	398	498
从事种植养殖业	1396	968	547	388
村办或乡镇办企业就业	395	194	330	14
个体就业	836	1720	1222	519
其他形式就业	1455	2457	1699	908
总　计	4752	6262	4196	2327

表5－59 粤北地区农业户口残疾人就业数量分布

	河源市	清远市	韶关市	梅州市
进城务工	2668	3340	2852	3174
从事种植养殖业	3133	5683	5148	3756
村办或乡镇办企业就业	105	188	122	206
个体就业	1075	1336	1249	2224
其他形式就业	2638	3885	2807	4604
总　计	9619	14432	12178	13964

表 5-60 粤西地区农业户口残疾人就业数量分布

	茂名市	阳江市	云浮市	湛江市
进城务工	2465	1945	1169	3389
从事种植养殖业	4907	2059	2460	9330
村办或乡镇办企业就业	183	127	93	187
个体就业	2062	811	536	1947
其他形式就业	3345	1357	1714	3912
总 计	12962	6299	5972	18765

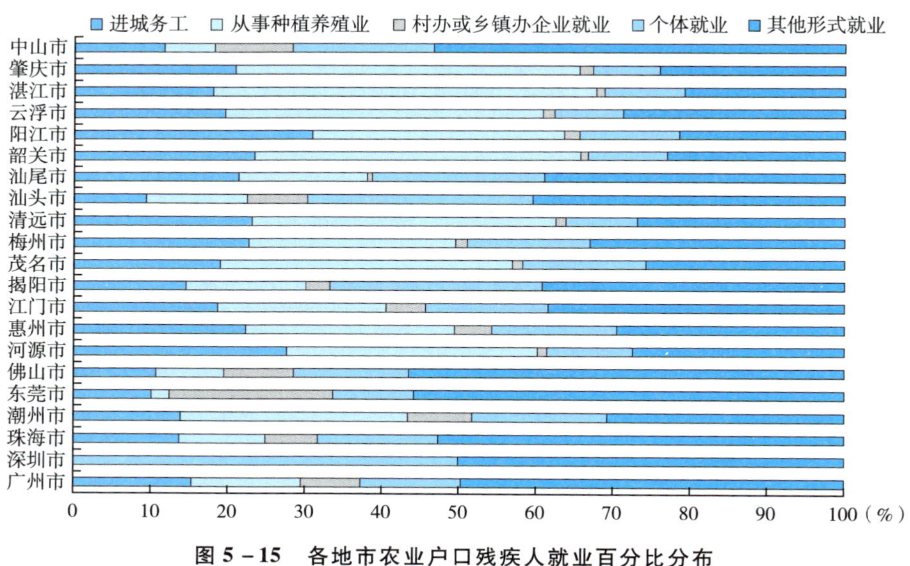

图 5-15 各地市农业户口残疾人就业百分比分布

从地域分布来看（见表 5-61），粤北地区进城务工的农业户口残疾人数量最多，其次是粤西，排在第三位的是珠三角地区，与粤西地区进城务工残疾人口在数量上相差不算大，粤东地区的进城务工残疾人口数量则最少。粤西地区农业户口残疾人从事种植养殖业的人数最多，其次是粤北地区，珠三角则排在第三位，粤东人数最少。在村办或乡镇企业就业的残疾人口、个体就业和其他形式就业则是以珠三角地区数量最多，粤东西北地区均与珠三角地区有相对较大的差距。

表 5-61　农业户口残疾人就业数量区域分布

	珠三角	粤　东	粤　北	粤　西	总　计
进城务工	8284	2489	12034	8968	31775
从事种植养殖业	11173	3299	17720	18756	50948
村办或乡镇办企业就业	3443	933	621	590	5587
个体就业	6489	4297	5884	5356	22026
其他形式就业	20600	6519	13934	10328	51381
总　计	49989	17537	50193	43998	161717

三　未就业残疾人主要生活来源

此次调查中全省未就业的 450443 名残疾人中（见表 5-62），主要生活来源以依靠家庭成员供养为主，有 268812 人，占 59.7%；主要生活来源依靠社会救助与社会福利，为低保金、五保金，以及各类残疾人补贴津贴的残疾人有 121209 人，占 26.9%；以退休金或养老金作为主要生活来源的有 19723 人，占 4.4%；以存款收益、股息或红利、租金等财产性收入为主要生活来源的有 3038 人，占 0.7%；其他有 37661 人，占 8.4%。

表 5-62　未就业残疾人主要生活来源分布

未就业主要生活来源	数量	百分比（%）
退休金（养老金）	19723	4.4
财产性收入	3038	0.7
社会救助与社会福利	121209	26.9
家庭成员供养	268812	59.7
其他	37661	8.4
总　计	450443	100

从表 5-63 至表 5-66 看，各地市的情况与全省整体情况一致，未就业人员由家庭成员供养的残疾人口数量居多，排在绝对数量前三位的分别是广州、湛江与梅州。依靠社会救助与社会福利生活的未就业残疾人口绝对数量排在前三位的是广州、梅州、茂名。依靠财产性收入生活的数量佛山最多，超过千人，其次是广州、东莞。依靠退休金或养老金生活的数量广州最多，其次是佛山、深圳和东莞。

表 5－63 珠三角地区未就业残疾人主要生活来源分布

	广州市	深圳市	珠海市	东莞市	佛山市	肇庆市	中山市	惠州市	江门市
退休金（养老金）	8665	1363	509	1208	2132	525	706	200	854
财产性收入	863	65	43	346	1074	54	128	60	54
社会救助与社会福利	10380	222	1726	2129	4432	7097	1282	6814	7557
家庭成员供养	27651	1699	2858	6765	9402	13343	4808	8483	12213
其他	4346	166	244	503	1236	1646	620	772	1613
总　计	51905	3515	5380	10951	18276	22665	7544	16329	22291

表 5－64 粤东地区未就业残疾人主要生活来源分布

	潮州市	揭阳市	汕头市	汕尾市
退休金（养老金）	213	62	610	38
财产性收入	17	25	49	8
社会救助与社会福利	2866	4313	7115	1972
家庭成员供养	8966	16922	15797	11028
其他	1342	2585	1854	1037
总　计	13404	23907	25425	14083

表 5－65 粤北地区未就业残疾人主要生活来源分布

	河源市	清远市	韶关市	梅州市
退休金（养老金）	82	333	862	293
财产性收入	19	45	38	20
社会救助与社会福利	8031	7250	6292	13075
家庭成员供养	14829	15667	10657	22607
其他	2408	2531	2333	4136
总　计	25369	25826	20182	40131

表 5－66 粤西地区未就业残疾人主要生活来源分布

	茂名市	阳江市	云浮市	湛江市
退休金（养老金）	179	129	81	679
财产性收入	23	15	4	88
社会救助与社会福利	8718	5397	6863	7678
家庭成员供养	21638	9989	7441	26049
其他	3151	1303	768	3067
总　计	33709	16833	15157	37561

从各地市未就业残疾人口主要生活来源各个类别所占的百分比来看（见图5－16），各地均为家庭成员供养比例最高，其次是依靠社会救助与社会福利。其中，深圳市依靠退休金或养老金生活的百分比最高，其次是广州、佛山。依靠财产性收入的百分比也是经济发达地区相对较高，佛山、东莞、深圳、广州、中山依次排在前列。与其他地区相比，依靠社会救助与社会福利百分比最高的是云浮，其次是惠州，均占到40%以上。靠家庭成员供养生活比例最高的是汕尾、揭阳，百分比高达70%以上，排在第三的是湛江，依靠家庭成员供养的残疾人口占当地未就业残疾人口的69%。

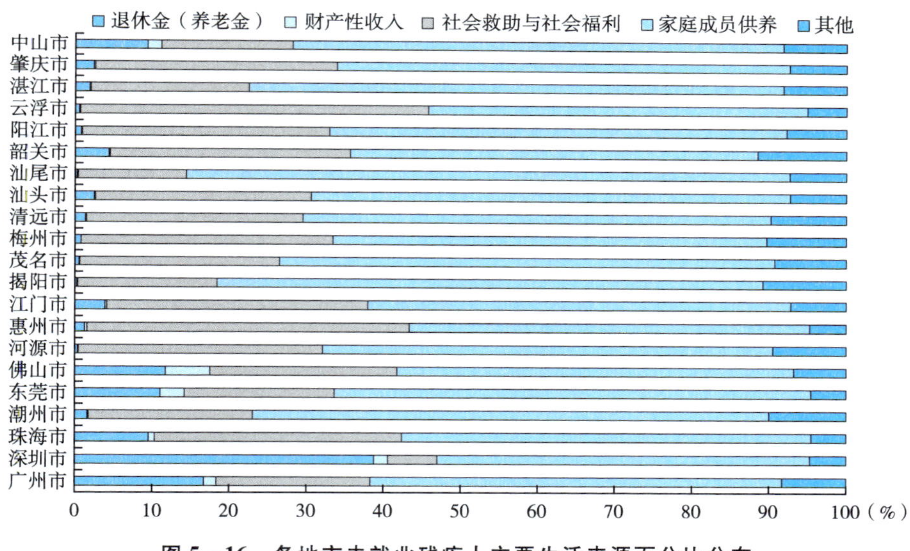

图5－16　各地市未就业残疾人主要生活来源百分比分布

从地域分布来看（见表5－67），珠三角地区未就业残疾人主要生活来源依靠退休金或养老金的数量远超粤东西北区域。财产性收入作为主要生活来源的也是珠三角地区的残疾人数量最多。依靠社会救助与社会福利，以及依靠家庭成员供养的残疾人口数量也是珠三角地区最高，粤东地区人数最少。

表5－67　未就业主要生活来源区域分布

	珠三角	粤　东	粤　北	粤　西	总　计
退休金（养老金）	16162	923	1570	1068	19723
财产性收入	2687	99	122	130	3038

续表

	珠三角	粤 东	粤 北	粤 西	总 计
社会救助与社会福利	41639	16266	34648	28656	121209
家庭成员供养	87222	52713	63760	65117	268812
其他	11146	6818	11408	8289	37661
总 计	158856	76819	111508	103260	450443

四 未就业主要原因

在全省未就业残疾人中（见表 5 - 68），因在校学习而未就业的有9357 人，占 2.1%；已经退休的残疾人口有 19501 人，占 4.3%；因丧失劳动能力而未就业的残疾人口过半，有 234451 人，占 52.0%；无就业意愿的有 17677 人，占 3.9%；无就业技能的有 83617 人，占 18.6%；因农用土地被征用而未就业的人数很少，有 1565 人，占 0.3%；其他不能归为上述原因而导致未就业的有 84275 人，占 18.7%。

表 5 - 68 未就业原因分布

未就业原因	数量	百分比（%）
在校学习	9357	2.1
退休	19501	4.3
丧失劳动能力	234451	52.0
无就业意愿	17677	3.9
无就业技能	83617	18.6
农用土地被征用	1565	0.3
其他	84275	18.7
总 计	450443	100

从各地市的情况看（见表 5 - 69 至表 5 - 72），除深圳外，各地市因丧失劳动力能力而未就业的数量均比其他原因导致的未就业人数多，而广州市各类原因导致未就业人数与其他地区相比均比较多。结合各地市未就业原因的百分比分布来看（见图 5 - 17），与其他地区相比，深圳因在校学习和退休造成的未就业百分比最高。除深圳外，其他地市丧失劳动能力是造成未就业的主因，占的比率最高。在学习、退休和丧失劳动能力之

外，各个地市无就业技能导致的未就业残疾人比率也较高，而无就业意愿的残疾人相对比例最少。另外，各地市选择“其他”原因导致未就业的百分比均超过了10%。

表5-69　珠三角地区未就业原因分布

	广州市	深圳市	珠海市	东莞市	佛山市	肇庆市	中山市	惠州市	江门市
在校学习	1259	401	154	295	550	517	215	289	346
退休	8557	1363	499	1443	2157	520	679	188	845
丧失劳动能力	22621	749	2612	4690	7176	11547	3638	9715	11432
无就业意愿	2087	113	352	655	873	1299	544	506	1314
无就业技能	7432	292	770	1782	3168	4995	938	2321	2925
农用土地被征用	274	0	18	33	124	58	8	89	41
其他	9675	597	975	2053	4228	3729	1522	3221	5388
总　计	51905	3515	5380	10951	180276	22665	7544	16329	22291

表5-70　粤东地区未就业原因分布

	潮州市	揭阳市	汕头市	汕尾市
在校学习	183	414	507	171
退休	194	58	564	40
丧失劳动能力	8412	12293	13582	8368
无就业意愿	221	945	1292	405
无就业技能	2121	5626	5592	2596
农用土地被征用	17	50	62	42
其他	2256	4521	3826	2461
总　计	13404	23907	25425	14083

表5-71　粤北地区未就业原因分布

	河源市	清远市	韶关市	梅州市
在校学习	276	398	424	595
退休	79	295	823	246
丧失劳动能力	9754	14632	11588	21392
无就业意愿	1133	578	483	1662
无就业技能	7577	4492	2649	6841

续表

	河源市	清远市	韶关市	梅州市
农用土地被征用	110	111	79	127
其他	6440	5320	4136	9268
总　计	25369	25826	20182	40131

表 5－72　粤西地区未就业原因分布

	茂名市	阳江市	云浮市	湛江市
在校学习	706	243	211	1203
退休	143	114	67	627
丧失劳动能力	19772	10260	8424	21794
无就业意愿	982	603	738	892
无就业技能	7346	3399	3394	7361
农用土地被征用	64	52	100	106
其他	4696	2162	2223	5578
总　计	33709	16833	15157	37561

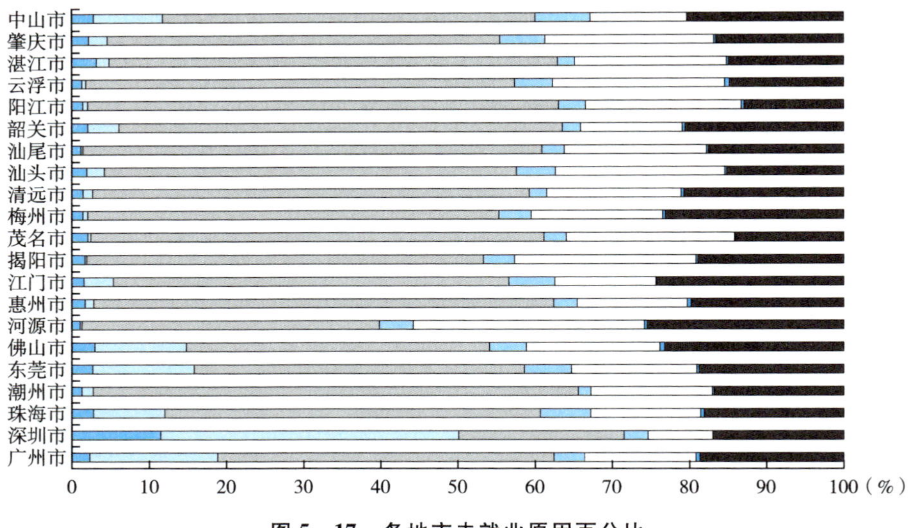

图 5－17　各地市未就业原因百分比

从地域分布来看（见表 5－73），珠三角地区未就业残疾人口绝对数量最多，在各类未就业原因的数量分布上也都高于粤东西北地区。

表 5－73　未就业原因区域分布

	珠三角	粤　东	粤　北	粤　西	总　计
在校学习	4026	1275	1693	2363	9357
退休	16251	856	1443	951	19501
丧失劳动能力	74180	42655	57366	60250	234451
无就业意愿	7743	2863	3856	3215	17677
无就业技能	24623	15935	21559	21500	83617
农用土地被征用	645	171	427	322	1565
其他	31388	13064	25164	14659	84275
总　计	158856	76819	111508	103260	450443

五　目前就业扶贫需要

16～59 周岁的 657907 名残疾人口中，目前在培训、资金信贷、职业介绍之外的其他帮扶需求最多，有 373844 人，占 56.8%，其中包括职业指导、能力评估、结对帮扶等其他各种调查中未列出的实际需求；其次是无需求，有 172529 人，占 26.2%；职业技能培训需求人数为 99522 人，占 15.1%；其后依次是资金信贷扶持需求与职业介绍需求，以及农村实用技术培训需求和零就业家庭就业帮扶需求（具体数量与百分比见表 5－74）。

表 5－74　目前就业扶贫需求情况

目前就业扶贫需求	数　量	百分比（%）
职业技能培训	99522	15.1
职业介绍	82266	12.5
农村实用技术培训	77132	11.7
资金信贷扶持	90000	13.7
零就业家庭就业帮扶	30234	4.6
其他帮扶	373844	56.8
无需求	172529	26.2

各地市就业扶贫的具体情况见图 5－18，中山、深圳、广州、珠海无就业扶贫需求的残疾人口占到该地区的 50% 以上，与其他地区相比，其他帮扶需求比例最高的依次是肇庆、湛江和茂名，排在前三位。其他几项帮扶需求在各地市的具体百分比分布情况见图 5－19。

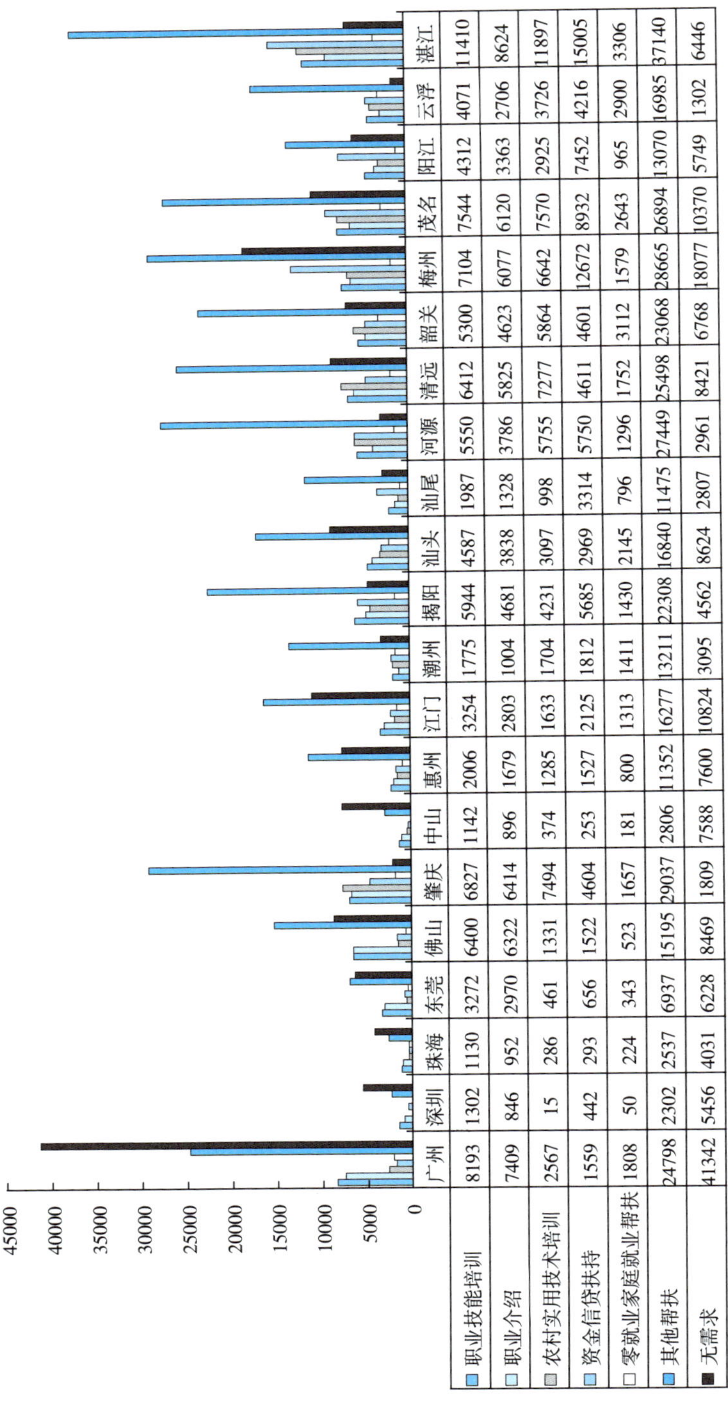

	广州	深圳	珠海	东莞	佛山	肇庆	中山	惠州	江门	潮州	揭阳	汕头	汕尾	河源	清远	韶关	梅州	茂名	阳江	云浮	湛江
职业技能培训	8193	1302	1130	3272	6400	6827	1142	2006	3254	1775	5944	4587	1987	5550	6412	5300	7104	7544	4312	4071	11410
职业介绍	7409	846	952	2970	6322	6414	896	1679	2803	1004	4681	3838	1328	3786	5825	4623	6077	6120	3363	2706	8624
农村实用技术培训	2567	15	286	461	1331	7494	374	1285	1633	1704	4231	3097	998	5755	7277	5864	6642	7570	2925	3726	11897
资金信贷扶持	1559	442	293	656	1522	4604	253	1527	2125	1812	5685	2969	3314	5750	4611	4601	12672	8932	7452	4216	15005
零就业家庭就业帮扶	1808	50	224	343	523	1657	181	800	1313	1411	1430	2145	796	1296	1752	3112	1579	2643	965	2900	3306
其他帮扶	24798	2302	2537	6937	15195	29037	2806	11352	16277	13211	22308	16840	11475	27449	25498	23068	28665	26894	13070	16985	37140
无需求	41342	5456	4031	6228	8469	1809	7588	7600	10824	3095	4562	8624	2807	2961	8421	6768	18077	10370	5749	1302	6446

图 5-18 各地市就业扶贫需求数量分布

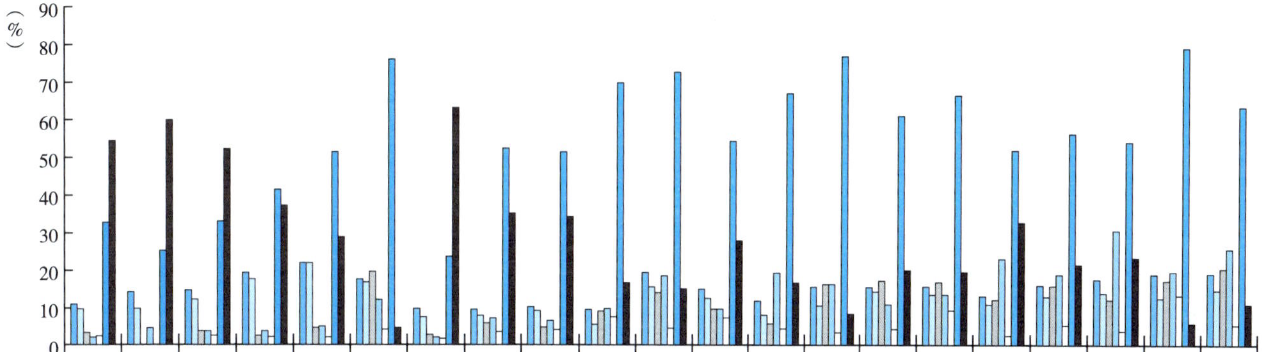

	广州	深圳	珠海	东莞	佛山	肇庆	中山	惠州	江门	潮州	揭阳	汕头	汕尾	河源	清远	韶关	梅州	茂名	阳江	云浮	湛江
■职业技能培训	10.8	14.4	14.7	19.5	21.8	17.9	9.5	9.3	10.4	9.4	19.4	14.8	11.6	15.5	15.4	15.3	12.9	15.8	17.8	18.9	19.5
□职业介绍	9.8	9.3	12.4	17.7	21.6	16.8	7.5	7.8	8.9	5.3	15.3	12.4	7.8	10.6	14.0	13.3	11.1	12.8	13.9	12.6	14.7
□农村实用技术培训	3.4	0.2	3.7	2.7	4.5	19.6	3.1	6.0	5.2	9.0	13.8	10.0	5.8	16.1	17.5	16.9	12.1	15.9	12.1	17.3	20.3
□资金信贷扶持	2.1	4.9	3.8	3.9	5.2	12.1	2.1	7.1	6.8	9.6	18.6	9.6	19.4	16.1	11.1	13.3	23.0	18.7	30.8	19.6	25.6
□零就业家庭就业帮扶	2.4	0.6	2.9	2.0	1.8	4.3	1.5	3.7	4.2	7.5	4.7	54.4	4.7	3.6	4.2	9.0	2.9	5.5	4.0	13.5	5.6
■其他帮扶	32.8	25.4	33.1	41.3	51.9	76.1	23.4	52.6	51.9	70.0	72.9	54.4	67.2	76.8	61.3	66.5	52.1	56.4	54.1	78.8	63.5
■无需求	54.6	60.2	52.5	37.1	28.9	4.7	63.3	35.2	34.5	16.4	14.9	27.9	16.4	8.3	20.3	19.5	32.9	21.7	23.8	6.0	11.0

图 5－19 各地市就业扶贫需求百分比分布

从地域分布上看（见表 5－75），珠三角地区的职业技能培训、职业介绍、其他帮扶需求人数均高于粤东西北地区。而在农村实用技术培训方面粤西地区的需求量最大；资金信贷扶持方面是粤西地区需求量最大，零就业家庭就业帮扶需求也是粤西地区人数最多。

表 5－75 就业扶贫需求地域分布

	珠三角	粤 东	粤 北	粤 西	总 计
职业技能培训	33526	14293	24366	27337	99522
职业介绍	30291	10851	20311	20813	82266
农村实用技术培训	15446	10030	25538	26118	77132
资金信贷扶持	12981	13780	27634	35605	90000
零就业家庭就业帮扶	6899	5782	7739	9814	30234
其他帮扶	111241	63834	104680	94089	373844
无需求	93347	19088	36227	23867	172529

第四节 社会保障

一 参加职工社会保险比率

广东省 16 周岁以上的 1022543 名残疾人中（见图 5－20），已经参加养老保险的有 130464 人，占 12.8%；参加了医疗保险的有 123555 人，占 12.1%；参加其他保险（包括失业保险、工伤保险和生育保险）的有 42814 人，占 4.2%；未参加任何职工社会保险的有 886816 人，占 86.7%。

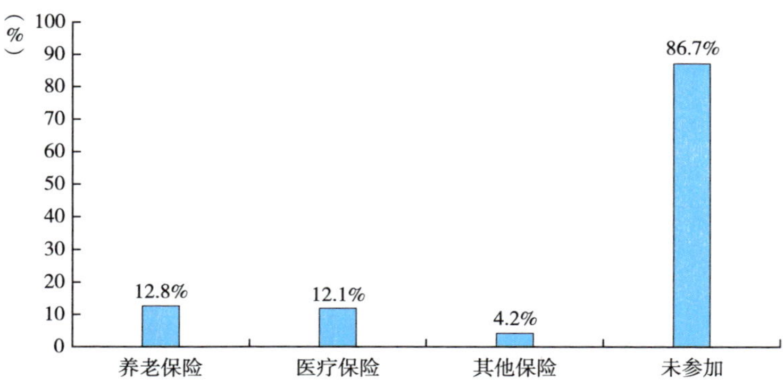

图 5－20 广东省残疾职工社会保险百分比

从各个地市的情况来看（见图 5－21），深圳市未参加保险的残疾人比例最少，其次是珠海、广州和佛山。医疗保险与养老保险的覆盖率均是深圳、珠海与广州分别排在前三位。参加其他（失业、工伤、生育）保险前三位的地市分别为深圳、佛山、广州。汕尾、揭阳、云浮、阳江、茂名、清远、梅州、潮州、河源、惠州、汕头等地区未参加保险残疾人口百分比均超过 90%。

从地域分布来看（见表 5－76），粤东西北各区域参加各类职工社会保险的残疾人口数量比珠三角地区少很多，粤东西北地区在职工社会保险参保率方面与珠三角存在较大差距。

表 5－76 残疾职工各类社会保险参保数量区域分布

	珠三角	粤 东	粤 北	粤 西	总 计
养老保险	103337	5989	11672	9466	130464
医疗保险	101757	4515	9541	7742	123555
其他保险（失业保险、工伤保险、生育保险）	37407	1033	2254	2120	42814
总 计	302077	120890	243962	219887	886816

二 参加城乡居民养老保险比率

调查中的广东省 16 周岁以上共 1022432 名残疾人中，参加城乡居民养老保险的有 623610 人，占 61%；没有参加的有 398822 人，占 39%。具体各个地市的参保率如图 5－22 所示。清远参加了城乡居民养老保险的比率最高，超过 90%；其次是云浮和阳江，均超过 80%。深圳、梅州与广州的参保率排在最低的前三位，分别为 12.8%，22.4% 和 27.9%。

从地域分布情况看（见表 5－77），珠三角地区参加城乡居民养老保险的残疾人口数量最多，粤东地区参保人数最少。从当地残疾人口参保率上看，粤西地区参保率最高，占当地总数的 71.9%；粤北地区参保率为 60.0%；粤东地区参保率为 59.9%；珠三角地区的参保率则为 55.8%。

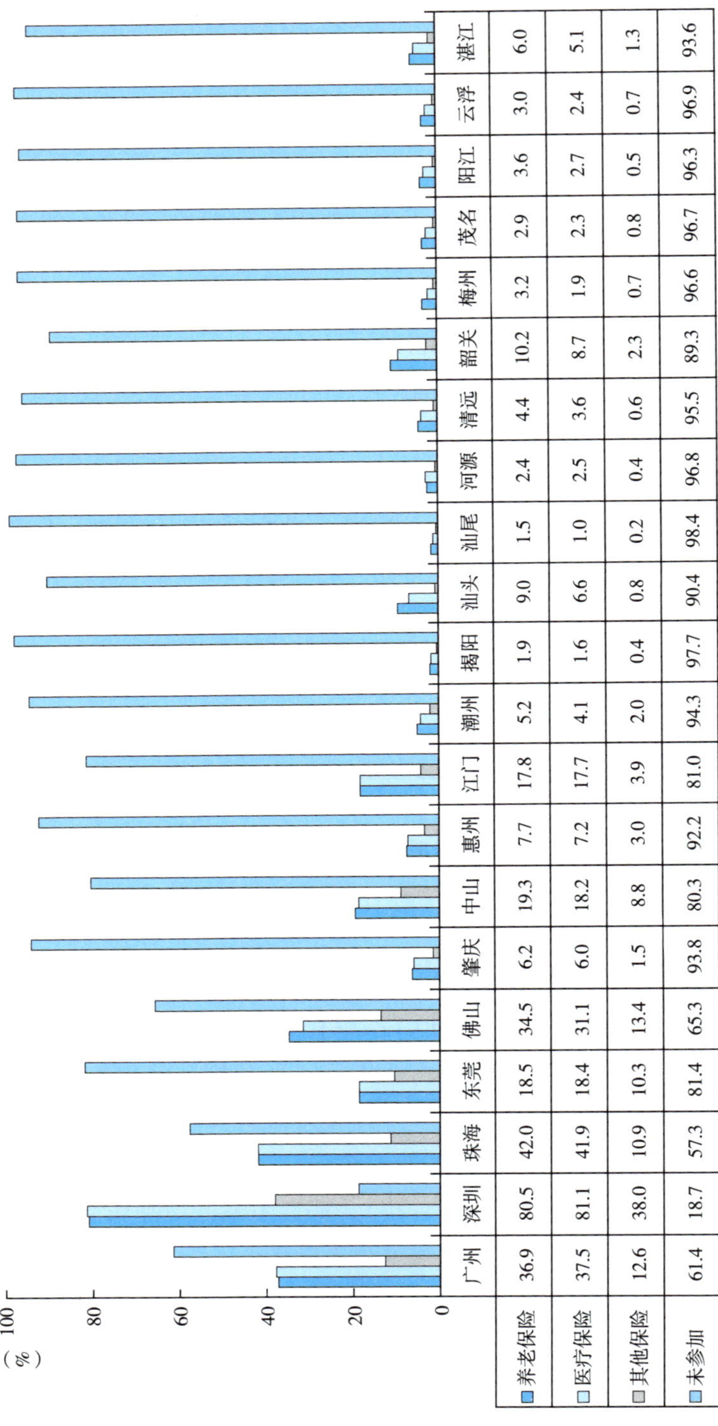

	广州	深圳	珠海	东莞	佛山	肇庆	中山	惠州	江门	潮州	揭阳
养老保险	36.9	80.5	42.0	18.5	34.5	6.2	19.3	7.7	17.8	5.2	1.9
医疗保险	37.5	81.1	41.9	18.4	31.1	6.0	18.2	7.2	17.7	4.1	1.6
其他保险	12.6	38.0	10.9	10.3	13.4	1.5	8.8	3.0	3.9	2.0	0.4
未参加	61.4	18.7	57.3	81.4	65.3	93.8	80.3	92.2	81.0	94.3	97.7

	汕头	汕尾	河源	清远	韶关	梅州	茂名	阳江	云浮	湛江
养老保险	9.0	1.5	2.4	4.4	10.2	3.2	2.9	3.6	3.0	6.0
医疗保险	6.6	1.0	2.5	3.6	8.7	1.9	2.3	2.7	2.4	5.1
其他保险	0.8	0.2	0.4	0.6	2.3	0.7	0.8	0.5	0.7	1.3
未参加	90.4	98.4	96.8	95.5	89.3	96.6	96.7	96.3	96.9	93.6

图 5-21 各地市残疾人参加职工社会保险比例分布

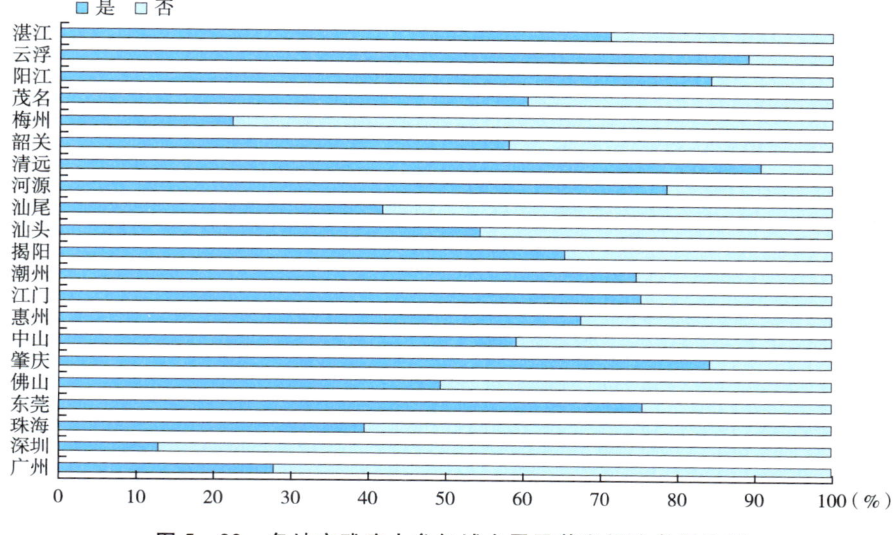

图 5－22　各地市残疾人参加城乡居民养老保险参保比例

表 5－77　是否参加城乡居民养老保险地域分布情况

	珠三角	粤　东	粤　北	粤　西	总　计
是	227897	76383	153953	165377	623610
否	180397	51036	102718	64671	398822
总　计	408294	127419	256671	230048	1022432

在参加城乡居民养老保险的623610名残疾人中，享受居民养老保险缴费补贴的有213389人，占34.2%；410221人未获得此补贴，占65.8%。从各地市的补贴获得率情况看（见图5－23），清远享受居民养老保险缴费补贴的残疾人口百分比最高，占59.1%，接近60%。其次是云浮、潮州，均超过50%。梅州、东莞与深圳三个地区享受居民养老保险缴费补贴的百分比分别排在最末三位，尤其梅州市享受居民养老保险缴费补贴的只有4.2%。

从地域分布情况看（见表5－78），珠三角地区享受居民养老保险缴费补贴的残疾人口绝对数量最多。但是从享受缴费补贴的残疾人数量在该地域所占的百分比来看，珠三角地区享受缴费补贴的残疾人数量只占该地区的30.4%；粤东地区最高，为49.6%；粤北地区为33.5%；粤西地区为33.0%。

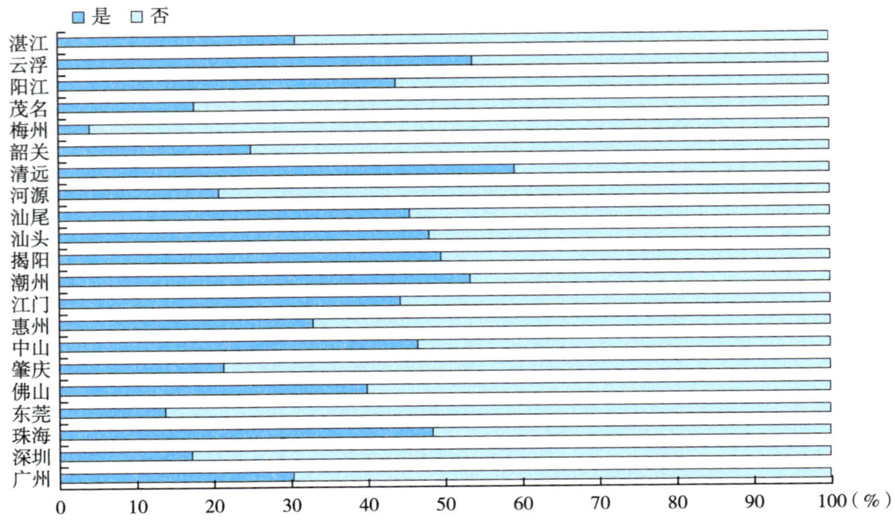

图 5－23　各地市残疾人享受居民养老保险缴费补贴比例

表 5－78　是否享受居民养老保险缴费补贴地域分布情况

	珠三角	粤　东	粤　北	粤　西	总　计
是	69289	37863	51642	54595	213389
否	158608	38520	102311	110782	410221
总　计	227897	76383	153953	165377	623610

三　参加医疗保险比率（城镇居民\新农合）

调查中，广东省 1090209 名残疾人中参加医疗保险的有 950890 人，占 87.2%；未参加医疗保险的有 139319 人，占 12.8%。

各地市是否参加医疗保险百分比情况分布如图 5－24 所示，医疗保险参保率最高的是汕尾市，达到 98.3%。其次是梅州与云浮。参保率最低的依次是深圳、珠海与广州，参保率分别为 28.2%，56.9%，60.5%。

从地域分布情况看（见表 5－79），珠三角地区的医疗保险参保人数最多。但从当地参保比率上看，珠三角地区参保率最低，为 74.5%；粤北地区的医疗保险参保率最高，为 95.7%；粤东地区参保率为 95.3%；粤西地区参保率为 87.2%。

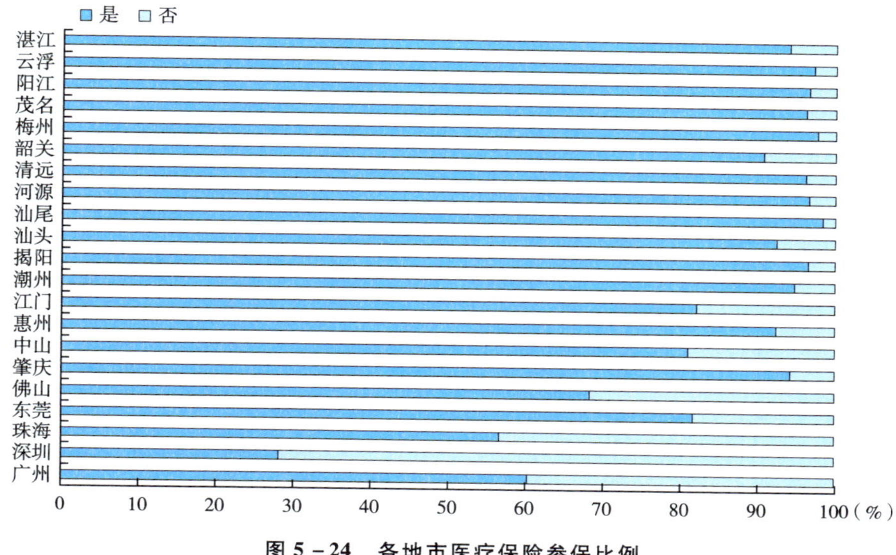

图 5-24　各地市医疗保险参保比例

表 5-79　是否参加医疗保险地域分布情况

	珠三角	粤　东	粤　北	粤　西	总　计
是	321706	133484	259820	235880	950890
否	110116	6611	11769	10823	139319
总　计	431822	140095	271589	246703	1090209

在参加医疗保险的 950890 人中，享受医疗保险缴费补贴的有 691357 人，占 72.7%；不享受医疗保险补贴的有 259533 人，占 27.3%。是否享受医疗保险缴费补贴的各地市百分比情况分布如图 5-25 所示，肇庆享受医疗保险缴费补贴的比率最高，达到 99.9%，其次是广州（87.9%）、东莞（86.6%）。享受医疗保险缴费补贴比率最小的前三名依次是湛江、河源、茂名，均小于 60%。

从地域分布情况看（见表 5-80），在参加医疗保险的残疾人口中，珠三角区域享受医疗保险缴费补贴的残疾人口数量最多，占该区域内参加医疗保险残疾人口数量的 84.4%，粤东占 72.9%，粤北地区占 72.3%，粤西占 57.0%。

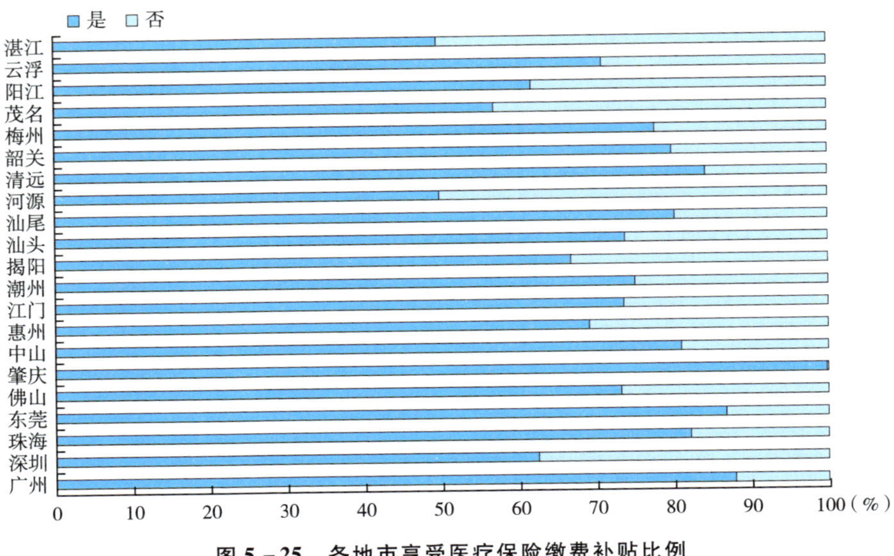

图 5-25 各地市享受医疗保险缴费补贴比例

表 5-80 是否享受医疗保险缴费补贴地域分布情况

	珠三角	粤 东	粤 北	粤 西	总 计
是	271643	97282	187947	134485	691357
否	50063	36202	71873	101395	259533
总 计	321706	133484	259820	235880	950890

四 一年来社会救助及福利补贴情况

在全省调查涉及的1090209名残疾人中（见表5-81），一年来享受医疗救助的有743086人，占68.2%；享受重度残疾人护理补贴的有420572人，占38.6%；享受困难残疾人生活补贴的有394452人，占36.2%；享受国家最低生活保障的残疾人口有314777人，占28.9%；享受其他福利补贴（比如残疾人通信补贴、机动轮椅车燃油补贴、临时生活救助救济、节日慰问等）的有297660人，占27.3%；享受其他救助，包括教育、住房、就业等临时性救助的有49868人，占4.6%；特困人员供养的有19895人，占1.8%。另外，还有173614人没有享受任何社会救助及福利补贴，占15.9%。

表 5-81　一年来社会救助及福利补贴情况

一年来社会救助及福利补贴情况	数　量	百分比（%）
最低生活保障	314777	28.9
特困人员供养（城乡集中或分散供养）	19895	1.8
医疗救助	743086	68.2
其他救助（教育、住房、就业等临时性救助）	49868	4.6
困难残疾人生活补贴	394452	36.2
重度残疾人护理补贴	420572	38.6
其他福利补贴	297660	27.3
无	173614	15.9

从各个地市一年来享受社会救助与福利补贴的情况来看（见图 5-26），享受最低生活保障的残疾人口数量最多的前三位分别是梅州、茂名和河源。享受特困人员供养数量最多的前三位分别是茂名、湛江和肇庆。享受医疗救助的残疾人口数量最多的是肇庆，其次是广州和梅州。享受困难残疾人生活补贴的残疾人口数量最多的是广州，其次是梅州、湛江。享受重度残疾人护理补贴数量最多的地区是广州，其次是湛江和清远。享受其他福利补贴最多的是广州，其次是佛山和东莞。享受其他救助的人数最多的是广州，其次是佛山和江门。一年内没有享受过任何社会救助与福利补贴的残疾人口数量最多的地区是茂名，其次是湛江和河源。

从各个地市各类社会救助及福利补贴所占百分比情况看（见图 5-27），特困人员供养在各个地市所占比重都很少。与其他地市相比，享受最低生活保障百分比最高的地区依次是梅州、汕尾和河源，分别排在前三位。享受医疗救助百分比排在前三位的是肇庆、清远和汕尾。享受困难残疾人生活补贴比例排在前三位的是珠海、惠州和广州。享受重度残疾人护理补贴比例前三位是潮州、汕尾与珠海。享受其他福利补贴则是东莞、佛山、深圳所占比例较其他地市要高。没有享受社会救助与福利补贴比率最高前三位的地区依次是茂名、河源与湛江。

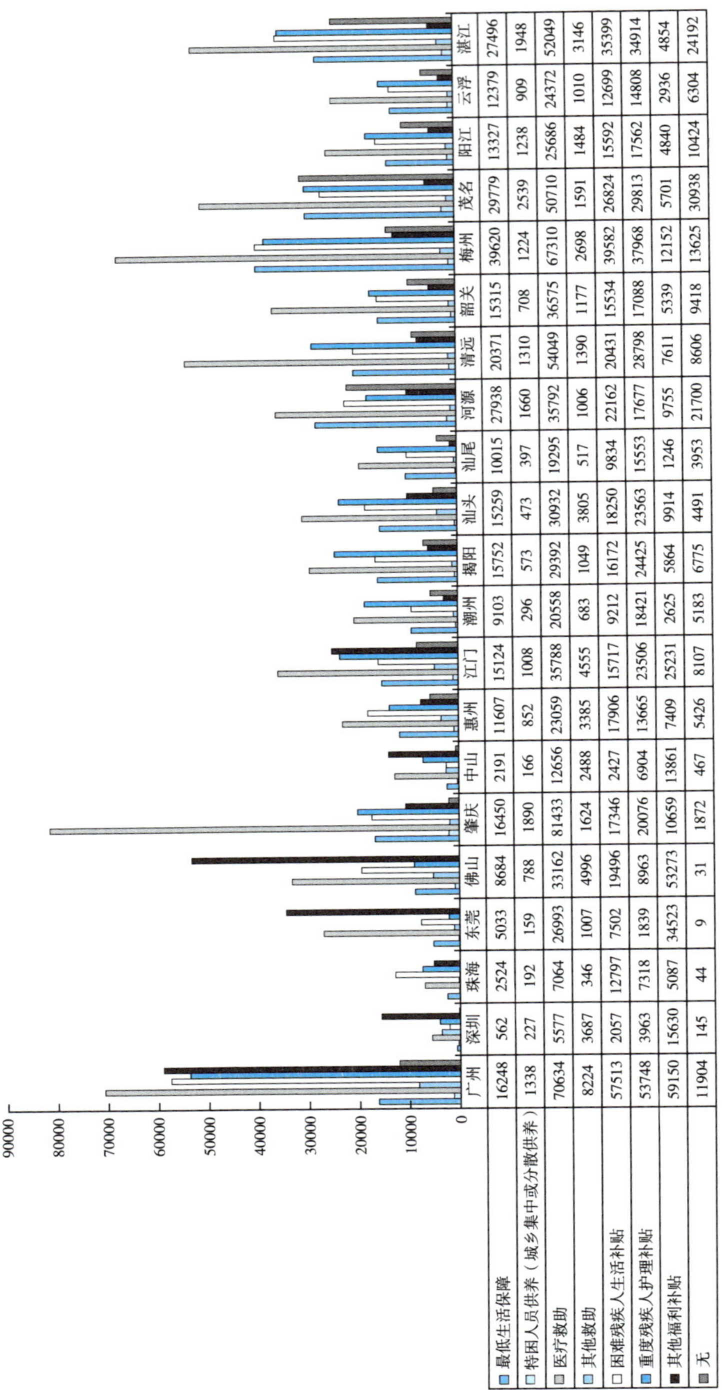

	广州	深圳	珠海	东莞	佛山	肇庆	中山	惠州	江门	潮州	揭阳	汕头	汕尾	河源	清远	韶关	梅州	茂名	阳江	云浮	湛江
最低生活保障	16248	562	2524	5033	8684	16450	2191	11607	15124	9103	15752	15259	10015	27938	20371	15315	39620	29779	13327	12379	27496
特困人员供养（城乡集中或分散供养）	1338	227	192	159	788	1890	166	852	1008	296	573	473	397	1660	1310	708	1224	2539	1238	909	1948
医疗救助	70634	5577	7064	26993	33162	81433	12656	23059	35788	20558	29392	30932	19295	35792	54049	36575	67310	50710	25686	24372	52049
其他救助	8224	3687	346	1007	4996	1624	2488	3385	4555	683	1049	3805	517	1006	1390	1177	2698	1591	1484	1010	3146
困难残疾人生活补贴	57513	2057	12797	7502	19496	17346	2427	17906	15717	9212	16172	18250	9834	22162	20431	15534	39582	26824	15592	12699	35399
重度残疾人护理补贴	53748	3963	7318	1839	8963	20076	6904	13665	23506	18421	24425	23563	15553	17677	28798	17088	37968	29813	17562	14808	34914
其他福利补贴	59150	15630	5087	34523	53273	10659	13861	7409	25231	2625	5864	9914	1246	9755	7611	5339	12152	5701	4840	2936	4854
无	11904	145	44	9	31	1872	467	5426	8107	5183	6775	4491	3953	21700	8606	9418	13625	30938	10424	6304	24192

图 5-26 各地市社会救助及福利补贴情况

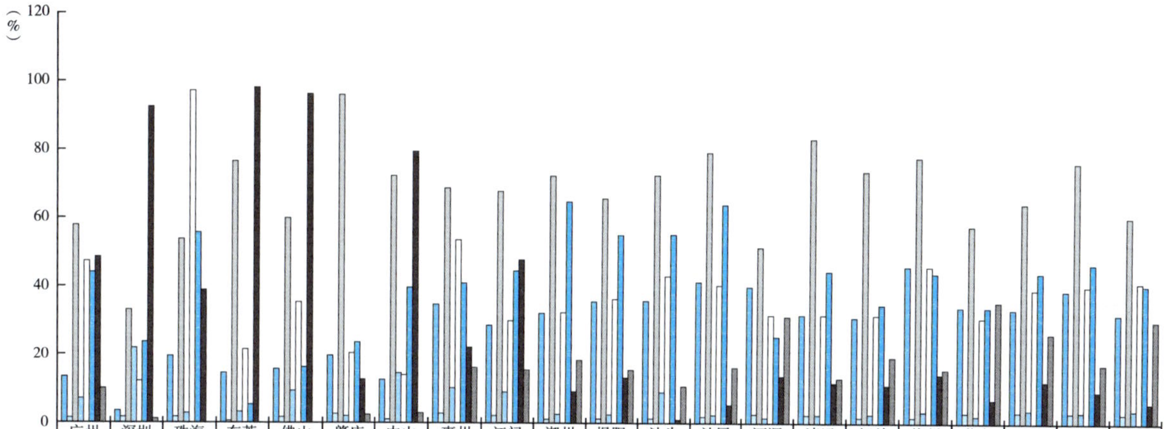

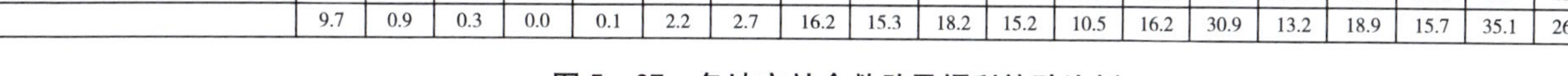

	广州	深圳	珠海	东莞	佛山	肇庆	中山	惠州	江门	潮州	揭阳	汕头	汕尾	河源	清远	韶关	梅州	茂名	阳江	云浮	湛江
最低生活保障	13.3	3.3	19.1	14.3	15.7	19.4	12.5	34.6	28.6	32.0	35.3	35.8	41.1	39.8	31.3	30.8	45.7	33.8	33.3	38.7	31.8
特困人员供养（城乡集中或分散供养）	1.1	1.3	1.5	0.5	1.4	2.2	0.9	2.5	1.9	1.0	1.3	1.1	1.6	2.4	2.0	1.4	1.4	2.9	3.1	2.8	2.3
医疗救助	57.8	33.0	53.6	76.5	59.9	96.0	72.3	68.8	67.6	72.2	65.9	72.5	79.2	51.0	83.1	73.5	77.7	57.5	64.2	76.2	60.2
其他救助	6.7	21.8	2.6	2.9	9.0	1.9	14.2	10.1	8.6	2.4	2.4	8.9	2.1	1.4	2.1	2.4	3.1	1.8	3.7	3.2	3.6
困难残疾人生活补贴	47.0	12.2	97.1	21.3	35.2	20.4	13.9	53.4	29.7	32.4	36.2	42.8	40.4	31.6	31.4	31.2	45.7	30.4	39.0	39.7	40.9
重度残疾人护理补贴	44.0	23.4	55.5	5.2	16.2	23.7	39.4	40.8	44.4	64.7	54.7	55.2	63.8	25.2	44.3	34.3	43.8	33.8	43.9	46.3	40.4
其他福利补贴	48.4	92.3	38.6	97.8	96.2	12.6	79.2	22.1	47.7	9.2	13.1	23.2	5.1	13.9	11.7	10.7	14.0	6.5	12.1	9.2	5.6
无	9.7	0.9	0.3	0.0	0.1	2.2	2.7	16.2	15.3	18.2	15.2	10.5	16.2	30.9	13.2	18.9	15.7	35.1	26.0	19.7	28.0

图 5－27　各地市社会救助及福利补贴比例

从区域分布情况看（见表5－82），除最低生活保障和特困人员供养两类救助以外，珠三角地区一年来获得各类社会救助与福利补贴的残疾人数量均多于粤东西北各区域。粤西地区则是一年内没有获得过任何社会救助与福利补贴的残疾人口数量最多，其后依次是粤北地区、珠三角地区和粤东地区。

表5－82 一年来获得各类社会救助与福利补贴地域分布情况

	珠三角	粤 东	粤 北	粤 西	总 计
最低生活保障	78423	50129	103244	82981	314777
特困人员供养（城乡集中或分散供养）	6620	1739	4902	6634	19895
医疗救助	296366	100177	193726	152817	743086
其他救助（教育、住房、就业等临时救助）	30312	6054	6271	7231	49868
困难残疾人生活补贴	152761	53468	97709	90514	394452
重度残疾人护理补贴	139982	81962	101531	97097	420572
其他福利补贴	224823	19649	34857	18331	297660
无	28005	20402	53349	71858	173614

五 托养服务

广东省313463名16至59周岁智力、精神和重度肢体残疾人中，托养服务的供给侧缺口很大。享受托养服务的有13324人，占4.3%；没有托养服务的有300139人，占95.7%。从全省享受托养服务的13324人在各个地市的数量分布看（见图5－28），广州已经享受托养服务的残疾人口最多，占全省已经托养人口的30.9%；佛山其次，占16.3%；深圳排第三，占9.7%。

从各个地市内享受托养服务所占该地区16至59周岁智力、精神和重度肢体残疾人口数量百分比来看（图5－29），广州市托养服务率最高，为30.9%；其次是佛山，为16.3%；排在第三的是深圳，为9.7%。

从地域分布情况看（见表5－83），珠三角地区残疾人享受托养服务的数量最多，粤西地区最少。

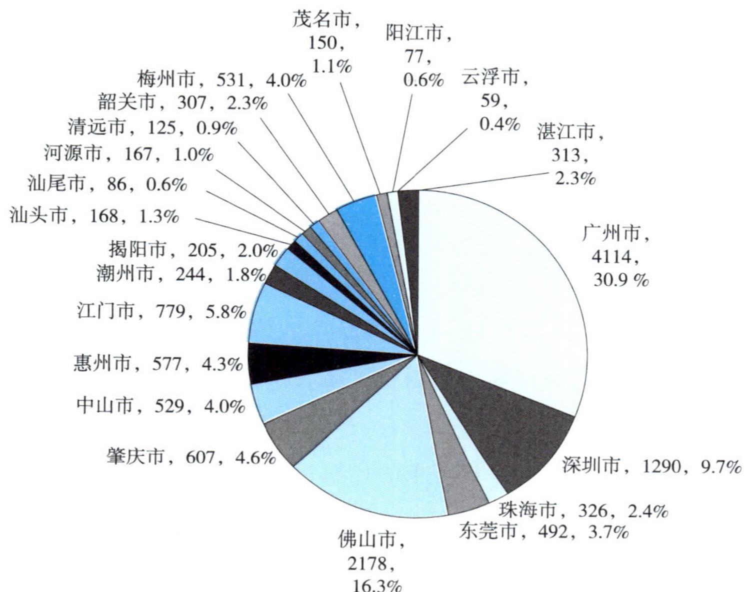

图 5 - 28　广东省享受托养服务残疾人口数量分布

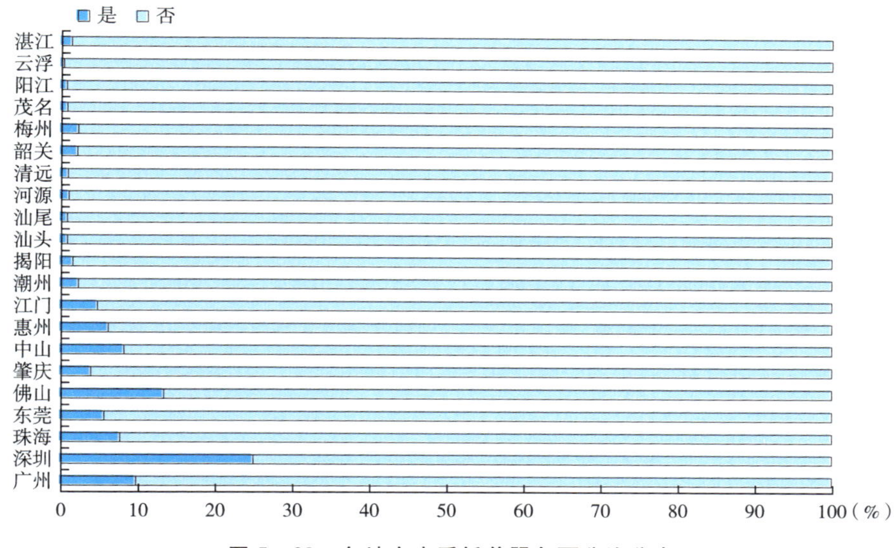

图 5 - 29　各地市享受托养服务百分比分布

表 5 - 83　是否享受托养服务地域分布情况

	珠三角	粤东	粤北	粤西	总　计
是	10892	703	1130	599	13324

续表

	珠三角	粤　东	粤　北	粤　西	总　计
否	115235	52223	68921	63760	300139
总　计	126127	52926	70051	64359	313463

六　托养服务需求

在调查中的300139名智力、精神与重度肢体残疾人口中（见表5－84），有居家托养服务需求的残疾人口最多，有126156人，占42.0%；没有需求的有117769人，占39.2%；有日间照料需求的有32521人，占10.8%；有机构寄宿托养服务需求的比重最少，有23693人，占7.9%。

表5－84　托养服务需求情况

目前托养服务需求	数　量	百分比（%）
居家托养	126156	42.0
日间照料	32521	10.8
机构寄宿托养	23693	7.9
无需求	117769	39.2
总　计	300139	100

从广东省各个地市的情况看（见表5－85至表5－88），湛江、梅州、肇庆、茂名居家托养需求的残疾人口数量依次排在全省前四位，均超过8000人。有日间照料需求的残疾人口数量湛江最多，有3304人，其次是广州、肇庆，分别排在第二、三位，人数均超过2800人。机构寄宿托养需求最多的地区排在前三位的是湛江、广州和汕头，均超过1800人。

表5－85　珠三角地区托养服务需求情况

	广州市	深圳市	珠海市	东莞市	佛山市	肇庆市	中山市	惠州市	江门市
居家托养	6573	790	976	1731	3763	9664	750	3155	5996
日间照料	3131	281	136	1089	1119	2817	230	1113	1227
机构寄宿托养	2388	242	186	758	1311	1257	215	580	1107

续表

	广州市	深圳市	珠海市	东莞市	佛山市	肇庆市	中山市	惠州市	江门市
无需求	26447	2566	2690	4684	8075	1654	4861	4432	7241
总　计	38539	3879	3988	8262	14268	15392	6056	9280	15571

表 5－86　粤东地区托养服务需求情况

	潮州市	揭阳市	汕头市	汕尾市
居家托养	4887	7126	7048	4455
日间照料	1580	1879	2741	1038
机构寄宿托养	546	919	1889	749
无需求	3537	4374	6009	3446
总　计	10550	14298	17687	9688

表 5－87　粤北地区托养服务需求情况

	河源市	清远市	韶关市	梅州市
居家托养	7227	7466	7310	13149
日间照料	2574	1863	1056	1584
机构寄宿托养	1217	1003	1133	1505
无需求	2496	7205	3764	8369
总　计	13514	17537	13263	24607

表 5－88　粤西地区托养服务需求情况

	茂名市	阳江市	云浮市	湛江市
居家托养	8015	5296	7298	13481
日间照料	2177	768	814	3304
机构寄宿托养	1664	745	914	3365
无需求	6584	3574	1432	4329
总　计	18440	10383	10458	24479

从各地市的各类需求百分比情况比较来看（见图 5－30），云浮、肇庆居家托养需求百分比分别排在前两位，河源第三。中山、广州、珠海和深圳这四个城市无托养需求的比例最高，依次为 80.3%、68.6%，67.5% 和 66.2%。日间照料需求百分比最高的前三位分别为河源、肇庆与汕头。机构寄宿托养需求百分比最高的依次是湛江、汕头以及佛山与东莞。

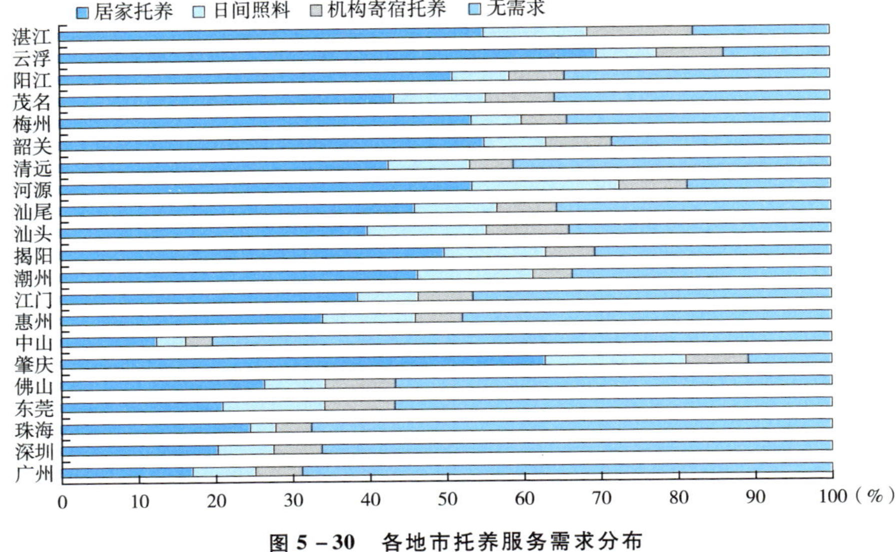

图 5－30 各地市托养服务需求分布

从地域分布情况看（见表 5－89），粤东地区有居家托养需求的残疾人数量少，珠三角地区有日间照料需求和有机构寄宿托养需求的残疾人数均最多。无托养需求的是珠三角地区的残疾人数量最多，粤西地区最少。

表 5－89 托养需求地域分布情况

	珠三角	粤 东	粤 北	粤 西	总 计
居家托养	33398	23516	35152	34090	126156
日间照料	11143	7238	7077	7063	32521
机构寄宿托养	8044	4103	4858	6688	23693
无需求	62650	17366	21834	15919	117769
总 计	115235	52223	68921	63760	300139

第五节 康复

一 康复服务情况

在调查涉及的广东省 1090209 名残疾人中（见表 5－90），一年来未获得过康复服务的残疾人数量占多数，有 854852 人，占 78.4%；获得过康复医疗服务的有146953人，占13.5%；获得过功能训练康复服务的有55238人，占5.1%；获得过辅助器具服务的有77231人，占7.1%。

表5－90 一年来康复服务获得情况

一年来是否得到过以下康复服务	数 量	百分比（%）
康复医疗	146953	13.5
功能训练	55238	5.1
辅助器具	77231	7.1
否	854852	78.4

从各个地市的情况看（见图5－31），一年内获得过康复医疗服务的残疾人口数量最多的地区是广州，其次是肇庆和佛山；获得功能训练类康复服务的残疾人口数量最多的地区是广州，其次是肇庆和东莞；获得辅助器具类康复服务的残疾人口数量最多的地区是广州，其次是肇庆和东莞；一年内没有获得过康复服务的残疾人口数量最多的是茂名，其次是广州和梅州。

从一年内各地市内享受康复服务类别百分比分布情况来看（见图5－32），东莞享受过康复医疗服务的残疾人口百分比最高，其次是深圳和佛山；享受过功能训练类康复服务的残疾人口百分比最高的地区是深圳，其次是东莞，肇庆排在第三，但是与第一、二名的差距比较大；享受过辅助器具类康复服务的残疾人口百分比最高的地区是深圳，其次是东莞和广州；一年内没有享受过康复服务的残疾人口百分比最高的地区是茂名，其次是河源和清远，均超过90%。

从区域分布情况看（见表5－91），珠三角地区在康复医疗、功能训练与辅助器具服务获得方面比粤东西北各区域均更具优势。

表5－91 一年来康复服务获得情况地域分布

	珠三角	粤东	粤北	粤西	总 计
康复医疗	89389	13420	18776	25368	146953
功能训练	37503	4408	6366	6961	55238
辅助器具	53520	5477	9384	8850	77231
否	279706	119491	242677	212978	854852

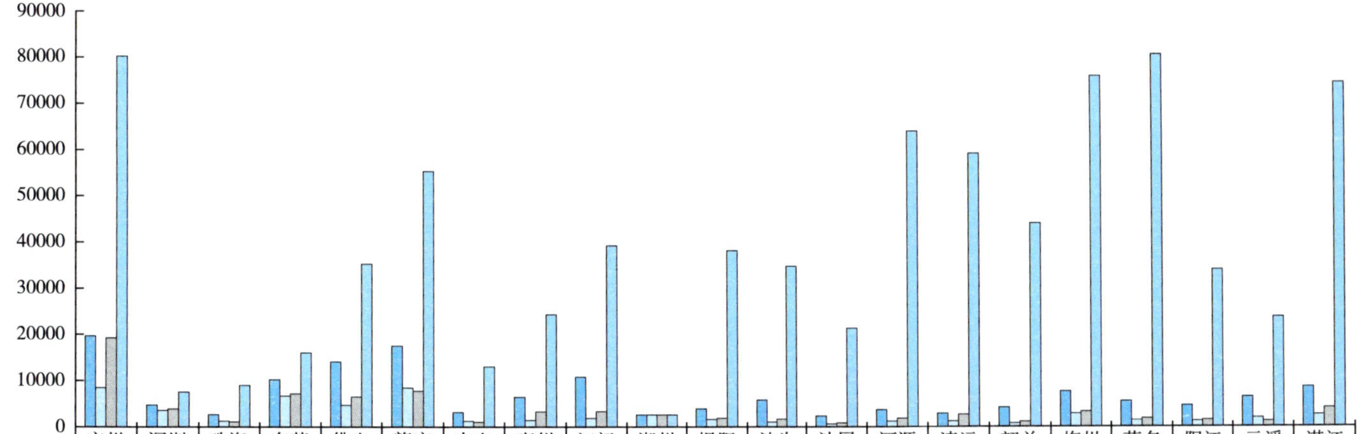

	广州	深圳	珠海	东莞	佛山	肇庆	中山	惠州	江门	潮州	揭阳	汕头	汕尾	河源	清远	韶关	梅州	茂名	阳江	云浮	湛江
康复医疗	19696	4847	2793	10192	14076	17414	3210	6528	10633	1213	4054	5923	2230	3784	2919	4292	7781	5702	4516	6587	8563
功能训练	8544	3456	1223	6640	4677	8360	1194	1448	1961	1137	1679	1072	520	1315	1207	825	3019	1421	1241	1828	2471
辅助器具	19462	4034	924	7063	6574	7754	949	3350	3410	1043	1940	1762	732	1967	2787	1272	3358	1948	1435	1315	4152
否	80035	7458	9126	16068	35235	55320	13007	24189	39268	25391	38129	34689	21282	63965	58968	44137	75607	80465	34104	23893	74516

图 5-31　各地市残疾人康复服务获得数量分布

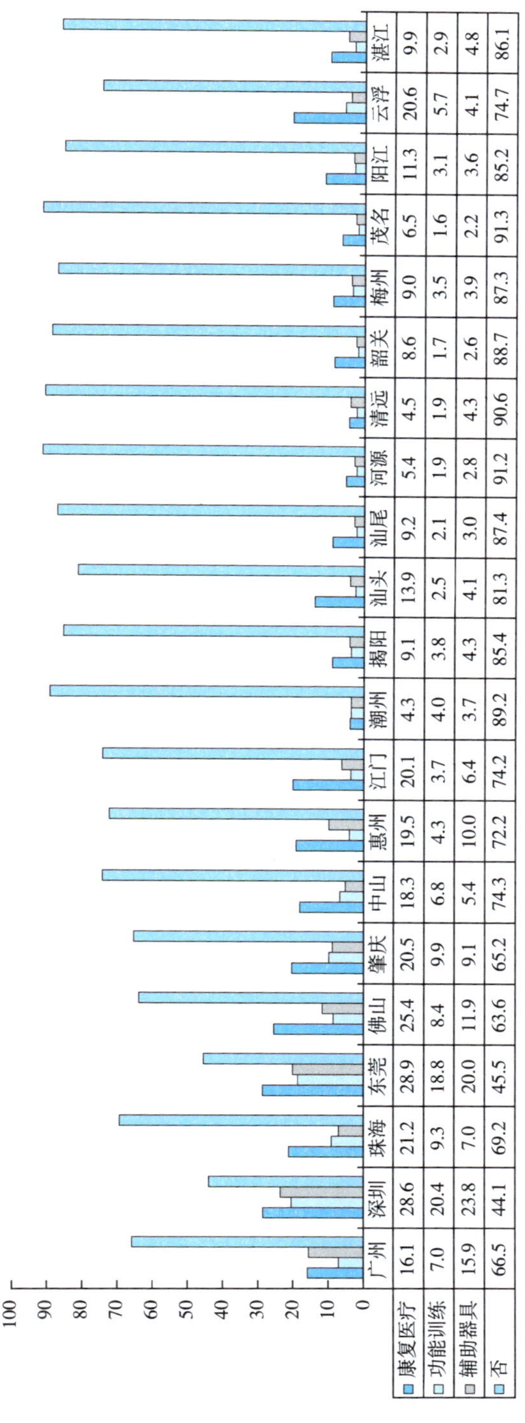

	广州	深圳	珠海	东莞	佛山	肇庆	中山	惠州	江门	潮州	揭阳
康复医疗	16.1	28.6	21.2	28.9	25.4	20.5	18.3	19.5	20.1	4.3	9.1
功能训练	7.0	20.4	9.3	18.8	8.4	9.9	6.8	4.3	3.7	4.0	3.8
辅助器具	15.9	23.8	7.0	20.0	11.9	9.1	5.4	10.0	6.4	3.7	4.3
否	66.5	44.1	69.2	45.5	63.6	65.2	74.3	72.2	74.2	89.2	85.4

	汕头	汕尾	河源	清远	韶关	梅州	茂名	阳江	云浮	湛江
康复医疗	13.9	9.2	5.4	4.5	8.6	9.0	6.5	11.3	20.6	9.9
功能训练	2.5	2.1	1.9	1.9	1.7	3.5	1.6	3.1	5.7	2.9
辅助器具	4.1	3.0	2.8	4.3	2.6	3.9	2.2	3.6	4.1	4.8
否	81.3	87.4	91.2	90.6	88.7	87.3	91.3	85.2	74.7	86.1

图 5-32　各地市残疾人康复服务获得比例分布

二　康复需求

康复需求方面，在调查涉及的广东省1090209名残疾人中（见表5－92），康复医疗的需求最多，有这一需求的残疾人口有509868人，占46.8%；辅助器具的需求排在第二位，有392793人，占36.0%；有康复功能训练需求的残疾人有241654人，占22.2%；无康复需求的残疾人数量有293001人，占26.9%。

表5－92　康复需求情况

目前你有哪些康复需求	数　量	百分比（%）
康复医疗	509868	46.8
功能训练	241654	22.2
辅助器具	392793	36.0
无需求	293001	26.9

从各个地市的康复需求数量分布情况看（见图5－33），湛江、茂名和肇庆的康复医疗需求排在前三位。湛江、肇庆和广州三地的功能训练类康复需求排在前三位。辅助器具需求方面，残疾人口数量最多的地区前三位依次是肇庆、湛江和河源。无康复需求的残疾人口数量最多的地区前三位依次是广州、梅州和茂名。

从各地市内康复需求所占百分比的分布情况看（见图5－34），云浮、湛江和揭阳地区内有康复医疗需求的残疾人口百分比最高，分别排在前三位。功能训练类康复需求则是湛江、揭阳和云浮三地的残疾人口百分比依次排在最高的前三位。辅助器具类需求人数百分比最高的地区依次是肇庆、河源揭阳和潮州（并列第三）。没有康复需求的残疾人口百分比最高的地区是中山，其次是广州和珠海。

从区域分布情况看（见表5－93），珠三角地区有康复医疗需求、功能训练需求、辅助器具需求的残疾人数量均高于粤东西北各区域。无康复需求的残疾人数量也是珠三角区域居首。

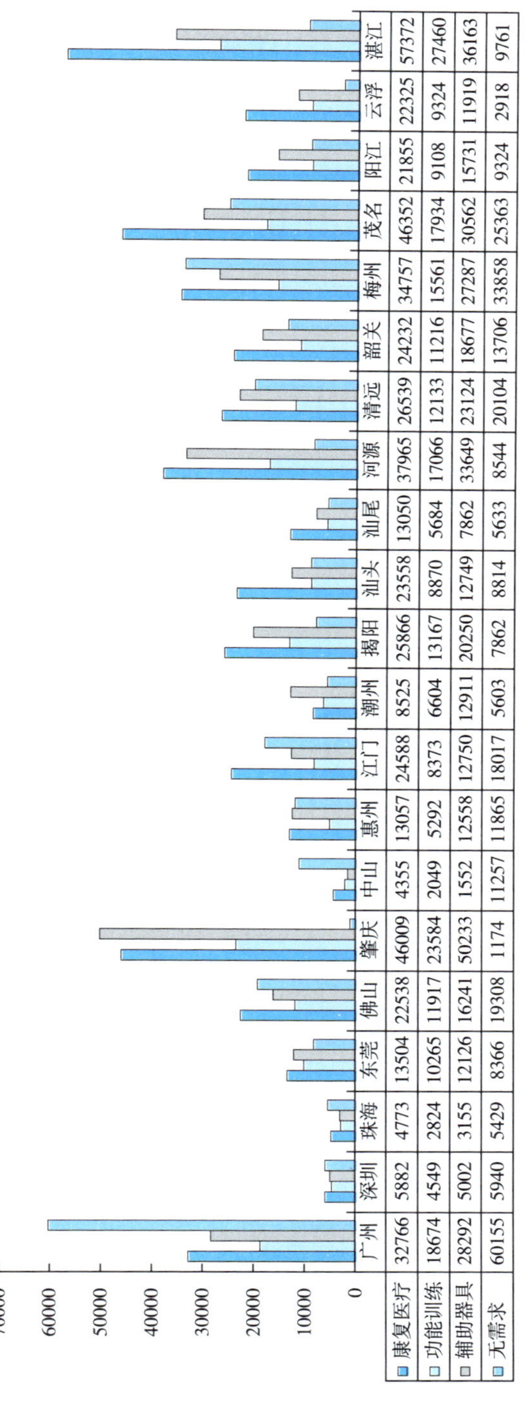

	广州	深圳	珠海	东莞	佛山	肇庆	中山	惠州	江门	潮州	揭阳
康复医疗	32766	5882	4773	13504	22538	46009	4355	13057	24588	8525	25866
功能训练	18674	4549	2824	10265	11917	23584	2049	5292	8373	6604	13167
辅助器具	28292	5002	3155	12126	16241	50233	1552	12558	12750	12911	20250
无需求	60155	5940	5429	8366	19308	1174	11257	11865	18017	5603	7862

	汕头	汕尾	河源	清远	韶关	梅州	茂名	阳江	云浮	湛江
康复医疗	23558	13050	37965	26539	24232	34757	46352	21855	22325	57372
功能训练	8870	5684	17066	12133	11216	15561	17934	9108	9324	27460
辅助器具	12749	7862	33649	23124	18677	27287	30562	15731	11919	36163
无需求	8814	5633	8544	20104	13706	33858	25363	9324	2918	9761

图5－33　各地市康复需求数量分布

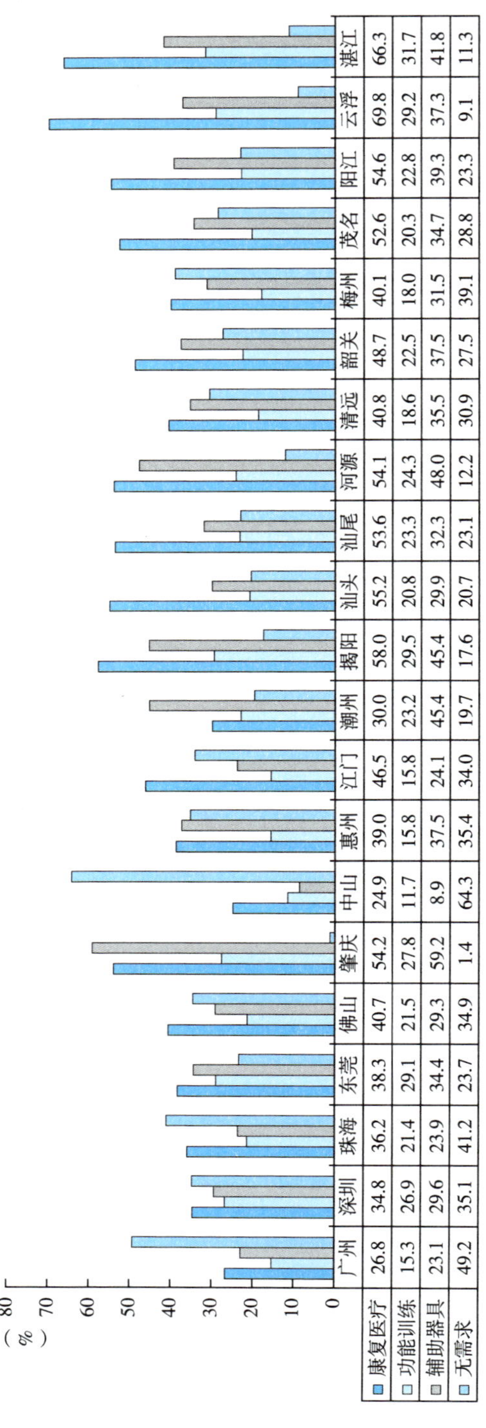

	广州	深圳	珠海	东莞	佛山	肇庆	中山	惠州	江门	潮州	揭阳
康复医疗	26.8	34.8	36.2	38.3	40.7	54.2	24.9	39.0	46.5	30.0	58.0
功能训练	15.3	26.9	21.4	29.1	21.5	27.8	11.7	15.8	15.8	23.2	29.5
辅助器具	23.1	29.6	23.9	34.4	29.3	59.2	8.9	37.5	24.1	45.4	45.4
无需求	49.2	35.1	41.2	23.7	34.9	1.4	64.3	35.4	34.0	19.7	17.6

	汕头	汕尾	河源	清远	韶关	梅州	茂名	阳江	云浮	湛江
康复医疗	55.2	53.6	54.1	40.8	48.7	40.1	52.6	54.6	69.8	66.3
功能训练	20.8	23.3	24.3	18.6	22.5	18.0	20.3	22.8	29.2	31.7
辅助器具	29.9	32.3	48.0	35.5	37.5	31.5	34.7	39.3	37.3	41.8
无需求	20.7	23.1	12.2	30.9	27.5	39.1	28.8	23.3	9.1	11.3

图 5－34　各地市康复需求比例分布

表 5－93　康复需求情况地域分布

	珠三角	粤　东	粤　北	粤　西	总　计
康复医疗	167472	70999	123493	147904	509868
功能训练	87527	34325	55976	63826	241654
辅助器具	141909	53772	102737	94375	392793
无需求	141511	27912	76212	47366	293001

三　康复服务获得率

康复服务获得率为现有康复需求的残疾人获得康复服务的比率，即康复服务提供数与康复需求数的比值。从专项调查数据可以得出，总体上广东省残疾人康复医疗服务获得率为 28.8%；功能训练服务获得率为 22.9%；辅助器具服务获得率为 19.7%。

各个地市康复服务发展不平衡，各地之间的康复服务获得率差别很大。康复医疗、功能训练与辅助器具三项康复服务获得率情况详见表 5－94 至表 5－97。

表 5－94　珠三角地区残疾人康复服务获得率

单位：%

	广州市	深圳市	珠海市	东莞市	佛山市	肇庆市	中山市	惠州市	江门市
康复医疗	60.1	82.4	58.5	75.5	62.5	37.8	73.7	50.0	43.2
功能训练	45.8	76.0	43.3	64.7	39.2	35.4	58.3	27.4	23.4
辅助器具	68.8	80.6	29.3	58.2	40.5	15.4	61.1	26.7	26.7

表 5－95　粤东地区残疾人康复服务获得率

单位：%

	潮州市	揭阳市	汕头市	汕尾市
康复医疗	14.2	15.7	25.1	17.1
功能训练	17.2	12.8	12.1	9.1
辅助器具	8.1	9.6	13.8	9.3

表 5－96 粤北地区残疾人康复服务获得率

单位：%

	河源市	清远市	韶关市	梅州市
康复医疗	10.0	11.0	17.7	22.4
功能训练	7.7	9.9	7.4	19.4
辅助器具	5.8	12.1	6.8	12.3

表 5－97 粤西地区残疾人康复服务获得率

单位：%

	茂名市	阳江市	云浮市	湛江市
康复医疗	12.3	20.7	29.5	14.9
功能训练	7.9	13.6	19.6	9.0
辅助器具	6.4	9.1	11.0	11.5

从区域分布情况看（见表 5－98），珠三角地区的康复服务获得率普遍高于粤东西北各区域，康复医疗、功能训练与辅助器具三方面的康复服务均处于领先地位。

表 5－98 康复服务获得率地域分布情况

单位：%

	珠三角	粤东	粤北	粤西	总 计
康复医疗	53.4	18.9	15.2	17.2	28.8
功能训练	42.8	12.8	11.4	10.9	22.9
辅助器具	37.7	10.2	9.1	9.4	19.7

第六节 无障碍建设

一 家庭无障碍改造

在调查所涉及的 1078424 名残疾人口中，近年来进行过家庭无障碍改造的有 30568 人，占 2.8%；没有进行过家庭无障碍改造的占绝大多数，有 1047856 人，占 97.2%。

30568 名进行过家庭无障碍改造残疾人口在省内地区分布情况如图

5－35 所示。广州进行过家庭无障碍改造的残疾人数量最多，有 8453 人，占 27.7%；其次是东莞（3827 人，占 12.5%）和佛山（2628 人，占 8.6%），江门排在第四位，有 1890 人，占 6.2%。

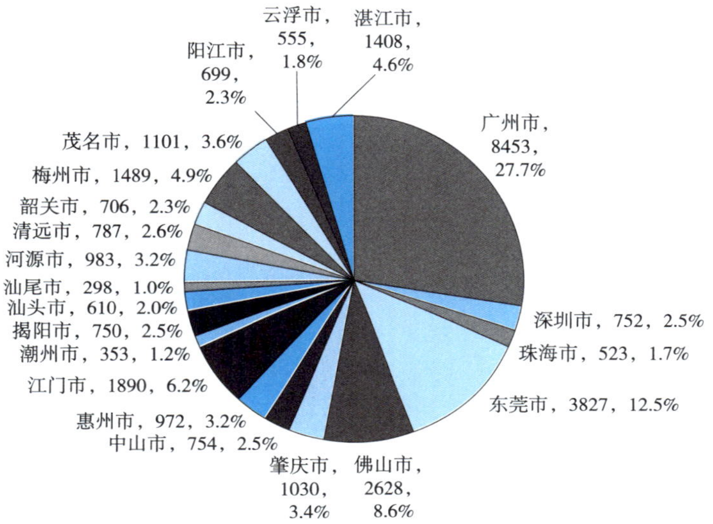

图 5－35 家庭无障碍改造各地市比例分布

从区域分布情况看（见表 5－99），珠三角地区家庭无障碍改造数量最多，粤东西北各区域与珠三角之间在家庭无障碍改造上的差距比较大。

表 5－99 是否进行过家庭无障碍改造情况地域分布

	珠三角	粤 东	粤 北	粤 西	总 计
是	20829	2011	3965	3763	30568
否	402372	137641	266243	241600	1047856
总 计	423201	139652	270208	245363	1078424

二 家庭无障碍需求

在调查涉及的全广东省 1090209 名残疾人口中，有家庭无障碍需求的残疾人共 740036 名，占 67.9%；无家庭无障碍改造需求的有 350173 名，占 32.1%。各个地市有家庭无障碍需求的残疾人具体数量分布如图5－36 所示。从绝对数量上看，肇庆地区的家庭无障碍改造需求最高，有 83730

人，达到了11.3%；其次是湛江和河源，有家庭无障碍改造需求的残疾人口分别为75830人和62227人，分别占广东省有家庭无障碍改造需求残疾人口总体的10.2%和8.4%。这方面需求最少的地区依次是中山（3783人，占0.5%）、深圳（4019人，占0.5%）、珠海（5199人，占0.7%）。

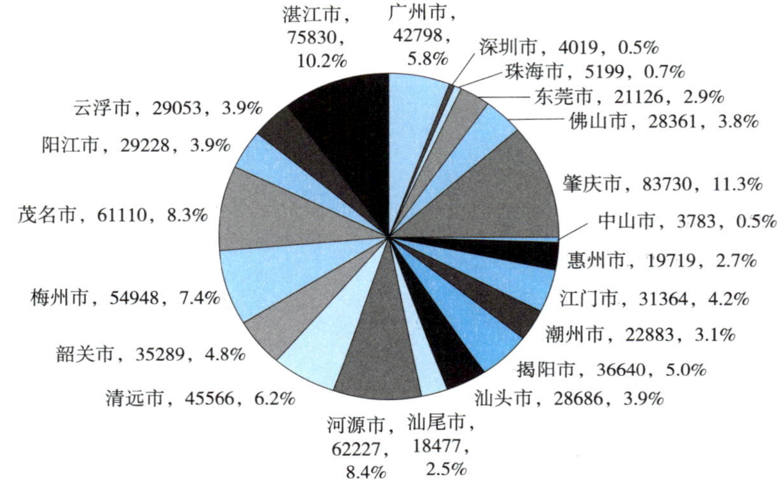

图5-36　各地市家庭无障碍需求数量百分比

珠三角地区有家庭无障碍改造需求的残疾人口数量仍然是最多的，但是从区域内的需求比率上看（见表5-100），则是粤东西北各区域内有家庭无障碍改造需求的残疾人口比例更高。

表5-100　家庭无障碍改造需求地域分布

	珠三角	粤　东	粤　北	粤　西	总　计
有需求	240099	106686	198030	195221	740036
无需求	191723	33409	73559	51482	350173
总　计	431822	140095	271589	246703	1090209

在有家庭无障碍改造需求的残疾人口中，选择“其他”需求的人数最多，有422384人，占39.2%；其次是卫生间改造需求，有299024人，占27.7%；再次是厨房改造，有166154人，占15.4%。其他类型需求数量与分布情况具体见表5-101。

表 5-101　家庭无障碍改造需求情况

家庭无障碍改造需求	数量	百分比（%）
家门口坡化、扶手	162728	15.1
房门改造	126119	11.7
卫生间改造	299024	27.7
厨房改造	166154	15.4
闪光门铃、可视门铃（聋人用）	39668	3.7
煤气泄漏报警发声装置（盲人用）	38213	3.5
上网读屏软件（盲人用）	10049	0.9
其他	422384	39.2

从各个地市残疾人口家庭无障碍改造需求数量分布情况看（见图 5-37），肇庆残疾人口家门口坡化、扶手改造需求的人数最多，其次是湛江和茂名。房门改造需求数量最多的前三位是湛江、茂名和梅州。卫生间改造和厨房改造需求数量最多的前三位是湛江、肇庆和梅州。聋人用门铃改造和盲人用煤气报警装置改造需求最多的前三位均为肇庆、河源和湛江。盲人上网软件改造需求最多的前三位是湛江、茂名和肇庆。其他改造需求最多的是肇庆、河源和茂名。

从各地市家庭无障碍改造需求的人数百分比情况看（见图 5-38），肇庆残疾人口家门口坡化、扶手改造需求的人数百分比最多，其次是揭阳和湛江。房门改造需求百分比最多的前三位是阳江、揭阳和湛江。卫生间改造需求百分比最多的前三位是湛江、肇庆和阳江。厨房改造需求百分比最多的前三位是湛江、阳江和揭阳。聋人用门铃改造需求最多的前三位是肇庆、揭阳和河源。盲人用煤气报警装置改造需求最多的前三位是肇庆、河源和云浮。盲人上网软件改造需求最多的前三位是云浮、汕头和湛江（并列第二）。其他改造需求最多的是云浮、河源和肇庆。

从地域分布情况看（见表 5-102），粤西地区的残疾人口有家门口坡化、扶手改造需求的人数最多，粤东地区最少。房门改造需求最多的是粤西地区，粤北地区最少。卫生间改造需求最多的是珠三角地区，粤东地区最少。厨房改造需求最多的是粤西地区，粤东地区最少。可视门铃改造需

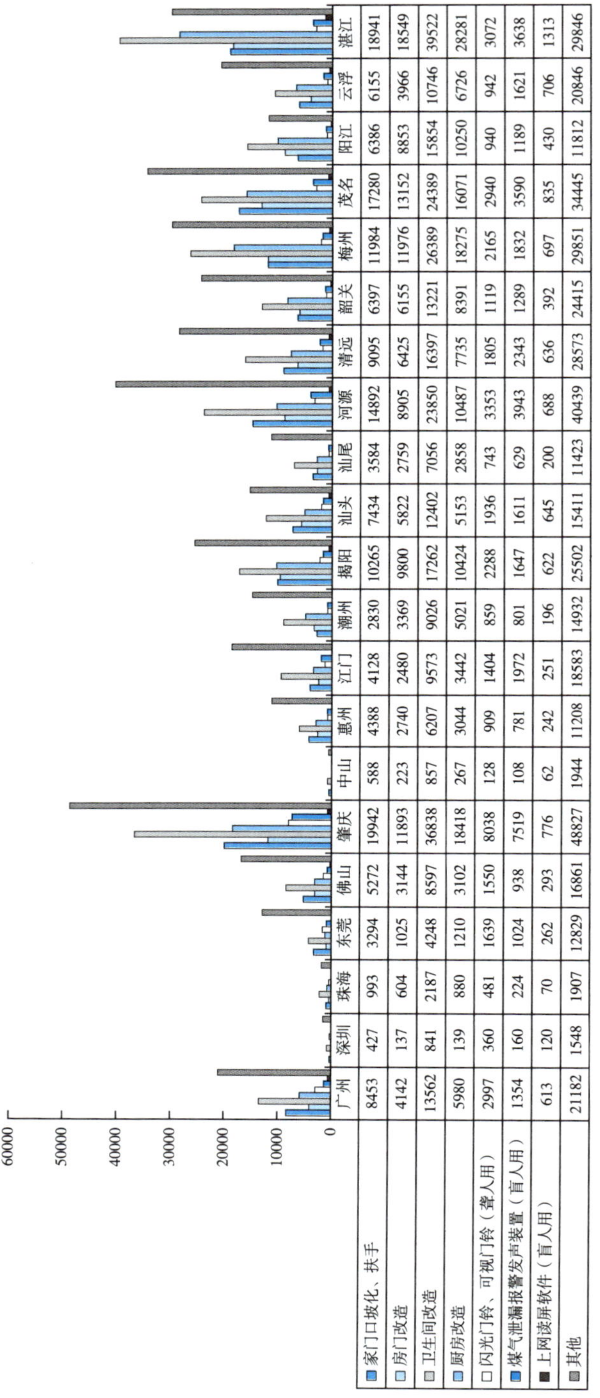

	广州	深圳	珠海	东莞	佛山	肇庆	中山	惠州	江门	潮州	揭阳	汕头	汕尾	河源	清远	韶关	梅州	茂名	阳江	云浮	湛江
家门口坡化、扶手	8453	427	993	3294	5272	19942	588	4388	4128	2830	10265	7434	3584	14892	9095	6397	11984	17280	6386	6155	18941
房门改造	4142	137	604	1025	3144	11893	223	2740	2480	3369	9800	5822	2759	8905	6425	6155	11976	13152	8853	3966	18549
卫生间改造	13562	841	2187	4248	8597	36838	857	6207	9573	9026	17262	12402	7056	23850	16397	13221	26389	24389	15854	10746	39522
厨房改造	5980	139	880	1210	3102	18418	267	3044	3442	5021	10424	5153	2858	10487	7735	8391	18275	16071	10250	6726	28281
闪光门铃、可视门铃（聋人用）	2997	360	481	1639	1550	8038	128	909	1404	859	2288	1936	743	3353	1805	1119	2165	2940	940	942	3072
煤气泄漏报警发声装置（盲人用）	1354	160	224	1024	938	7519	108	781	1972	801	1647	1611	629	3943	2343	1289	1832	3590	1189	1621	3638
上网读屏软件（盲人用）	613	120	70	262	293	776	62	242	251	196	622	645	200	688	636	392	697	835	430	706	1313
其他	21182	1548	1907	12829	16861	48827	1944	11208	18583	14932	25502	15411	11423	40439	28573	24415	29851	34445	11812	20846	29846

图 5-37 各地市家庭无障碍改造需求数量分布

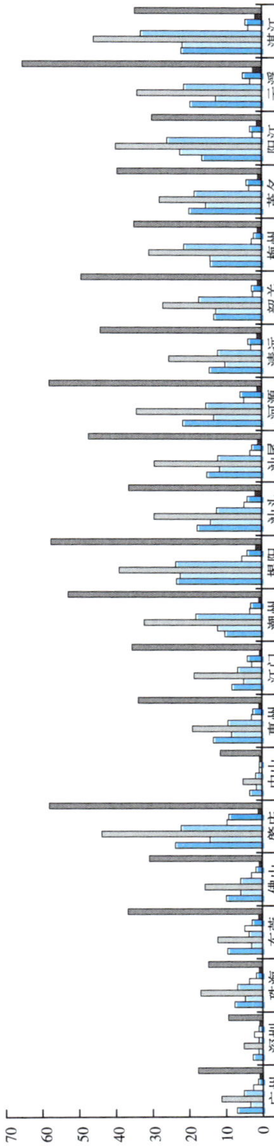

	广州	深圳	珠海	东莞	佛山	肇庆	中山	惠州	江门	潮州	揭阳	汕头	汕尾	河源	清远	韶关	梅州	茂名	阳江	云浮	湛江
家门口坡化、扶手	6.9	2.5	7.5	9.3	9.5	23.5	3.4	13.1	7.8	9.9	23.0	17.4	14.7	21.2	14.0	12.9	13.8	19.6	16.0	19.2	21.9
房门改造	3.4	0.8	4.6	2.9	5.7	14.0	1.3	8.2	4.7	11.8	22.0	13.7	11.3	12.7	9.9	12.4	13.8	14.9	22.1	12.4	21.4
卫生间改造	11.1	5.0	16.6	12.0	15.5	43.4	4.9	18.5	18.1	31.7	38.7	29.1	29.0	34.0	25.2	26.6	30.5	27.7	39.6	33.6	45.7
厨房改造	4.9	0.8	6.7	3.4	5.6	21.7	1.5	9.1	6.5	17.6	23.4	12.1	11.7	15.0	11.9	16.9	21.1	18.2	25.6	21.0	32.7
闪光门铃、可视门铃（聋人用）	2.5	2.1	3.6	4.6	2.8	9.5	0.7	2.7	2.7	3.0	5.1	4.5	3.1	4.8	2.8	2.2	2.5	3.3	2.3	2.9	3.6
煤气泄漏报警发声装置（盲人用）	1.1	0.9	1.7	2.9	1.7	8.9	0.6	2.3	3.7	2.8	3.7	3.8	2.6	5.6	3.6	2.6	2.1	4.1	3.0	5.1	4.2
上网读屏软件（盲人用）	0.5	0.7	0.5	0.7	0.5	0.9	0.4	0.7	0.5	0.7	1.4	1.5	0.8	1.0	1.0	0.8	0.8	0.9	1.1	2.2	1.5
其他	17.3	9.1	14.5	36.4	30.5	57.6	11.1	33.4	35.1	52.5	57.1	36.1	46.9	57.7	43.9	49.1	34.5	39.1	29.5	65.2	34.5

图 5－38　各地市家庭无障碍改造需求比例分布

求最多的是珠三角地区，粤东地区最少。煤气泄漏报警发生装置需求最多的是珠三角地区，粤东地区需求最少。上网读屏软件需求各地差异不是很大，最多的是粤西地区，粤东最少。

表 5－102 家庭无障碍改造需求情况地域分布

	珠三角	粤东	粤北	粤西	总 计
家门口坡化、扶手	47485	24113	42368	48762	162728
房门改造	26388	21750	33461	44520	126119
卫生间改造	82910	45746	79857	90511	299024
厨房改造	36482	23456	44888	61328	166154
闪光门铃、可视门铃（聋人用）	17506	5826	8442	7894	39668
煤气泄漏报警发声装置（盲人用）	14080	4688	9407	10038	38213
上网读屏软件（盲人用）	2689	1663	2413	3284	10049
其他	134889	67268	123278	96949	422384
无需求	191723	33409	73559	51482	350173

三 残疾人经济状况与家庭无障碍改造

为了更好地了解广东省残疾人家庭无障碍改造状况，本研究进一步按照残疾人经济收入状况来分类别对家庭无障碍改造情况进行了分析。

（一）城镇残疾人口经济收入与无障碍改造执行情况分析

对于城镇残疾人口收入情况的分析，从表 5－103 至表 5－106 可以看到 21 个地市不同经济程度残疾人家庭是否进行过无障碍改造。从数值上看，城市贫困残疾人家庭，包括符合低保标准的家庭与低收入家庭，进行过无障碍改造的数量要远少于非贫困家庭（其他）。除深圳与东莞外，各地市中“处于低收入标准或低保边缘标准”的残疾人家庭进行过无障碍改造的家庭数量最少。从表 5－107 可以看出，尽管珠三角地区在家庭无障碍改造方面走在广东省前列，开展家庭无障碍改造的残疾人家庭最多，但是由于珠三角地区残疾人口最多，未进行过家庭无障碍改造的残疾人口数量也是最多，所以在加大粤东西北地区残疾人家庭无障碍建设的同时，也不能放松珠三角地区的家庭无障碍建设。

表 5－103 按收入分类的是否进行过家庭无障碍改造珠三角情况分布

		广州市	深圳市	珠海市	东莞市	佛山市	肇庆市	中山市	惠州市	江门市
低于低保标准	有改造	645	20	70	179	124	48	42	71	180
	无改造	7043	647	1380	1037	1927	2164	499	2101	2751
低于低收入标准或低保边缘标准	有改造	195	23	48	462	22	13	1	23	48
	无改造	1636	606	686	2826	291	794	21	939	827
其他	有改造	5345	709	240	1063	904	101	221	181	558
	无改造	49233	13944	5684	6969	13647	9090	4167	4261	9464

表 5－104 按收入分类的是否进行过家庭无障碍改造粤东情况分布

		潮州市	揭阳市	汕头市	汕尾市	粤 东
低于低保标准	有改造	15	34	118	23	190
	无改造	1807	2049	5469	2059	11384
低于低收入标准或低保边缘标准	有改造	5	3	69	2	79
	无改造	1535	865	3063	1382	6845
其他	有改造	11	16	118	13	158
	无改造	2005	1969	4916	1261	10151

表 5－105 按收入分类的是否进行过家庭无障碍改造粤北情况分布

		河源市	清远市	韶关市	梅州市	粤 北
低于低保标准	有改造	58	21	91	68	238
	无改造	2557	2040	3532	3656	11785
低于低收入标准或低保边缘标准	有改造	11	5	48	22	86
	无改造	1344	904	1708	1021	4977
其他	有改造	48	44	169	77	338
	无改造	2465	4618	6486	4586	18155

表 5－106 按收入分类的是否进行过家庭无障碍改造粤西情况分布

		茂名市	阳江市	云浮市	湛江市	粤 西
低于低保标准	有改造	81	113	15	176	385
	无改造	3950	3051	1043	5716	13760
低于低收入标准或低保边缘标准	有改造	36	36	3	100	175
	无改造	1807	1429	338	4056	7630

续表

		茂名市	阳江市	云浮市	湛江市	粤　西
其他	有改造	75	83	28	123	309
	无改造	4605	3219	1683	5564	15071

表 5－107　按收入分类的是否进行过家庭无障碍改造情况地域分布

		珠三角	粤　东	粤　北	粤　西	总　计
低于低保标准	有改造	1379	190	238	385	2192
	无改造	19549	11384	11785	13760	56478
低于低收入标准或低保边缘标准	有改造	835	79	86	175	1175
	无改造	8626	6845	4977	7630	28078
其他	有改造	9322	158	338	309	10127
	无改造	116459	10151	18155	15071	159836

（二）城镇残疾人口经济收入与无障碍改造需求情况分析

对于城镇残疾人口不同经济收入群体的家庭无障碍改造需求，本研究分析结果显示（见表 5－108 至表 5－112），珠三角地区中山贫困残疾家庭的无障碍改造需求比较少；广州、深圳、珠海、中山、惠州、江门各地市贫困残疾家庭有无障碍改造需求的数量少于无需求家庭数量，佛山市无改造需求的家庭数量略大于有改造需求的家庭数量，珠三角其他地区则是有无障碍改造需求的贫困家庭数量居多。粤东地区除了汕头，其他地市对于家庭无障碍改造有需求多于无需求。粤北地区贫困家庭与非贫困家庭的无障碍改造需求均比较多。粤西地区云浮家庭无障碍改造需求的绝对数量相对较少。但总体上，粤东西北地区家庭无障碍改造需求均为有需求多于无需求。

表 5－108　不同经济收入水平残疾人家庭无障碍改造需求粤东各地市情况分布

		潮州市	揭阳市	汕头市	汕尾市
低于低保标准	有需求	1101	1571	2566	1264
	无需求	721	512	3021	818
低于低收入标准或低保边缘标准	有需求	1012	588	1300	912
	无需求	528	280	1832	472

续表

		潮州市	揭阳市	汕头市	汕尾市
其他	有需求	830	1489	2161	838
	无需求	1186	496	2873	436

表 5－109　不同经济收入水平残疾人家庭无障碍改造需求珠三角各地市情况分布

		广州市	深圳市	珠海市	东莞市	佛山市	肇庆市	中山市	惠州市	江门市
低于低保标准	有需求	1629	99	359	820	1000	2166	65	941	1361
	无需求	6059	568	1091	396	1051	46	476	1231	1570
低于低收入标准或低保边缘标准	有需求	546	139	258	2476	209	783	4	338	428
	无需求	1285	490	476	812	104	24	18	624	447
其他	有需求	10073	2812	1499	5556	8330	9050	497	1551	4268
	无需求	44505	11841	4425	2476	6221	141	3891	2891	5754

表 5－110　不同经济收入水平残疾人家庭无障碍改造需求粤北各地市情况分布

		河源市	清远市	韶关市	梅州市
低于低保标准	有需求	1960	1221	1955	1870
	无需求	655	840	1668	1854
低于低收入标准或低保边缘标准	有需求	1053	494	1088	585
	无需求	302	415	668	458
其他	有需求	1873	2518	3313	2081
	无需求	640	2144	3342	2582

表 5－111　不同经济收入水平残疾人家庭无障碍改造需求粤西各地市情况分布

		茂名市	阳江市	云浮市	湛江市
低于低保标准	有需求	2528	2241	945	4063
	无需求	1503	923	113	1829
低于低收入标准或低保边缘标准	有需求	1139	1031	278	3145
	无需求	704	434	63	1011
其他	有需求	3013	2348	1346	3188
	无需求	1667	954	365	2499

表 5－112　不同经济收入水平残疾人家庭无障碍改造需求区域情况分布

		珠三角	粤　东	粤　北	粤　西	总　计
低于低保标准	有需求	8440	6502	7006	9777	31725
	无需求	12488	5072	5017	4368	26945
低于低收入标准或低保边缘标准	有需求	5181	3812	3220	5593	17806
	无需求	4280	3112	1843	2212	11447
其他	有需求	43636	5318	9785	9895	68634
	无需求	82145	4991	8708	5485	101329

珠三角及粤东西北各个地市的家庭无障碍改造需求的具体分布情况见表 5－113 至表 5－116。整体上，各区域各地市不同经济收入残疾人家庭的主要无障碍改造需求均集中在卫生间改造、家门口坡化等这些与日常生活最基本需要相关的项目上。

表 5－113　粤东各地市不同经济收入水平残疾人家庭无障碍改造需求详细情况

		潮州市	揭阳市	汕头市	汕尾市	粤　东
低于低保标准	家门口坡化、扶手	73	437	480	258	1248
	房门改造	96	486	479	174	1235
	卫生间改造	325	773	1081	483	2662
	厨房改造	180	550	555	181	1466
	闪光门铃、可视门铃（聋人用）	30	82	137	52	301
	煤气泄漏报警发声装置（盲人用）	29	76	144	44	293
	上网读屏软件（盲人用）	8	39	87	13	147
	其　他	794	1123	1360	769	4046
低于低收入标准或低保边缘标准	家门口坡化、扶手	80	142	258	153	633
	房门改造	101	150	212	128	591
	卫生间改造	351	279	515	323	1468
	厨房改造	151	179	269	125	724
	闪光门铃、可视门铃（聋人用）	35	36	113	73	257
	煤气泄漏报警发声装置（盲人用）	46	14	61	15	136
	上网读屏软件（盲人用）	14	6	37	11	68
	其　他	691	358	665	523	2237

续表

		潮州市	揭阳市	汕头市	汕尾市	粤　东
其他	家门口坡化、扶手	96	434	479	184	1193
	房门改造	89	406	435	113	1043
	卫生间改造	307	698	760	323	2088
	厨房改造	168	457	371	103	1099
	闪光门铃、可视门铃（聋人用）	39	87	223	43	392
	煤气泄漏报警发声装置（盲人用）	30	110	138	30	308
	上网读屏软件（盲人用）	14	45	83	18	160
	其　他	515	1049	995	494	3053

表 5－114　粤北各地市不同经济收入水平残疾人家庭无障碍改造需求详细情况

		河源市	清远市	韶关市	梅州市	粤北
低于低保标准	家门口坡化、扶手	399	189	266	313	1167
	房门改造	197	168	229	423	1017
	卫生间改造	639	412	555	902	2508
	厨房改造	201	241	288	666	1396
	闪光门铃、可视门铃（聋人用）	68	43	60	71	242
	煤气泄漏报警发声装置（盲人用）	100	56	57	59	272
	上网读屏软件（盲人用）	33	19	23	32	107
	其　他	1397	813	1422	1143	4775
低于低收入标准或低保边缘标准	家门口坡化、扶手	249	51	174	104	578
	房门改造	80	49	133	108	370
	卫生间改造	372	142	302	270	1086
	厨房改造	125	54	137	178	494
	闪光门铃、可视门铃（聋人用）	55	24	45	24	148
	煤气泄漏报警发声装置（盲人用）	51	28	54	17	150
	上网读屏软件（盲人用）	26	4	18	3	51
	其　他	712	305	718	347	2082
其他	家门口坡化、扶手	384	337	578	435	1734
	房门改造	187	254	348	547	1336
	卫生间改造	619	842	946	1132	3539
	厨房改造	161	331	431	748	1671
	闪光门铃、可视门铃（聋人用）	96	99	116	98	409
	煤气泄漏报警发声装置（盲人用）	114	117	149	76	456
	上网读屏软件（盲人用）	54	45	56	30	185
	其　他	1231	1623	2263	1115	6232

表 5－115　粤西各地市不同经济收入水平残疾人家庭无障碍改造需求详细情况

		茂名市	阳江市	云浮市	湛江市	粤西
低于低保标准	家门口坡化、扶手	638	496	170	942	2246
	房门改造	506	514	100	808	1928
	卫生间改造	983	977	260	1672	3892
	厨房改造	617	606	140	1029	2392
	闪光门铃、可视门铃（聋人用）	142	90	27	126	385
	煤气泄漏报警发声装置（盲人用）	133	87	48	210	478
	上网读屏软件（盲人用）	49	39	34	65	187
	其　他	1566	1272	772	2027	5637
低于低收入标准或低保边缘标准	家门口坡化、扶手	309	242	55	747	1353
	房门改造	258	193	13	692	1156
	卫生间改造	493	368	106	1507	2474
	厨房改造	346	238	36	1014	1634
	闪光门铃、可视门铃（聋人用）	57	54	7	157	273
	煤气泄漏报警发声装置（盲人用）	47	57	7	166	277
	上网读屏软件（盲人用）	15	31	2	66	114
	其　他	627	594	224	1195	2640
其他	家门口坡化、扶手	673	479	293	673	2118
	房门改造	461	568	176	495	1700
	卫生间改造	1167	1141	472	1179	3959
	厨房改造	690	601	260	676	2227
	闪光门铃、可视门铃（聋人用）	122	78	44	111	355
	煤气泄漏报警发声装置（盲人用）	97	111	51	126	385
	上网读屏软件（盲人用）	43	60	20	48	171
	其　他	1855	1126	983	1716	5680

（三）农村残疾人口经济收入与无障碍改造执行情况分析

从各区域各地市农村残疾人口经济收入与家庭无障碍改造进行情况来看（见表 5－117 至表 5－120），珠三角地区内部发展出现层级差异，深圳由于农业残疾人口数量少，因此家庭无障碍改造数量为零。佛山、中山贫困农业残疾人口也相对较少，因此整体上贫困残疾家庭无障碍改造数量也非常少。广州、珠海贫困农村残疾人口数量较少，实现贫困家庭无障碍改造数量与比重的提升相对压力较小。东莞与佛山实施了农村残疾家庭无障碍改造的数量最多，但非贫困农村残疾进行过家庭无障碍改造的数量仍是少数，需要大力推进。粤东西北地区在农村贫困残疾人口数量众多，

表 5－116　珠三角各地市不同经济收入水平残疾人家庭无障碍改造需求详细情况

		广州市	深圳市	珠海市	东莞市	佛山市	肇庆市	中山市	惠州市	江门市	珠三角
低于低保标准	家门口坡化、扶手	232	13	63	395	88	165	17	187	160	1320
	房门改造	153	3	30	187	42	106	7	142	91	761
	卫生间改造	474	29	139	742	138	333	26	288	340	2509
	厨房改造	245	3	60	303	54	112	6	122	110	1015
	闪光门铃、可视门铃（聋人用）	87	7	21	100	30	26	1	26	48	346
	煤气泄漏报警发声装置（盲人用）	51	3	18	105	33	18	2	31	69	330
	上网读屏软件（盲人用）	37	2	7	19	8	10	2	21	15	121
	其　他	903	49	159	1451	582	680	29	608	914	5375
低于低收入标准或低保边缘标准	家门口坡化、扶手	119	16	37	173	402	66	1	56	69	939
	房门改造	71	2	16	96	112	50	0	38	41	426
	卫生间改造	209	26	122	298	450	93	1	101	142	1442
	厨房改造	118	8	33	157	126	12	1	45	59	559
	闪光门铃、可视门铃（聋人用）	39	16	16	49	179	6	1	14	25	345
	煤气泄漏报警发声装置（盲人用）	18	13	7	61	137	6	0	13	40	295
	上网读屏软件（盲人用）	13	10	4	9	40	1	0	10	10	97
	其　他	239	78	103	435	1591	118	1	215	254	3034
其他	家门口坡化、扶手	1636	398	262	1897	820	1246	117	338	681	7395
	房门改造	609	132	104	873	175	583	49	183	225	2933
	卫生间改造	2757	785	605	3442	779	2157	167	445	1204	12341
	厨房改造	934	128	159	1042	153	550	40	154	217	3377
	闪光门铃、可视门铃（聋人用）	1019	337	198	769	402	568	31	70	214	3608
	煤气泄漏报警发声装置（盲人用）	424	144	69	974	254	336	19	62	219	2501
	上网读屏软件（盲人用）	304	108	37	112	71	131	19	42	47	871
	其　他	5037	1420	626	5518	3919	5760	217	919	2564	25980

虽然在绝对数量上粤东西北地区对农村贫困残疾家庭无障碍改造的实施并不少于珠三角地区，但从相对数量上看，无障碍改造的实施情况还是落后于珠三角，且由于农村贫困残疾人口数量多，改造压力比较大。

表 5－117　粤东各地市不同经济收入水平残疾人家庭无障碍改造进行情况

		潮州市	揭阳市	汕头市	汕尾市
年人均纯收入低于国家贫困标准（2300 元/年）	有改造	114	203	77	101
	无改造	7074	9329	7467	6491
年人均纯收入低于省级贫困标准（3480 元/年）	有改造	119	316	135	125
	无改造	8250	14152	10268	8375
其他	有改造	89	178	93	34
	无改造	7388	15445	10634	4388

表 5－118　粤西各地市不同经济收入水平残疾人家庭无障碍改造进行情况

		茂名市	阳江市	云浮市	湛江市
年人均纯收入低于国家贫困标准（2300 元/年）	有改造	323	151	191	442
	无改造	26029	8103	10956	27726
年人均纯收入低于省级贫困标准（3480 元/年）	有改造	268	159	116	450
	无改造	25873	10362	6387	31101
其他	有改造	318	157	202	117
	无改造	21394	12794	10847	10567

表 5－119　珠三角各地市不同经济收入水平残疾人家庭无障碍改造进行情况

		广州市	深圳市	珠海市	东莞市	佛山市	肇庆市	中山市	惠州市	江门市
年人均纯收入低于国家贫困标准（2300 元/年）	有改造	168	0	17	5	3	23	0	110	25
	无改造	4062	0	778	61	66	1644	1	3929	1149
年人均纯收入低于省级贫困标准（3480 元/年）	有改造	82	0	32	35	0	277	0	118	153
	无改造	2589	0	637	156	8	19407	10	4179	5987
其他	有改造	2018	0	116	2083	1575	568	490	469	926
	无改造	46575	9	3208	19831	35143	50039	11597	16809	29864

表 5－120　粤北各地市不同经济收入水平残疾人家庭无障碍改造进行情况

		河源市	清远市	韶关市	梅州市
年人均纯收入低于国家贫困标准（2300 元/年）	有改造	138	150	123	255
	无改造	15073	11494	10062	19748
年人均纯收入低于省级贫困标准（3480 元/年）	有改造	415	222	115	586
	无改造	24996	14921	11894	26840

续表

		河源市	清远市	韶关市	梅州市
其他	有改造	313	345	160	481
	无改造	22522	30095	15010	28671

表 5－121　各地区不同经济收入水平残疾人家庭无障碍改造进行情况

		珠三角	粤　东	粤　北	粤　西	总　计
年人均纯收入低于国家贫困标准（2300 元/年）	有改造	351	495	666	1107	2619
	无改造	11690	30361	56377	72814	171242
年人均纯收入低于省级贫困标准（3480 元/年）	有改造	697	695	1338	993	2723
	无改造	32973	41045	78651	73723	226392
其他	有改造	8246	394	1299	794	10732
	无改造	213075	37855	96298	58602	405830

（四）农村残疾人口经济收入与无障碍改造需求情况分析

对于农村残疾人口中不同经济收入群体的家庭无障碍改造需求，本研究分析结果显示（见表 5－122 至表 5－126），珠三角地区深圳市农村残疾人口数量趋于零；中山市农村贫困残疾人口数量只是零星散发。珠三角其他地区有无障碍改造需求的贫困家庭数量居多，尤其肇庆地区农村残疾贫困人口数量最多，农村有需求的贫困残疾家庭也远多于无需求的非贫困残疾家庭，尤其是年人均纯收入处于省级贫困线以下的有需求家庭数量庞大。总体上，粤东西北地区家庭无障碍改造需求均为有需求多于无需求，且无障碍改造需求量大，尤其是粤西与粤北地区，农村贫困残疾家庭的无障碍改造担子最重。

珠三角及粤东西北各个地市的家庭无障碍改造需求的具体分布情况见表 5－127 至表 5－130。整体上，与城市家庭无障碍改造需求一致，各区域各地市农村不同经济收入残疾人家庭的主要无障碍改造需求均集中在卫生间改造、家门口坡化、房门改造等这些与日常生活最基本需要相关的项目上。

表 5－122　不同经济收入水平残疾人家庭无障碍改造需求珠三角各地市情况分布

		广州市	深圳市	珠海市	东莞市	佛山市	肇庆市	中山市	惠州市	江门市
年人均纯收入低于国家贫困标准（2300 元/年）	有需求	3003	0	497	26	52	1659	0	2615	696
	无需求	1227	0	298	40	17	8	1	1424	478
年人均纯收入低于省级贫困标准（3480 元/年）	有需求	1656	0	349	88	3	19473	1	2895	4366
	无需求	1015	0	320	103	5	211	9	1402	1774

续表

		广州市	深圳市	珠海市	东莞市	佛山市	肇庆市	中山市	惠州市	江门市
其他	有需求	23207	2	1950	11575	17107	49936	2758	11051	19256
	无需求	25386	7	1374	10339	19611	671	9329	6227	11534

表 5－123 不同经济收入水平残疾人家庭无障碍改造需求粤东各地市情况分布

		潮州市	揭阳市	汕头市	汕尾市
年人均纯收入低于国家贫困标准（2300 元/年）	有需求	6295	7803	6366	5225
	无需求	893	1729	1178	1367
年人均纯收入低于省级贫困标准（3480 元/年）	有需求	7498	12504	7690	6723
	无需求	871	1964	2713	1777
其他	有需求	6103	12617	8378	3409
	无需求	1374	3006	2349	1013

表 5－124 不同经济收入水平残疾人家庭无障碍改造需求粤北各地市情况分布

		河源市	清远市	韶关市	梅州市
年人均纯收入低于国家贫困标准（2300 元/年）	有需求	12662	8783	8073	13184
	无需求	2549	2861	2112	6819
年人均纯收入低于省级贫困标准（3480 元/年）	有需求	23172	11123	9356	19158
	无需求	2239	4020	2653	8268
其他	有需求	21326	21209	11139	17453
	无需求	1509	9231	4031	11699

表 5－125 不同经济收入水平残疾人家庭无障碍改造需求粤西各地市情况分布

		茂名市	阳江市	云浮市	湛江市
年人均纯收入低于国家贫困标准（2300 元/年）	有需求	18861	5608	10435	26313
	无需求	7491	2646	712	1855
年人均纯收入低于省级贫困标准（3480 元/年）	有需求	18545	7747	5884	29401
	无需求	7596	2774	619	2150
其他	有需求	16611	9882	9997	9332
	无需求	8101	3069	1052	1352

表 5－126 不同经济收入水平残疾人家庭无障碍改造需求各区域情况分布

		珠三角	粤东	粤北	粤西	总　计
年人均纯收入低于国家贫困标准（2300 元/年）	有需求	8548	25689	42702	61217	138156
	无需求	3493	5167	14341	12704	35705
年人均纯收入低于省级贫困标准（3480 元/年）	有需求	28831	34415	62809	61577	187632
	无需求	4839	7325	17180	13139	42483
其他	有需求	136842	30507	71127	45822	284298
	无需求	84478	7742	26470	13574	132264

表 5－127 不同经济收入水平残疾人家庭无障碍改造需求珠三角各地市详细情况

		广州市	深圳市	珠海市	东莞市	佛山市	肇庆市	中山市	惠州市	江门市	珠三角
年人均纯收入低于国家贫困标准（2300 元/年）	家门口坡化、扶手	619	0	142	607	8	4	0	912	105	2397
	房门改造	530	0	120	496	4	3	0	606	93	1852
	卫生间改造	1062	0	284	959	7	8	0	905	257	3482
	厨房改造	690	0	167	663	1	2	0	421	114	2058
	闪光门铃、可视门铃（聋人用）	127	0	23	104	2	2	0	125	18	401
	煤气泄漏报警发声装置（盲人用）	90	0	17	155	2	1	0	111	21	397
	上网读屏软件（盲人用）	35	0	2	28	0	0	0	33	3	101
	其　他	1722	0	141	1205	12	39	0	1234	386	4739
年人均纯收入低于省级贫困标准（3480 元/年）	家门口坡化、扶手	407	0	81	5420	15	0	0	530	559	7012
	房门改造	273	0	61	3759	8	0	0	341	429	4871
	卫生间改造	642	0	165	9546	15	1	0	996	1408	12773
	厨房改造	388	0	93	5826	6	0	0	664	547	7524
	闪光门铃、可视门铃（聋人用）	119	0	21	1462	4	0	0	131	236	1973
	煤气泄漏报警发声装置（盲人用）	68	0	14	1720	7	0	0	125	344	2278
	上网读屏软件（盲人用）	23	0	8	208	0	0	0	34	27	300
	其　他	778	0	150	12383	55	2	1	1652	2528	17549
其他	家门口坡化、扶手	5440	0	408	11450	1961	3791	453	2365	2554	28422
	房门改造	2506	0	273	6482	684	2402	167	1430	1601	15545
	卫生间改造	8418	1	872	21851	2859	6005	663	3472	6222	50363
	厨房改造	3605	0	368	10427	870	2426	220	1638	2395	21949
	闪光门铃、可视门铃（聋人用）	1606	0	202	5554	1022	948	95	543	863	10833
	煤气泄漏报警发声装置（盲人用）	703	0	99	4504	591	577	87	439	1279	8279
	上网读屏软件（盲人用）	201	0	12	400	143	151	41	102	149	1199
	其　他	12503	2	728	27835	6670	10262	1696	6580	11937	78212

表 5－128 不同经济收入水平残疾人家庭无障碍改造需求粤东各地市详细情况

		潮州市	揭阳市	汕头市	汕尾市	粤东
年人均纯收入低于国家贫困标准（2300 元/年）	家门口坡化、扶手	846	1930	1648	895	5319
	房门改造	1053	1888	1347	794	5082
	卫生间改造	2488	3045	2921	1790	10244
	厨房改造	1472	1914	1309	741	5436
	闪光门铃、可视门铃（聋人用）	191	430	365	225	1211
	煤气泄漏报警发声装置（盲人用）	262	335	356	215	1168
	上网读屏软件（盲人用）	58	141	102	70	371
	其　他	4118	5878	3930	3456	17382
年人均纯收入低于省级贫困标准（3480 元/年）	家门口坡化、扶手	926	3924	2249	1342	8441
	房门改造	1290	3576	1679	1069	7614
	卫生间改造	3234	6288	3566	2884	15972
	厨房改造	1810	3875	1373	1191	8249
	闪光门铃、可视门铃（聋人用）	321	743	499	239	1802
	煤气泄漏报警发声装置（盲人用）	269	536	420	232	1457
	上网读屏软件（盲人用）	59	196	139	54	448
	其　他	4793	8271	4099	3966	21129
其他	家门口坡化、扶手	809	3398	2320	752	7279
	房门改造	740	3294	1670	481	6185
	卫生间改造	2321	6179	3559	1253	13312
	厨房改造	1240	3449	1276	517	6482
	闪光门铃、可视门铃（聋人用）	243	910	599	111	1863
	煤气泄漏报警发声装置（盲人用）	165	576	492	93	1326
	上网读屏软件（盲人用）	43	195	197	34	469
	其　他	4021	8823	4362	2215	19421

表 5－129 不同经济收入水平残疾人家庭无障碍改造需求粤北各地市详细情况

		河源市	清远市	韶关市	梅州市	粤北
年人均纯收入低于国家贫困标准（2300 元/年）	家门口坡化、扶手	3014	1694	1690	3230	9628
	房门改造	1780	1327	1813	3495	8415
	卫生间改造	4837	2959	3613	6746	18155
	厨房改造	2454	1496	2497	4735	11182
	闪光门铃、可视门铃（聋人用）	454	347	314	609	1724
	煤气泄漏报警发声装置（盲人用）	513	449	335	513	1810
	上网读屏软件（盲人用）	151	136	101	196	584
	其　他	8206	5880	5521	7426	27033

续表

		河源市	清远市	韶关市	梅州市	粤北
年人均纯收入低于省级贫困标准（3480元/年）	家门口坡化、扶手	5445	2411	1805	4280	13941
	房门改造	3292	1812	1770	3892	10766
	卫生间改造	8575	4576	3742	9452	26345
	厨房改造	3937	2260	2437	6895	15529
	闪光门铃、可视门铃（聋人用）	1080	486	278	621	2465
	煤气泄漏报警发声装置（盲人用）	1495	636	330	534	2995
	上网读屏软件（盲人用）	198	195	92	197	682
	其　他	15431	6308	6408	10090	38237
其他	家门口坡化、扶手	5401	4413	1884	3622	15320
	房门改造	3369	2815	1862	3511	11557
	卫生间改造	8808	7466	4063	7887	28224
	厨房改造	3609	3353	2601	5053	14616
	闪光门铃、可视门铃（聋人用）	1600	806	306	742	3454
	煤气泄漏报警发声装置（盲人用）	1670	1057	364	633	3724
	上网读屏软件（盲人用）	226	237	102	239	804
	其　他	13462	13644	8083	9730	44919

表 5-130　不同经济收入水平残疾人家庭无障碍改造需求粤西各地市详细情况

		茂名市	阳江市	云浮市	湛江市	粤西
年人均纯收入低于国家贫困标准（2300元/年）	家门口坡化、扶手	5739	1284	2220	6807	16050
	房门改造	4508	1862	1440	6834	14644
	卫生间改造	8065	3294	3780	14493	29632
	厨房改造	5531	2207	2464	11260	21462
	闪光门铃、可视门铃（聋人用）	788	188	299	1166	2441
	煤气泄漏报警发声装置（盲人用）	1150	260	669	1488	3567
	上网读屏软件（盲人用）	291	88	293	501	1173
	其　他	10567	2045	7791	9569	29972
年人均纯收入低于省级贫困标准（3480元/年）	家门口坡化、扶手	5358	1961	1261	7360	15940
	房门改造	3766	2090	844	7750	14450
	卫生间改造	7075	4254	2242	16173	29744
	厨房改造	4760	2811	1433	11228	20232
	闪光门铃、可视门铃（聋人用）	894	224	192	1253	2563
	煤气泄漏报警发声装置（盲人用）	1037	318	342	1330	3027
	上网读屏软件（盲人用）	201	118	150	467	936
	其　他	10438	3408	4049	11067	28962

续表

		茂名市	阳江市	云浮市	湛江市	粤西
其他	家门口坡化、扶手	4563	1924	2156	2412	11055
	房门改造	3653	3626	1393	1970	10642
	卫生间改造	6606	5820	3886	4498	20810
	厨房改造	4127	3787	2393	3074	13381
	闪光门铃、可视门铃（聋人用）	937	306	375	259	1877
	煤气泄漏报警发声装置（盲人用）	1126	356	504	318	2304
	上网读屏软件（盲人用）	236	94	207	166	703
	其　他	9392	3367	7027	4272	24058

第七节　文化体育

一　经常参与社区文化体育活动百分比

在调查涉及的1069335名残疾人中，一年来经常参加社区的文化体育活动的有56297名，占5.3%；没有经常参加社区组织的文化体育活动的残疾人有1013038名，占94.7%。从各个地市经常参加活动的残疾人口数量在全省分布情况来看，广州人数最多，其次是肇庆和东莞，具体分布情况如图5－39所示。

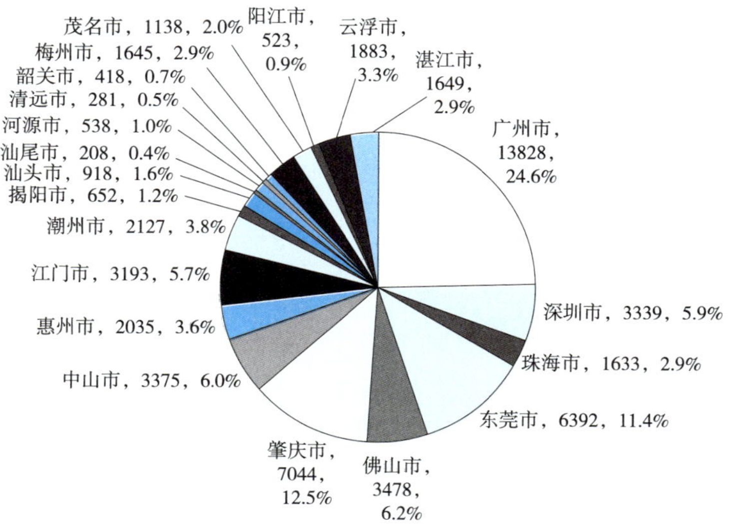

图5－39　各地市残疾人经常参加社区文体活动数量分布

各个地市经常参加与没有经常参加文体活动的残疾人口百分比分布情况如图5－40所示，深圳地区残疾人经常参加文体活动的比率最高，其次是中山、东莞、珠海和广州。此外，从区域分布看（见表5－131），珠三角地区残疾人口在社区文体活动参与方面较粤东西北地区具有较大优势。

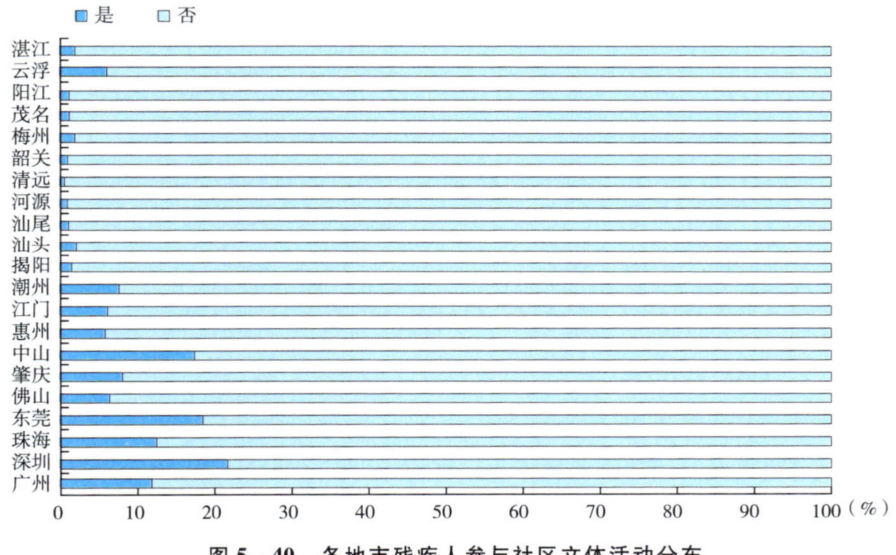

图5－40　各地市残疾人参与社区文体活动分布

表5－131　是否参与社区文体活动情况地域分布

	珠三角	粤东	粤北	粤西	总　计
是	44317	3905	2882	5193	56297
否	376096	133983	264982	237977	1013038
总　计	420413	137888	267864	243170	1069335

二　文化体育活动参与的影响因素

对于不能经常参加文化体育活动的可能原因，对1013038名残疾人的调查显示，原因为没有适合自己的活动项目的残疾人有401280人，占39.6%；没有适合的场地和设施的有397531人，占39.2%；没人组织指导的有235050人，占23.2%；选择上述选项之外的原因有445078人，占43.9%。

从各个地市文化体育活动未参与的各原因数量分布看（见图5－41），

选择没有适合自己的活动项目的残疾人数排在前三位的地区是湛江、茂名和广州；选择没有适合的场地和设施的残疾人数前三位是湛江、茂名和肇庆；选择没人组织指导的残疾人数前三位是湛江、茂名和梅州；选择其他原因的残疾人数量前三位是广州、梅州和肇庆。

从各个地市文化体育活动未参与的各类原因百分比分布来看（见图5－42），选择没有适合自己的活动项目残疾人口百分比最高的地区前三位是阳江、汕头、云浮与湛江（并列第三），均超过或接近50%；选择没有适合的场地和设施的残疾人口百分比最高的地区前三位是湛江、阳江和云浮，均超过50%；选择没人组织指导的残疾人口百分比最高的地区前三位是湛江、阳江和茂名；选择其他原因的残疾人口百分比最高的地区前两位依次是深圳、中山，两地均超过70%，第三是东莞，超过60%。

从区域分布情况看（见表5－132），珠三角地区选择没有适合自己的活动项目的残疾人居多，而粤西北地区，尤其是粤地区因为没有适合场地和设施而不能经常参加社区文体活动的居多。粤西北地区选择没人组织指导作为不能经常参加社区文体活动的原因的残疾人数量也比珠三角地区的多。

表5－132 不能经常参加社区文体活动原因地域分布

	珠三角	粤东	粤北	粤西	总计
没有适合自己的活动项目	135785	55785	92917	116793	401280
没有适合的场地和设施	90563	58188	121116	127664	397531
没人组织指导	55352	36171	61590	81937	235050
其他	212487	58613	110868	63110	445078
总计	376096	133983	264982	237977	1013038

第八节 残疾人个体数据分析小结

一 经济与住房

全省257886名非农业户口残疾人中，城镇家庭人均收入低于低保标

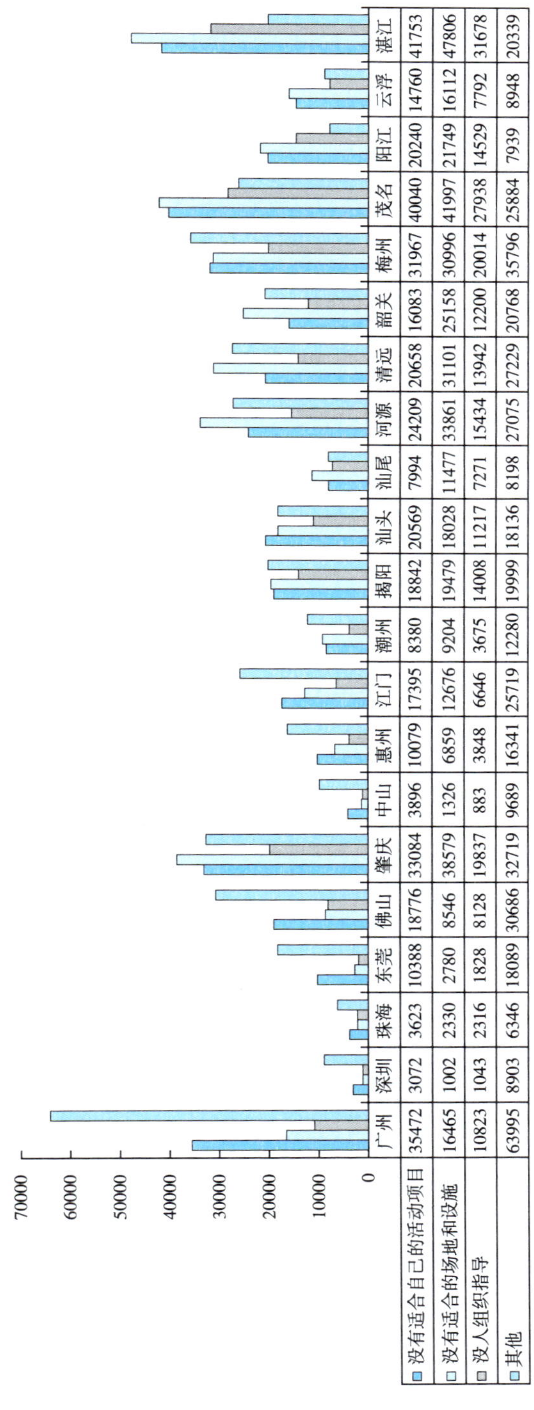

	广州	深圳	珠海	东莞	佛山	肇庆	中山	惠州	江门	潮州	揭阳	汕头	汕尾	河源	清远	韶关	梅州	茂名	阳江	云浮	湛江
没有适合自己的活动项目	35472	3072	3623	10388	18776	33084	3896	10079	17395	8380	18842	20569	7994	24209	20658	16083	31967	40040	20240	14760	41753
没有适合的场地和设施	16465	1002	2330	2780	8546	38579	1326	6859	12676	9204	19479	18028	11477	33861	31101	25158	30996	41997	21749	16112	47806
没人组织指导	10823	1043	2316	1828	8128	19837	883	3848	6646	3675	14008	11217	7271	15434	13942	12200	20014	27938	14529	7792	31678
其他	63995	8903	6346	18089	30686	32719	9689	16341	25719	12280	19999	18136	8198	27075	27229	20768	35796	25884	7939	8948	20339

图 5-41 各地市未参与文体活动原因数量分布

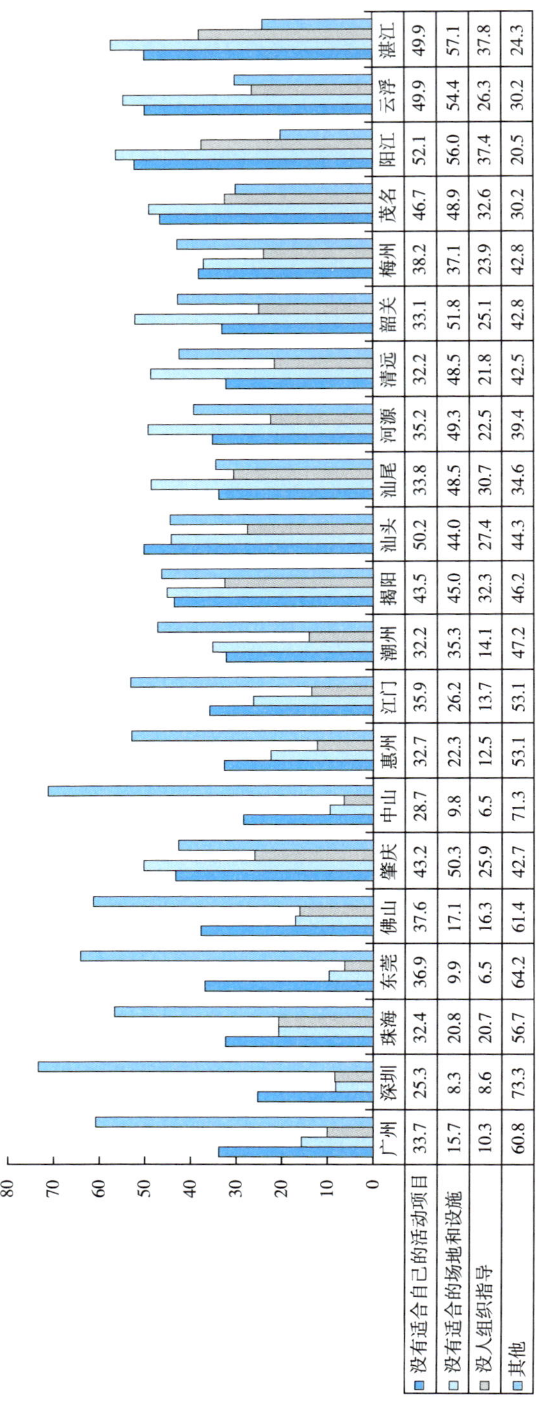

	广州	深圳	珠海	东莞	佛山	肇庆	中山	惠州	江门	潮州	揭阳	汕头	汕尾	河源	清远	韶关	梅州	茂名	阳江	云浮	湛江
没有适合自己的活动项目	33.7	25.3	32.4	36.9	37.6	43.2	28.7	32.7	35.9	32.2	43.5	50.2	33.8	35.2	32.2	33.1	38.2	46.7	52.1	49.9	49.9
没有适合的场地和设施	15.7	8.3	20.8	9.9	17.1	50.3	9.8	22.3	26.2	35.3	45.0	44.0	48.5	49.3	48.5	51.8	37.1	48.9	56.0	54.4	57.1
没人组织指导	10.3	8.6	20.7	6.5	16.3	25.9	6.5	12.5	13.7	14.1	32.3	27.4	30.7	22.5	21.8	25.1	23.9	32.6	37.4	26.3	37.8
其他	60.8	73.3	56.7	64.2	61.4	42.7	71.3	53.1	53.1	47.2	46.2	44.3	34.6	39.4	42.5	42.8	42.8	30.2	20.5	30.2	24.3

图5－42 各地市未参与文体活动原因比例分布

准的有 58670 人，占 22.8%；低于低收入标准或低保边缘标准（高于低保但低于当地低收入标准，一般为低保的 150%）的有 29253 人，占 11.3%；全省 820538 名农业户口残疾人中，年人均纯收入低于国家贫困标准（2300 元/年）的有 173861 人，占 21.2%；年人均纯收入低于省级贫困标准（3480 元/年）的有 230115 人，占 28.0%；

在 173861 名贫困农村残疾人口中，属于国家建档立卡贫困户的有 16438 人，占 9.5%；不属于国家建档立卡贫困户的有 157422 人，占 90.5%。

全省 257886 名非农业户口残疾人中，拥有自有产权住房的残疾人口有 174696 人，占 67.7%；享受住房保障政策（廉租房或公租房等）的有 20365 人，占 7.9%；无房的有 62825 人，占 24.4%。

全省 820538 名农业户口残疾人中，农村家庭自有住房且房子状况良好的有 599722 人，占 73.1%；自有住房，已鉴定属危房的有 16228 人，占 2.0%；自有住房，属危房未鉴定的有 146381 人，占 17.8%；无房的有 58207 人，占 7.1%；。

二　教育

广东省 15 周岁以上 1038322 名残疾人中，识字残疾人 724113 人，占 69.7%；不识字残疾人 314209 人，占 30.3%。

广东省 1038322 名 15 周岁以上残疾人口中，从未上过学的残疾人口仍有很大比重，有 265511 人，占 25.6%；小学教育程度的残疾人口百分比最高，404439 人，占 39%，其次是初中教育程度的残疾人口，268705 人，占 25.9%；能够进入高中（包括中专）教育的残疾人口百分比相较接受过义务教育阶段的小学和初中教育的残疾人口百分比有一个比较大的下降，有 79737 人，占 7.7%；能够进入高等教育阶段的残疾人口，尤其是大学本科及以上的残疾人口比例更小，有 5596 人，占 0.5%。

在广东省普通教育机构就读的残疾儿童/学生有 30326 人，就读儿童或学生主要集中在小学阶段，有 16049 人，占 52.9%；其次是学前阶段，有 6015 人，占 19.8%；初中阶段有 4905 人，占 16.2%；高中阶段有 2193 人，占 7.2%；大学专科有 816 人，占 2.7%；大学本科及以上有 348 人，占 1.1%。

在广东省特殊教育机构就读的残疾儿童/学生有10788人，就读儿童或学生主要集中在小学阶段，有5209人，占48.3%；其次是学前阶段（包括民办机构未通过教育部分认证的），有3596人，占33.3%；初中阶段有1306人，占12.1%；高中阶段有550人，占5.1%；大学专科有84人，占0.8%；大学本科及以上有43人，占0.4%。

在广东省内15367名6~14周岁未入学残疾儿童中，有就读特殊教育学校需求的为大多数，有8075人，占52.5%；其次是希望能够送教上门，有3968人，占25.8%；有进入普通学校随班就读（残疾学生在普通学校中与健全学生同一个班级一起学习的教育方式）需求的有2451人，占15.9%。另外，还有873人希望在普通学校能附设特教班（在普通学校设立针对残疾人教育的特设班级，如盲班、聋人班、智残班等），占5.7%。

三　就业扶贫

广东省内截至调查结束，16~59周岁的667263名残疾人口中，实现就业残疾人216821人，占32.5%；未就业残疾人450443人，占67.5%。

在广东省内已经就业的55104名非农业户口残疾人中，属于集中就业的残疾人有2813人，占5.1%；按比例就业的有20118人，占36.5%；个体就业的有8559人，占15.5%；其他形式就业（不属于以上三种形式就业的，包括公益性就业，比如残疾人专职委员）的有23614人，占42.9%。

在广东省内已经就业的161717名农业户口残疾人中，进城务工的有31775人，占19.7%；从事种植养殖业的有50948人，占31.5%；属于个体就业的有22026人，占13.6%；村办或乡镇办企业就业的有5587人，占3.5%；其他形式就业的占31.8%。

此次调查中全省未就业的450443名残疾人中，主要生活来源还是以依靠家庭成员供养为主，有268812人，占59.7%；收入来源依靠社会救助与社会福利，为低保金、五保金，以及各类残疾人补贴津贴的残疾人有121209人，占26.9%；以退休金或养老金作为未就业的主要生活来源的有19723人，占4.4%；以存款收益、股息或红利、租金等财产性收入为主要生活来源的残疾人口有 3038 人，占 0.7%；其他有 37661 人，占 8.4%。

在全省未就业残疾人中，因在校学习而未就业的有 9357 人，占 2.1%；已经退休的残疾人口有 19501 人，占 4.3%；因丧失劳动能力而未就业的残疾人口过半，有 234451 人，占 52.0%；无就业意愿的有 17677 人，占 3.9%；无就业技能的有 83617 人，占 18.6%；因农用土地被征用而未就业的人数很少，有 1565 人，占 0.3%；其他不能归为上述原因而导致未就业的有 84275 人，占 18.7%。

16～59 周岁的 657907 名残疾人口中，有 172529 名残疾人无就业扶贫需要，其余 73.8% 的残疾人有就业扶贫需要，其中其他帮扶需求（包括职业指导、能力评估、结对帮扶等其他各种调查中未列出的实际需求）最多，有 373884 人，占有需求人数的 56.8%；职业技能培训需求人数为 99522 人，占 15.1%；其后依次分别是资金信贷扶持需求（90000 人，占 13.7%）与职业介绍需求（82266 人，占 12.5%），以及农村实用技术培训需求（77132 人，占 11.7%）和零就业家庭就业帮扶需求（30234 人，占 4.6%）。

四 社会保障

广东省 16 周岁以上的 1022543 名残疾人中，已经参加养老保险的有 130464 人，占 12.8%；参加了医疗保险的有 123555 人，占 12.1%；参加其他保险（包括失业保险、工伤保险和生育保险）的有 42814 人，占 4.2%；未参加任何职工社会保险的有 886816 人，占 86.7%。

调查中的广东省 16 周岁以上共 1022432 名残疾人中，参加城乡居民养老保险的有 623610 人，占 61%；没有参加的有 398822 人，占 39%。在参加城乡居民养老保险的 623610 名残疾人中，享受居民养老保险缴费补贴的有 213389 人，占 34.2%；还有 410221 人未获得此补贴，占 65.8%。全广东省 1090209 名残疾人中参加医疗保险的有 950890 人，占 87.2%；未参加医疗保险的有 139319 人，占 12.8%。在参加医疗保险的 950890 人中，享受医疗保险缴费补贴的有 691357 人，占 72.7%；不享受医疗保险补贴的有 259533 人，占 27.3%。

在全省调查涉及的1090209名残疾人中，一年来享受医疗救助的有743086人，占68.2%；享受重度残疾人护理补贴的有420572人，占38.6%；享受困难残疾人生活补贴的有394452人，占36.2%；享受国家最低生活保障的残疾人口有314777人，占28.9%；享受其他福利补贴（比如残疾人通信补贴、机动轮椅车燃油补贴、临时生活救助救济、节日慰问等）的有297660人，占27.3%；享受其他救助，包括教育、住房、就业等临时性救助的有49868人，占4.6%；特困人员供养的有19895人，占1.8%。另外，还有173614人没有享受任何社会救助及福利补贴，占15.9%。

广东省313463名16至59周岁智力、精神和重度肢体残疾人中，托养服务的供给侧缺口很大。享受托养服务的有13324人，占4.3%；没有托养服务的有300139人，占95.7%。

在调查中的300139名智力、精神与重度肢体残疾人口中，有居家托养服务需求的残疾人最多，有126156人，占42.0%；没有需求的有117769人，占39.2%；有日间照料需求的有32521人，占10.8%；有机构寄宿托养服务需求的比重最少，有23693人，占7.9%。

五 康复

在调查涉及的广东省1090209名残疾人中，一年来未获得过康复服务的残疾人数量占多数，有854852人，占78.4%；获得过康复医疗服务的有146953人，占13.5%；获得过功能训练康复服务的有55238人，占5.1%；获得过辅助器具服务的有77231人，占7.1%。

康复需求方面，在调查涉及的广东省1090209名残疾人中，康复医疗的需求最多，有509868人，占46.8%；辅助器具的需求排在第二位，有392793人，占36.0%；有康复功能训练需求的残疾人有241654人，占22.2%；无康复需求的残疾人数量有293001人，占26.9%。

总体上，广东省残疾人康复医疗服务获得率为28.8%，功能训练服务获得率为22.9%，辅助器具服务获得率为19.7%。

六 无障碍建设

在调查所涉及的1078424名残疾人口中，近年来进行过家庭无障碍改造的有 30568 人，占 2.8%；没有进行过家庭无障碍改造的占绝大多数，有 1047856 人，占 97.2%。

对于家庭无障碍改造需求，在调查涉及的广东省 1090209 名残疾人口中，有家庭无障碍需求的残疾人共 740036 名，占 67.9%；无家庭无障碍改造需求的有 350173 名，占 32.1%。

在有家庭无障碍需求的残疾人中，选择“其他”需求的人数最多，有 422384 人，占 38.7%；其次是卫生间改造需求，有 299024 人，占 27.4%；厨房改造需求，有 166154 人，占 15.2%；家门口的坡化、扶手改造需求有 162728 人，占 14.9%；房门改造需求有 126119 人，占 11.6%；聋人用闪光门铃、可视门铃改造需求有 39668 人，占 3.6%；盲人用煤气泄漏报警发声装置需求有 38213 人，占 3.5%；盲人用上网读屏软件有 10049 人，占 0.9%。

七 文化体育

在调查涉及的 1069335 名残疾人中，一年来经常参加社区（村居）的文化体育活动的有 56297 人，占 5.3%；没有经常参加社区（村居）组织的文化体育活动的残疾人有 1013038 人，占 94.7%。

对于不能经常参加文化体育活动的可能原因，对 1013038 名残疾人的调查显示，原因为没有适合自己的活动项目的残疾人有 401280 人，占 39.6%；没有适合的场地和设施的有 397531 人，占 39.2%；没人组织指导的有 235050 人，占 23.2%；选择上述选项之外原因的有 445078，占 43.9%。

八 区域差异比较

珠三角地区作为广东省经济最发达地区，同样也承担着最大的残疾人事业发展担子。与粤东西北地区相比较，珠三角地区残疾人口数量最多，老龄化问题最为严重，各类型残疾人与重度残疾人数量均在广东省前列。珠三角地区城镇贫困残疾人口绝对数量最多，但从贫困百分比上看，珠三角地区贫困人口所占该地区残疾人口的比率反而最低。与粤东西北各地区比较，珠三角地区的农业贫困人口最少，相对来说自有住房数量最多，住房情况最好，享受住房保障的残疾人口最多。

珠三角地区受教育的残疾人口最多，教育层级分布与其他区域相比均具有优势。但是识字率最高的地区是粤北地区，珠三角地区排在第二位。粤北地区学前阶段进入普校就读的残疾人口最多，小学阶段在普校学习残疾人口最多的是粤西地区。初中及以上在普校就读的残疾人口数量则是珠三角地区领先。珠三角地区入读特殊学校的残疾人口数量最多，各学龄阶段残疾学生数量均高于粤东西北各地区。珠三角地区对送教上门的需求最高，而特殊学校教育需求最高的区域是粤西，普校随班就读于普校特教班需求数量最多的是粤东地区，珠三角地区这方面需求最少。

珠三角地区城镇就业率最高，农村就业情况则以粤北进城务工残疾人最多，粤西从事养殖业的残疾人最多，珠三角地区在企业就业，以及个体就业，其他形式就业的残疾人口最多。珠三角地区未就业的主要收入来源比较多元，依靠退休金或养老金或财产性收入生活的残疾人数量更多。与此同时，珠三角地区未就业残疾人口居首，残疾人就业形势依然严峻。与其他地区相比，珠三角地区在职业技能培训、职业介绍、其他帮扶上的需求更多；而粤北地区在农村实用技术培训方面的需求更大；粤西地区是资金信贷需求量最大，同时零就业家庭就业帮扶也比其他地区的需求量大。

整体上，珠三角地区参加各类社会保险的残疾人口数量最多，残疾人口获得的社会救助与福利也比其他地区多。珠三角地区在残疾人托养、康复服务、家庭无障碍建设方面做得更好。珠三角地区在机构托养上的需求比其他地区多，而粤东地区有居家托养需求与日间照料需求的残疾人数量最多。珠三角地区虽然康复服务获得率更高，但康复需求比其他地区多。

珠三角地区残疾人在文体活动参与上有极大的优势。未能经常参与社区文体活动的原因，珠三角地区选择没有适合自己的活动项目的居多，而粤东西北地区选择没有合适的场地与设施、没人组织指导这两个原因的残疾人数量均多于珠三角地区。可见，与珠三角地区相比，粤东西北地区更加缺乏残疾人参与文体活动的硬件资源与人力资源。而珠三角地区则是相对缺少促进残疾人更频繁参与文体活动的好点子、好项目、好服务。

第六章 残疾人社区（村居）服务状况

第一节 社区综合服务中心无障碍设施建设情况

调查涉及的广东省21个地市共26240个社区（村居）中，有综合服务中心的社区共计9919个，占37.8%；没有综合服务中心的社区有16321个，占62.2%。在已经开办综合服务中心的9919个社区中，各地市综合服务中心数量分布如图6－1所示。其中，广州市社区综合服务中心绝对数量最多，有1037个，占10.5%；其次是江门和梅州，分别为982个（占9.9%）和939个（占9.5%）。

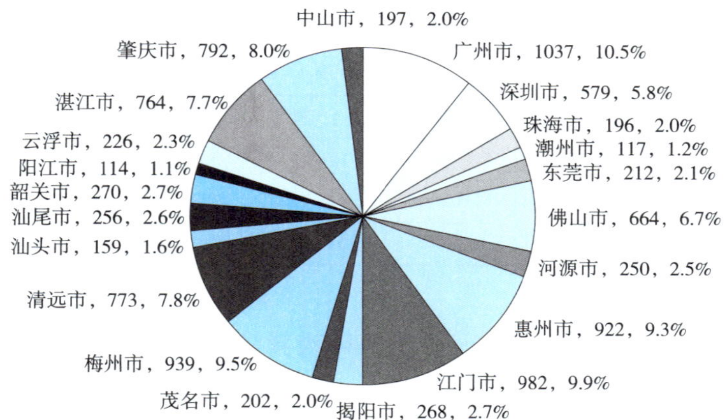

图6－1 各地市社区综合服务中心数量分布

从各地市社区综合服务中心拥有率来看（见图6－2），佛山区域内社区综合服务中心拥有率最高，达到87.1%；其次是深圳（82.8%）和江门（73.8%）。社区综合服务中心拥有率最低的是茂名（10.6%），其次是潮州（11.3%）和阳江（13.4%）。

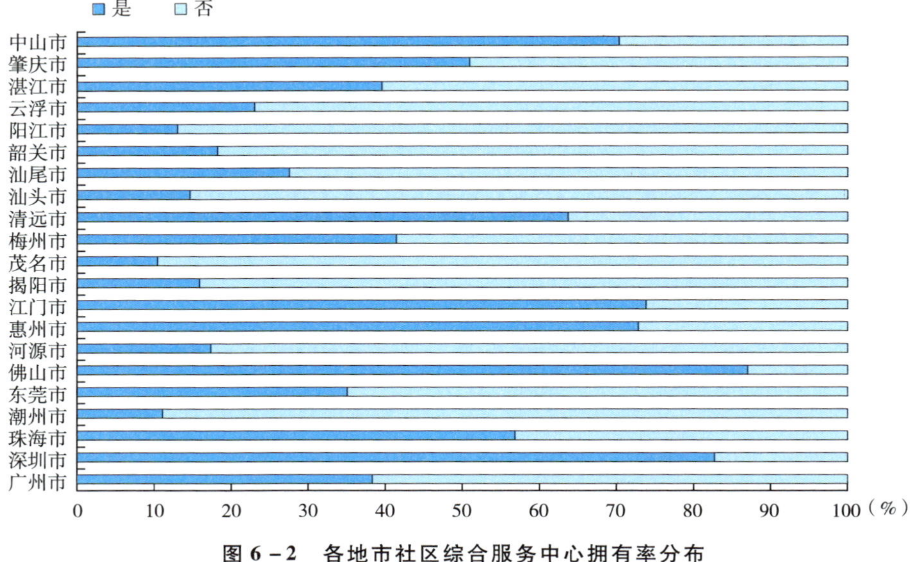

图 6－2 各地市社区综合服务中心拥有率分布

从地域分布情况看（见表 6－1），珠三角地区社区综合服务中心的设置数量比粤东西北地区具有明显优势，粤东地区社区综合服务中心数量最少。

表 6－1 社区综合服务中心地域分布情况

	珠三角	粤东	粤北	粤西	总计
是	5581	800	2232	1306	9919
否	3937	3897	4139	4348	16321
总　计	9518	4697	6371	5654	26240

一　综合服务中心出入口无障碍设置情况

在全省 9919 个社区综合服务中心中，中心出入口平整或有坡道的有 6979 个，占 70.4%；不平整或无坡道的为 2940 个，占 29.6%。

各个地市综合服务中心出入口无障碍情况如表 6－2 至表 6－5 所示，广州市综合服务中心出入口平整或有坡道的有 811 个，数量最多。其次是湛江和惠州，分别有 682 个和 668 个，排在第二、三位。从中心出入口无障碍设施在各地市的分布比例来看（见图 6－3），湛江综合服务中心出入口无障碍化的比例最高，占 89.3%；其次是东莞（82.5%）和阳江（81.6%）。从地域分布上看，珠三角在社区综合服务中心出入口无障碍建设方面处于领先地位（见表 6－6）。

表 6－2　珠三角地区社区综合服务中心出入口无障碍设置与否分布

	广州市	深圳市	珠海市	东莞市	佛山市	肇庆市	中山市	惠州市	江门市
是	811	408	144	175	447	570	143	668	571
否	226	171	52	37	217	222	54	254	411
总计	1037	579	196	212	664	792	197	922	982

表 6－3　粤东地区社区综合服务中心出入口无障碍设置与否分布

	潮州市	揭阳市	汕头市	汕尾市
是	73	173	124	124
否	44	95	35	132
总　计	117	268	159	256

表 6－4　粤北地区社区综合服务中心出入口无障碍设置与否分布

	河源市	清远市	韶关市	梅州市
是	173	544	166	628
否	113	229	104	311
总　计	250	773	270	939

表 6－5　粤西地区社区综合服务中心出入口无障碍设置与否分布

	茂名市	阳江市	云浮市	湛江市
是	136	93	162	682
否	66	21	64	82
总　计	202	114	226	764

表 6－6　社区综合服务中心出入口无障碍设置数量区域分布

	珠三角	粤东	粤北	粤西	总计
是	3937	494	1475	1073	6979
否	1644	306	757	233	2940
总　计	5581	800	2232	1306	9919

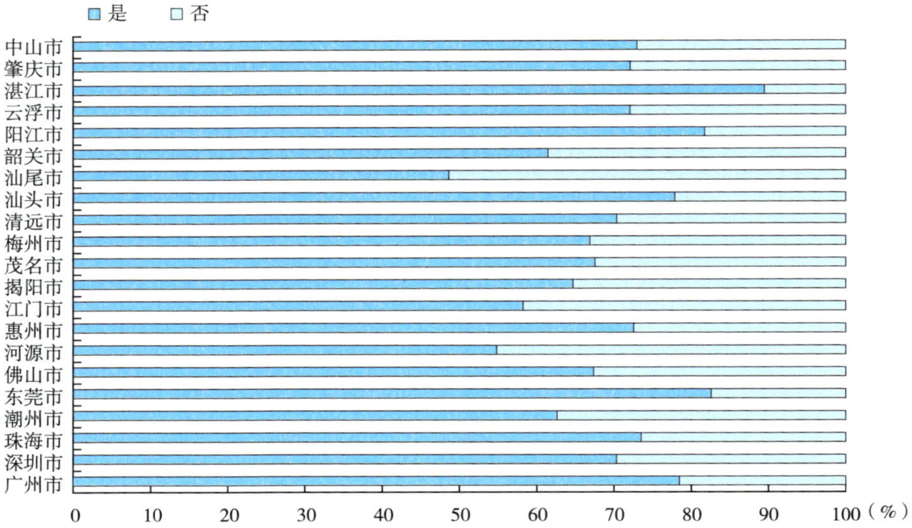

图 6－3 各地市社区综合服务中心出入口无障碍设施分布比例

二 综合服务中心低位柜台设置情况

在全省 9919 个社区综合服务中心中，设有低位柜台的有 3785 个，占 38.2%；未设的为 6134 个，占 61.8%。

各个地市综合服务中心低位柜台设置情况如表 6－7 至表 6－10 所示，广州市综合服务中心设置低位柜台的数量最多，有 610 个。其次是江门和佛山，分别有 584 个和 438 个，排在第二、三位。从中心低位柜台无障碍设施在各地市的分布来看（见图 6－4），佛山综合服务中心低位柜台设置的百分比最高，占 66.0%；其次是江门（59.5%）和广州（58.8%）。从地域分布上看（见表 6－11），珠三角在低位柜台建设方面处于领先地位。

表 6－7 珠三角地区社区综合服务中心低位柜台设置与否分布

	广州市	深圳市	珠海市	东莞市	佛山市	肇庆市	中山市	惠州市	江门市
是	610	300	108	93	438	341	102	253	584
否	427	279	88	119	226	451	95	669	398
总计	1037	579	196	212	664	792	197	922	982

表 6－8　粤东地区社区综合服务中心低位柜台设置与否分布

	潮州市	揭阳市	汕头市	汕尾市
是	26	80	73	33
否	91	188	86	223
总　计	117	268	159	256

表 6－9　粤北地区社区综合服务中心低位柜台设置与否分布

	河源市	清远市	韶关市	梅州市
是	39	271	69	152
否	211	502	201	787
总　计	250	773	270	939

表 6－10　粤西地区社区综合服务中心低位柜台设置与否分布

	茂名市	阳江市	云浮市	湛江市
是	39	25	54	95
否	163	89	172	669
总　计	202	114	226	764

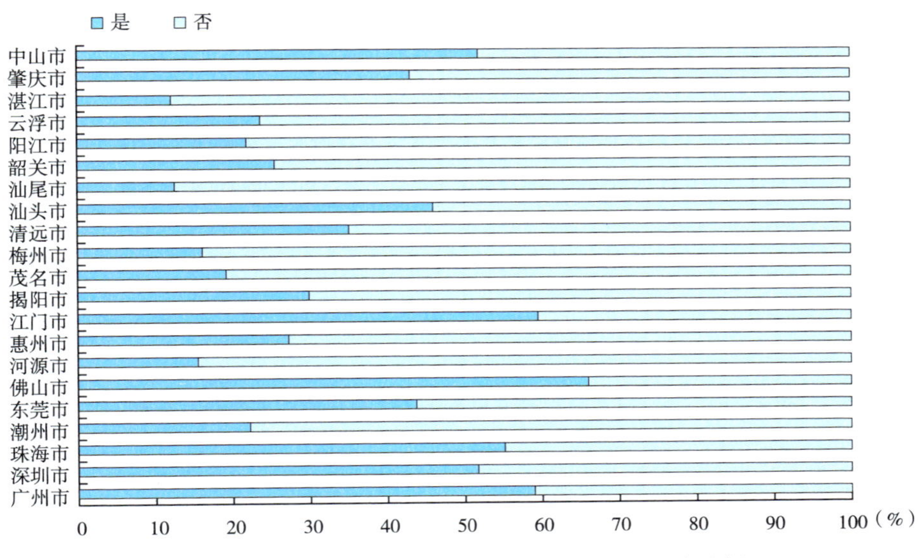

图 6－4　各地市社区综合服务中心低位柜台分布比例

表 6-11 社区综合服务中心低位柜台设置区域数量分布

	珠三角	粤东	粤北	粤西	总计
是	2829	212	531	213	3785
否	2752	588	1701	1093	6134
总计	5581	800	2232	1306	9919

三 综合服务中心无障碍厕所或厕位设置情况

在全省 9919 个有综合服务中心的社区中，设有无障碍厕所或厕位的有 1688 个，占 17.0%；没有无障碍厕所或厕位的居多，为 8231 个，占 83.0%。

各个地市综合服务中心无障碍厕所或厕位设置情况如表 6-12 至表 6-15 所示，广州市综合服务中心设置无障碍厕所或厕位数量最多，有 433 个。其次是深圳和惠州，分别有 186 个和 144 个，排在第二、三位。从中心厕所无障碍设施在各地市的分布比例来看（见图 6-5），广州综合服务中心厕所无障碍设置的比例最高，占 41.8%；其次是东莞（36.3%）和深圳（32.1%）。从地域分布上看（见表 6-16），珠三角在社区综合服务中心厕所无障碍建设方面也是优于粤东西北各区域。

表 6-12 珠三角地区社区综合服务中心无障碍厕所设置与否分布

	广州市	深圳市	珠海市	东莞市	佛山市	肇庆市	中山市	惠州市	江门市
是	433	186	61	77	139	61	41	144	76
否	604	393	135	135	525	731	156	778	906
总计	1037	579	196	212	664	792	197	922	982

表 6-13 粤东地区社区综合服务中心无障碍厕所设置与否分布

	潮州市	揭阳市	汕头市	汕尾市
是	16	42	33	30
否	101	226	126	226
总计	117	268	159	256

表 6－14 粤北地区社区综合服务中心无障碍厕所设置与否分布

	河源市	清远市	韶关市	梅州市
是	27	76	17	122
否	223	697	253	817
总 计	250	773	270	939

表 6－15 粤西地区社区综合服务中心无障碍厕所设置与否分布

	茂名市	阳江市	云浮市	湛江市
是	29	10	17	51
否	173	104	209	713
总 计	202	114	226	764

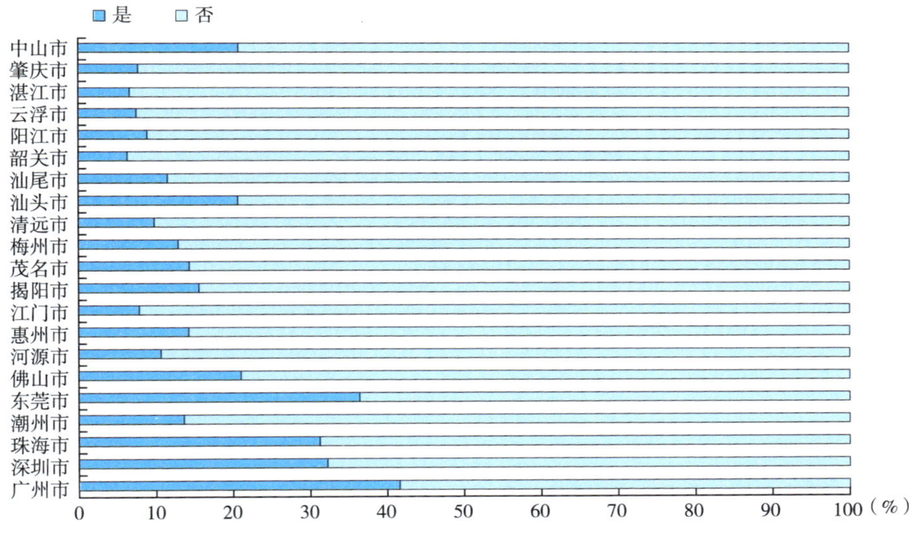

图 6－5 各地市社区综合服务中心无障碍厕所比例分布

表 6－16 社区综合服务中心无障碍厕所设置数量区域分布

	珠三角	粤东	粤北	粤西	总计
是	1218	121	242	107	1688
否	4363	679	1990	1199	8231
总 计	5581	800	2232	1306	9919

第二节 社区医疗场所无障碍设施建设情况

调查涉及的广东省21个地市共26240个社区（村居）中，有医院或卫生室的社区共计20236个，占77.1%；没有医院或卫生室的社区有6004个，占22.9%。在已有医疗机构的20236个社区中，各地市社区医疗机构的数量分布如下图所示。其中，广州社区医疗机构的绝对数量最多，有1715个，占8.5%；其次是梅州，有1707个，占8.4%；湛江与茂名并列第三，分别有1643个（占8.1%）和1644个（占8.1%）。

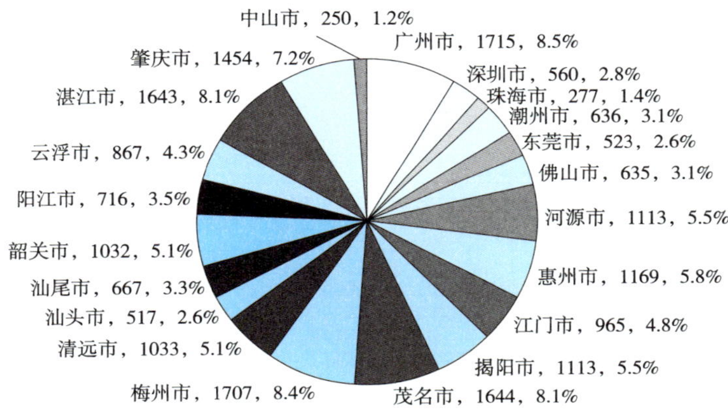

图6－6 各地市社区医疗机构数量分布

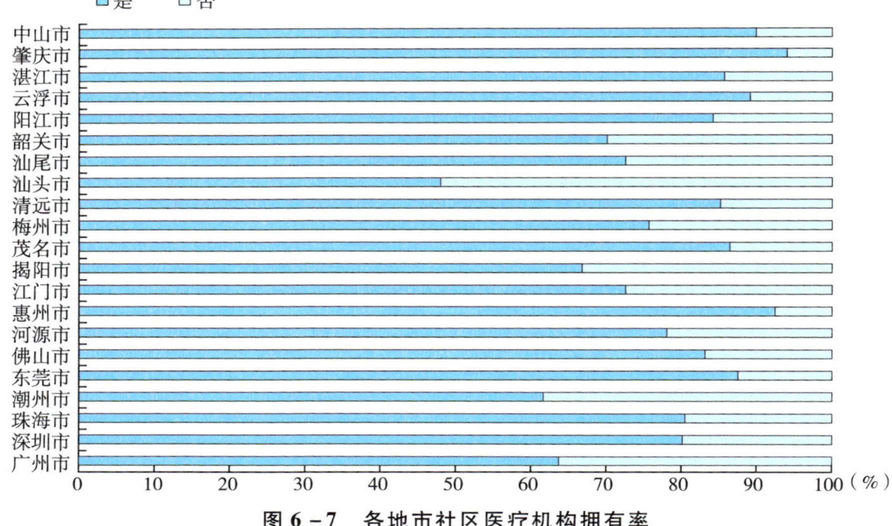

图6－7 各地市社区医疗机构拥有率

从各地市社区医疗机构拥有率来看（见图6－7），肇庆区域内医疗机构拥有率最高，达到93.8%；其次是惠州（92.6%）和中山（89.6%）。社区医疗机构拥有率最低的是汕头（47.9%），其次是潮州（61.6%）和广州（63.8%）。

从地域分布上看（见表6－17），珠三角社区医疗机构设置数量最多，粤东地区社区医疗机构设置数量最少，粤北与粤西地区差别不大。

表6－17　社区医疗机构数量区域分布情况

	珠三角	粤东	粤北	粤西	总计
是	7548	2933	4885	4870	20236
否	1970	1764	1486	784	6004
总　计	9518	4697	6371	5654	26240

一　医院出入口无障碍设置情况

在全省20236个有医疗机构的社区中，医院出入口平整或有坡道的有13892个，占68.6%；出入口不平整或无坡道的相对较少，为6344个，占31.4%。

各个地市社区医疗机构出入口无障碍设置情况如表6－18至表6－21所示，广州市社区医疗机构设置出入口无障碍数量最多，有1404个。其次是湛江和茂名，分别有1255个和1121个，排在第二、三位。从医疗机构出入口无障碍设施在各地市的分布比例来看（见图6－8），佛山社区医疗机构出入口无障碍设置的比例最高，占83.5%；其次是珠海（83.0%）和广州（81.9%）。从地域分布上看（见表6－22），珠三角在社区医疗机构出入口无障碍建设方面处于领先地位，粤东地区则在数量上居于末位。

表6－18　珠三角地区社区医院出入口无障碍设置与否分布

	广州市	深圳市	珠海市	东莞市	佛山市	肇庆市	中山市	惠州市	江门市
是	1404	454	230	419	530	1095	187	820	626
否	311	106	47	104	105	359	63	349	339
总计	1715	560	277	523	635	1454	250	1169	965

表 6－19　粤东地区社区医院出入口无障碍设置与否分布

	潮州市	揭阳市	汕头市	汕尾市
是	334	548	306	388
否	302	565	211	279
总　计	636	1113	517	667

表 6－20　粤北地区社区医院出入口无障碍设置与否分布

	河源市	清远市	韶关市	梅州市
是	593	723	668	1077
否	520	310	364	630
总　计	1113	1033	1032	1707

表 6－21　粤西地区社区医院出入口无障碍设置与否分布

	茂名市	阳江市	云浮市	湛江市
是	1121	501	613	1255
否	523	215	254	388
总　计	1644	716	867	1643

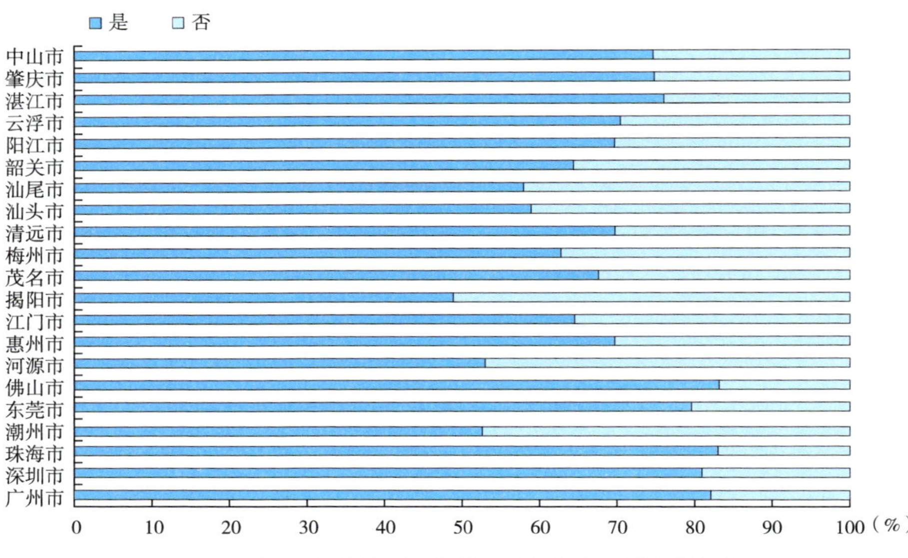

图 6－8　各地市社区医院出入口无障碍设置比例分布

表 6－22　社区医院出入口无障碍设置数量区域分布

	珠三角	粤东	粤北	粤西	总计
是	5765	1576	3061	3490	13892
否	1783	1357	1824	1380	6344
总　计	7548	2933	4885	4870	20236

二　医院低位柜台设置情况

在全省 20236 个有医疗机构的社区中，医院有低位柜台的有 5891 个，占 29.1%；无低位柜台的为 14345 个，占 70.9%。

各个地市社区医疗机构低位柜台设置情况如表 6－23 至表 6－26 所示，广州市社区医疗机构设置低位柜台的数量最多，有 793 个。其次是肇庆和江门，分别有 519 个和 451 个，排在第二、三位。从医疗机构设置低位柜台在各地市的分布比例来看（见图 6－9），佛山社区医疗机构有低位柜台设置的比例最高，占 55.4%；其次是珠海（50.5%）和江门（46.7%）。从地域分布上看（见表 6－27），珠三角同样在社区医疗机构低位柜台建设方面更具优势。

表 6－23　珠三角地区社区医院低位柜台设置与否分布

	广州市	深圳市	珠海市	东莞市	佛山市	肇庆市	中山市	惠州市	江门市
是	793	254	140	194	352	519	88	337	451
否	922	306	137	329	283	925	162	832	514
总计	1715	560	277	523	635	1454	250	1169	965

表 6－24　粤东地区社区医院低位柜台设置与否分布

	潮州市	揭阳市	汕头市	汕尾市
是	122	287	161	176
否	514	826	356	491
总　计	636	1113	517	667

表 6－25　粤北地区社区医院低位柜台设置与否分布

	河源市	清远市	韶关市	梅州市
是	183	290	239	357
否	930	743	793	1350
总　计	1113	1033	1032	1707

表 6－26　粤西地区社区医院低位柜台设置与否分布

	茂名市	阳江市	云浮市	湛江市
是	289	154	174	331
否	1355	562	693	1312
总　计	1644	716	867	1643

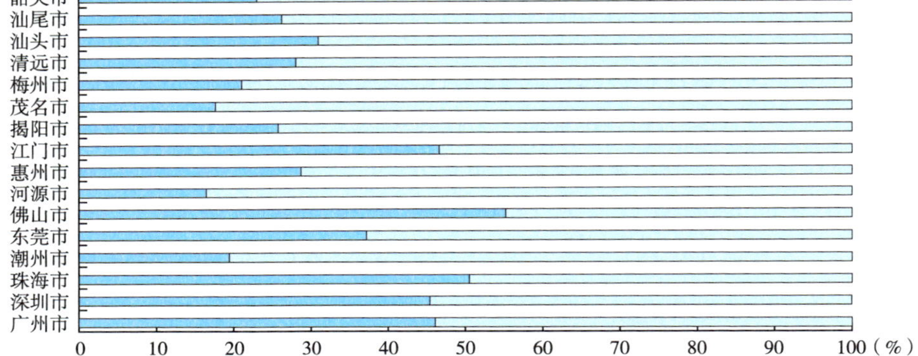

图 6－9　各地市社区医院低位柜台比例分布

表 6－27　社区医院低位柜台设置数量区域分布

	珠三角	粤东	粤北	粤西	总计
是	3128	746	1069	948	5891
否	4420	2187	3816	3922	14345
总　计	7548	2933	4885	4870	20236

三　医院无障碍厕所或者厕位设置情况

在全省 20236 个有医疗机构的社区中，医院有无障碍厕所或厕位的有 3550 个，占 17.5%；无障碍厕所或厕位的为 16686 个，占 82.5%。

各个地市社区医疗机构无障碍厕所或厕位设置情况如表 6－28 至表 6－31 所示，广州市社区医疗机构设置有无障碍厕所或厕位的数量最多，有 718 个。其次是深圳和佛山，分别有 280 个和 277 个，排在第二、三位。从医疗机构无障碍厕所或厕位设施在各地市的比例分布来看（见图 6－10），深圳社区医疗机构无障碍厕所或厕位设置的百分比最高，为 50.0%；其次是佛山（43.6%）和珠海（42.6%）。从地域分布上看（见表 6－32），珠三角在这方面的无障碍建设水平遥遥领先。

表 6－28　珠三角地区社区医院厕所无障碍设置与否分布

	广州市	深圳市	珠海市	东莞市	佛山市	肇庆市	中山市	惠州市	江门市
是	718	280	118	177	277	115	75	229	174
否	997	280	159	346	358	1339	175	940	791
总计	1715	560	277	523	635	1454	250	1169	965

表 6－29　粤东地区社区医院厕所无障碍设置与否分布

	潮州市	揭阳市	汕头市	汕尾市
是	46	141	136	69
否	590	972	381	598
总　计	636	1113	517	667

表 6－30　粤北地区社区医院厕所无障碍设置与否分布

	河源市	清远市	韶关市	梅州市
是	88	133	97	234
否	1025	900	935	1473
总　计	1113	1033	1032	1707

表 6－31　粤西地区社区医院厕所无障碍设置与否分布

	茂名市	阳江市	云浮市	湛江市
是	140	65	69	169
否	1504	651	798	1474
总　计	1644	716	867	1643

表 6－32　社区医院厕所无障碍设置与否区域分布

	珠三角	粤东	粤北	粤西	总计
是	2163	392	552	443	3550
否	5385	2541	4333	4427	16686
总　计	7548	2933	4885	4870	20236

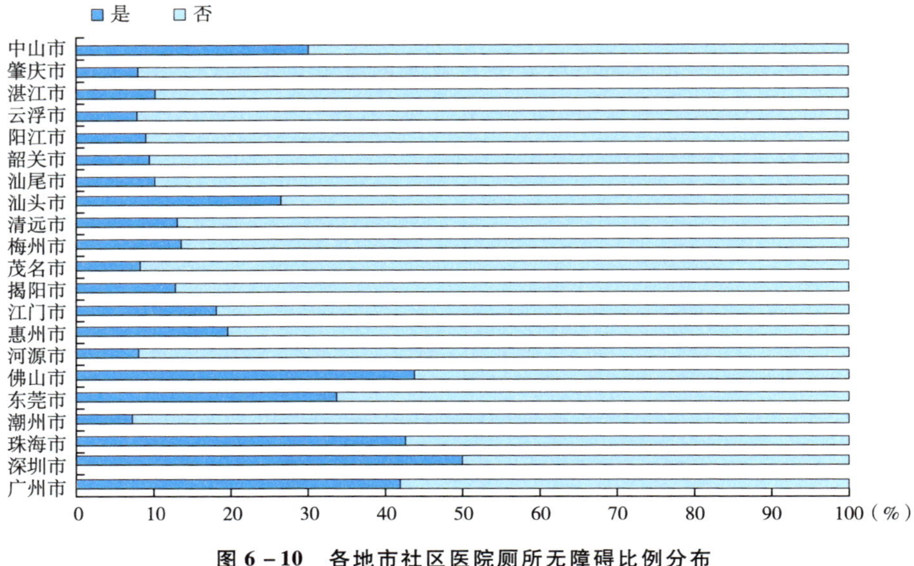

图 6－10　各地市社区医院厕所无障碍比例分布

第三节　社区教育场所无障碍设施建设情况

调查涉及的广东省 21 个地市共 26240 个社区（村居）中，社区中有学校和幼儿园的社区共计 19429 个，占 74.0%；没有学校与幼儿园的社区有 6811 个，占 26.0%。在已有学校和幼儿园的 19429 个社区中，各地

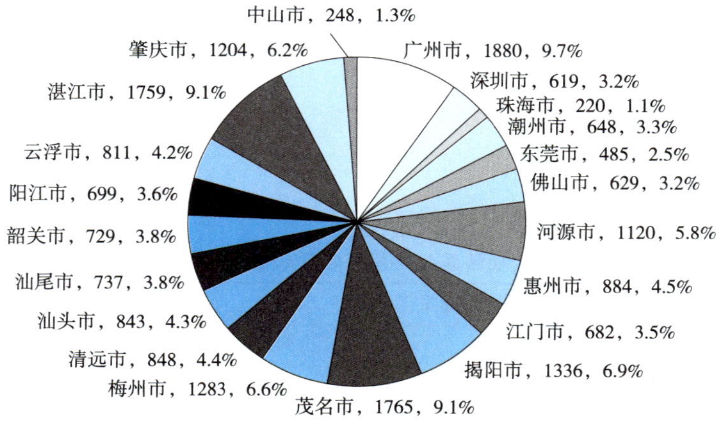

图 6－11　各地市社区教育机构数量分布

市学校与幼儿园数量分布如图 6 - 11 所示。其中，广州市社区学校或幼儿园绝对数量最多，有 1880 个，占 9.7%，其次是茂名和湛江，分别有 1765 个（占 9.1%）和 1759 个（占 9.1%）。

从各地市社区教育机构拥有率来看（见图 6 - 12），茂名区域内教育机构拥有率最高，达到 92.6%；其次是湛江（91.5%）和中山（88.9%）。社区教育机构拥有率最低的是韶关（49.3%），其次是江门（51.2%）和梅州（56.9%）。

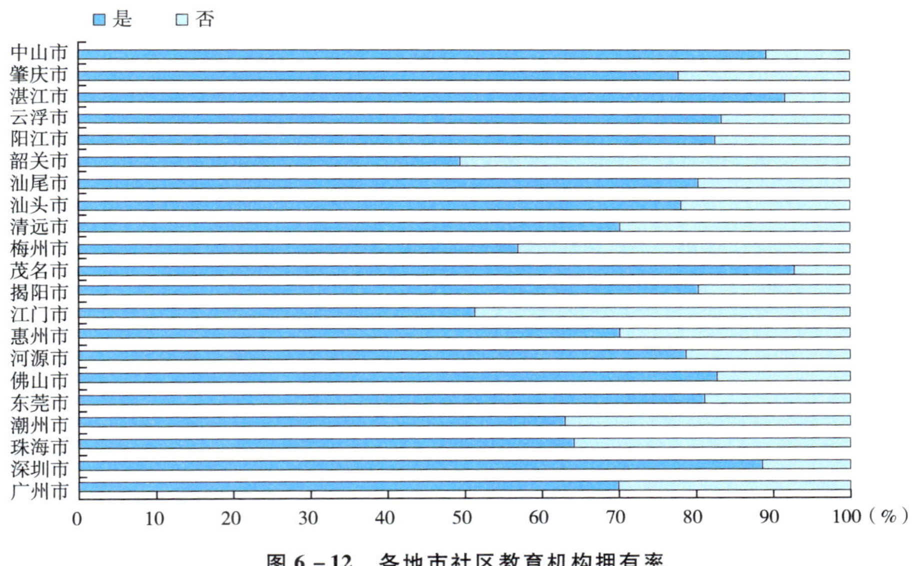

图 6 - 12　各地市社区教育机构拥有率

从地域分布情况看（见表 6 - 33），珠三角地区的教育机构最多，其次是粤西地区，粤东与粤北地区相差不多，但粤东地区教育机构数量最少。

表 6 - 33　社区教育机构设置与否区域分布

	珠三角	粤东	粤北	粤西	总计
是	6851	3564	3980	5034	19429
否	2667	1133	2391	620	6811
总　计	9518	4697	6371	5654	26240

一　学校（教学楼）出入口无障碍设置情况

在全省 19429 个有教育机构的社区中，教学楼出入口设无障碍设施的有 14422 个，占 74.2%；教学楼出入口未设无障碍设施的社区为 5007 个，占 25.8%。

各个地市社区教育机构出入口无障碍设置情况如表 6-34 至表 6-37 所示，广州市社区教育机构出入口无障碍设置数量最多，有 1604 个。其次是湛江和茂名，分别有 1350 个和 1278 个，排在第二、三位。从教育机构出入口无障碍设置在各地市的分布比例来看（见图 6-13），广州社区教育机构出入口无障碍设置的比例最高，占 85.3%；其次是深圳（83.0%）和珠海（82.3%）。从地域分布情况看（见表 6-38），珠三角地区整体上学校出入口无障碍建设做得最好。

表 6-34 珠三角地区学校（教学楼）出入口无障碍设置与否分布

	广州市	深圳市	珠海市	东莞市	佛山市	肇庆市	中山市	惠州市	江门市
是	1604	514	181	394	499	983	203	647	521
否	276	105	39	91	130	221	45	237	161
总计	1880	619	220	485	629	1204	248	884	682

表 6-35 粤东地区学校（教学楼）出入口无障碍设置与否分布

	潮州市	揭阳市	汕头市	汕尾市
是	422	833	587	518
否	226	503	256	219
总　计	648	1336	843	737

表 6-36 粤北地区学校（教学楼）出入口无障碍设置与否分布

	河源市	清远市	韶关市	梅州市
是	702	624	500	927
否	418	224	229	356
总　计	1120	848	729	1283

表 6-37 粤西地区学校（教学楼）出入口无障碍设置与否分布

	茂名市	阳江市	云浮市	湛江市
是	1278	536	599	1350
否	487	163	212	409
总　计	1765	699	811	1759

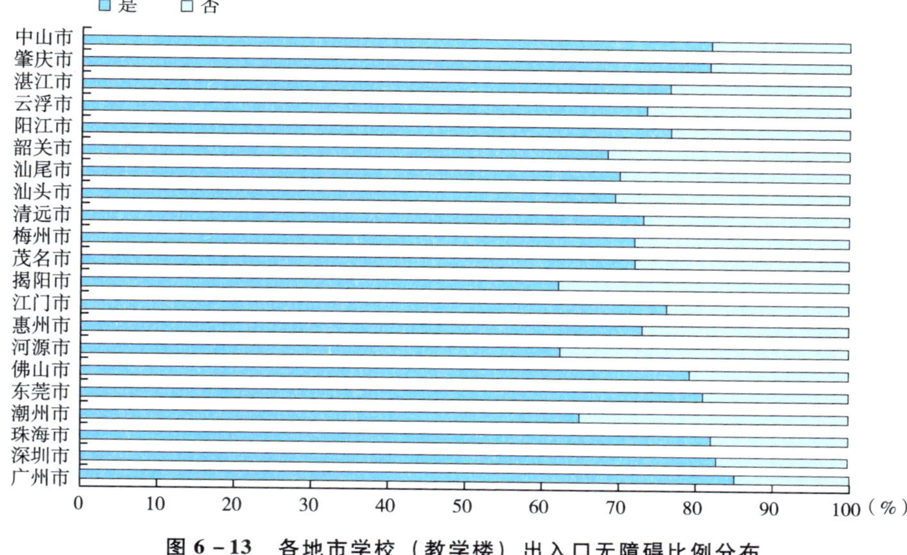

图 6－13　各地市学校（教学楼）出入口无障碍比例分布

表 6－38　学校（教学楼）出入口无障碍设置与否区域分布

	珠三角	粤东	粤北	粤西	总计
是	5546	2360	2753	3763	14422
否	1305	1204	1227	1271	5007
总　计	6851	3564	3980	5034	19429

二　学校（教学楼）双侧扶手设置情况

在全省 19429 个有教育机构的社区中，教学楼有双侧扶手的有 8646 个，占 44.5%；教学楼没有双侧扶手的社区为 10783 个，占 55.5%。

各个地市社区教育机构教学楼双侧扶手设置情况如表 6－39 至表 6－42 所示，广州市社区教育机构教学楼双侧扶手设置数量最多，有 1258 个。其次是湛江和揭阳，分别有 596 个和 577 个，排在第二、三位。从教育机构教学楼双侧扶手设置在各地市的分布比例来看（见图 6－14），珠海比例最高，占 69.1%；其次是广州（66.9%）和深圳（62.0%）。从地域分布情况看（见表 6－43），珠三角地区整体上学校双侧扶手无障碍建设做得最好。

表 6－39 珠三角地区学校（教学楼）双侧扶手设置与否分布

	广州市	深圳市	珠海市	东莞市	佛山市	肇庆市	中山市	惠州市	江门市
是	1258	384	152	257	340	420	140	415	339
否	622	235	68	228	289	784	108	469	343
总计	1880	619	220	485	629	1204	248	884	682

表 6－40 粤东地区学校（教学楼）双侧扶手设置与否分布

	潮州市	揭阳市	汕头市	汕尾市
是	270	577	444	374
否	378	759	399	363
总　计	648	1336	843	737

表 6－41 粤北地区学校（教学楼）双侧扶手设置与否分布

	河源市	清远市	韶关市	梅州市
是	491	402	275	601
否	629	446	454	682
总　计	1120	848	729	1283

表 6－42 粤西地区学校（教学楼）双侧扶手设置与否分布

	茂名市	阳江市	云浮市	湛江市
是	514	178	219	596
否	1251	521	592	1163
总　计	1765	699	811	1759

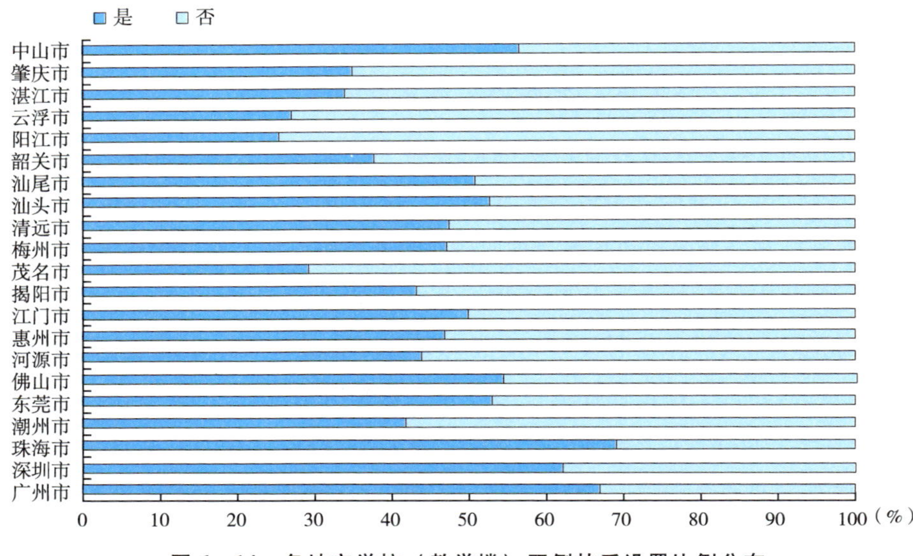

图 6－14 各地市学校（教学楼）双侧扶手设置比例分布

表 6－43 学校（教学楼）双侧扶手设置与否区域情况

	珠三角	粤东	粤北	粤西	总计
是	3705	1665	1769	1507	8646
否	3146	1899	2211	3527	10783
总 计	6851	3564	3980	5034	19429

三 学校无障碍厕所或厕位设置情况

在全省 19429 个有教育机构的社区中，设有无障碍厕所或厕位的有 3475 个，占 17.9%；没有无障碍厕所或厕位的为 15954 个，占 82.1%。

各个地市社区教育机构厕所无障碍设置情况如表 6－44 至表 6－47 所示，广州市社区教育机构厕所无障碍设置数量最多，有 699 个。其次是湛江和揭阳，分别有 260 个和 247 个，排在第二、三位。从教育机构厕所无障碍设置在各地市的分布比例来看（见图 6－15），广州社区教育机构厕所无障碍设置的百分比最高，为 37.2%；其次是珠海（30.9%）和深圳（30.2%）。从地域分布情况看（见表 6－48），珠三角地区整体上学校厕所无障碍建设做得最好。

表 6－44 珠三角地区学校厕所无障碍设置与否分布

	广州市	深圳市	珠海市	东莞市	佛山市	肇庆市	中山市	惠州市	江门市
是	699	187	68	119	179	110	57	179	128
否	1181	432	152	366	450	1094	191	705	554
总计	1880	619	220	485	629	1204	248	884	682

表 6－45 粤东地区学校厕所无障碍设置与否分布

	潮州市	揭阳市	汕头市	汕尾市
是	70	247	204	115
否	578	1089	639	622
总 计	648	1336	843	737

表 6－46 粤北地区学校厕所无障碍设置与否分布

	河源市	清远市	韶关市	梅州市
是	100	110	96	212
否	1020	738	633	1071
总　计	1120	848	729	1283

表 6－47 粤西地区学校厕所无障碍设置与否分布

	茂名市	阳江市	云浮市	湛江市
是	189	69	77	260
否	1576	630	734	1499
总　计	1765	699	811	1759

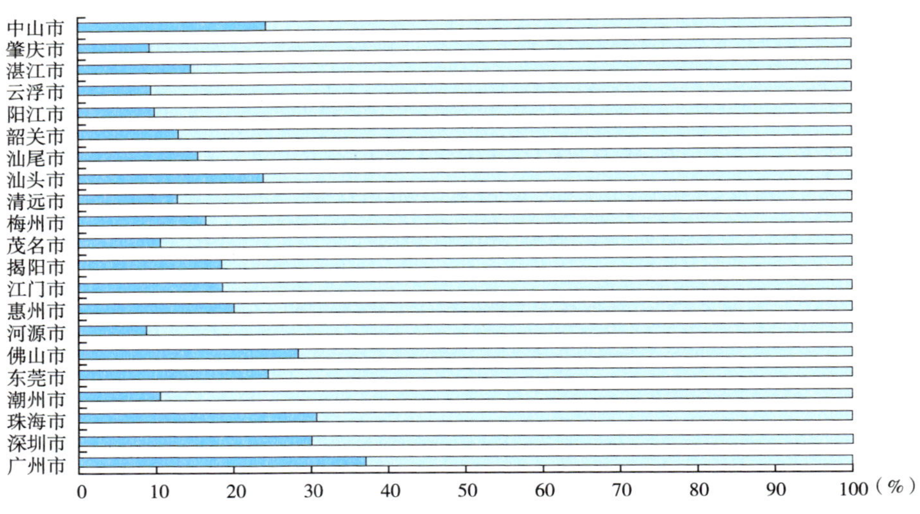

图 6－15 各地市学校厕所无障碍设置比例分布

表 6－48 学校厕所无障碍设置与否区域分布

	珠三角	粤东	粤北	粤西	总计
是	1726	636	518	595	3475
否	5125	2928	3462	4439	15954
总　计	6851	3564	3980	5034	19429

第四节　社区金融与商业服务场所无障碍设施建设情况

一　社区金融机构情况

调查涉及的广东省21个地市共26240个社区（村居）中，有银行网点或者信用社的社区共计8158个，占31.1%；没有银行网点或者信用社的社区有18082个，占68.9%。在已有银行网点或者信用社的8158个社区中，各地银行网点或者信用社数量分布如图6－16所示。其中，广州市社区银行网点或者信用社绝对数量最多，有1387个，占17.0%，其次是佛山和深圳，分别有602个（占7.4%）和560个（占6.9%）。

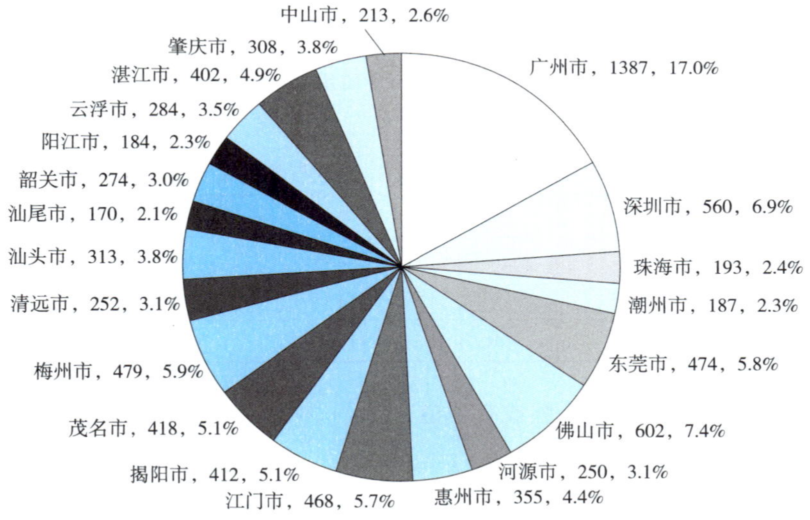

图6－16　各地市社区银行（信用社）数量分布

从各地市社区银行网点或者信用社拥有率来看（见图6－17），深圳区域内银行网点或者信用社拥有率最高，达到80.1%；其次是东莞（79.0%）和佛山（79.0%），并列第二；随后是中山（76.3%）。社区银行网点或者信用社拥有率最低的是韶关（16.7%），其次是河源（17.5%）和潮州（18.1%）。从地域分布情况看（见表6－49），珠三角地区整体上社区金融机构设置数量最多。

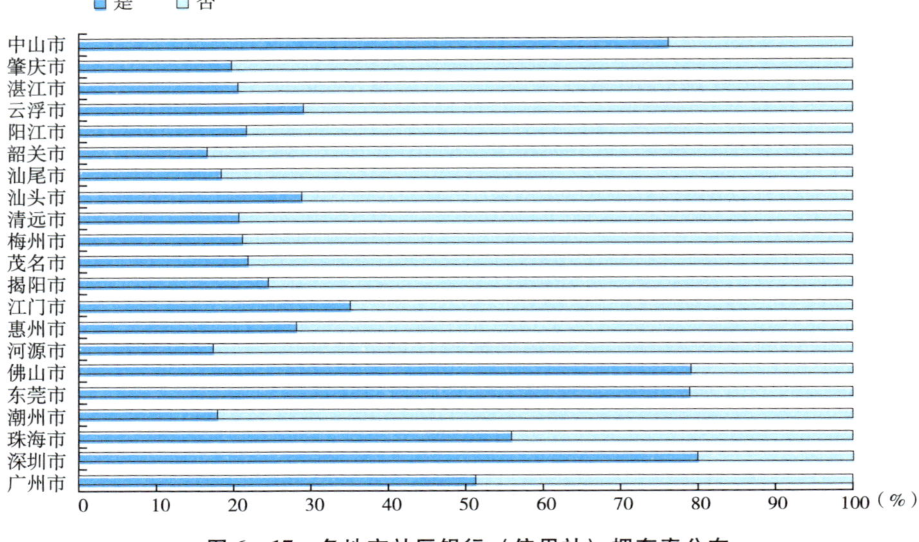

图 6－17 各地市社区银行（信用社）拥有率分布

表 6－49 社区银行（信用社）设置与否区域分布情况

	珠三角	粤东	粤北	粤西	总计
是	4560	1082	1228	1288	8158
否	4958	3615	5143	4366	18082
总　计	9518	4697	6371	5654	26240

（一）出入口是否平整或有坡道

在全省 8158 个有金融机构的社区中，出入口无障碍的有 5563 个，占 68.2%；未实现出入口无障碍的社区为 2595 个，占 31.8%。

各个地市社区金融机构出入口无障碍设置情况如表 6－50 至表 6－53 所示，广州市社区金融机构出入口无障碍设置数量最多，有 1125 个。其次是深圳和佛山，分别有 414 个和 401 个，排在第二、三位。从金融机构出入口无障碍设置在各地市的分布比例来看（见图 6－18），广州社区金融机构出入口无障碍设置的比例最高，占 81.1%；其次是珠海（75.1%）和深圳（73.9%）。从地域分布情况看（见表 6－54），珠三角地区的社区银行（信用社）出入口无障碍建设做得最好。

表 6－50　珠三角地区银行（信用社）出入口无障碍设置与否分布

	广州市	深圳市	珠海市	东莞市	佛山市	肇庆市	中山市	惠州市	江门市
是	1125	414	145	278	401	224	143	228	324
否	262	146	48	196	201	84	70	127	144
总计	1387	560	193	474	602	308	213	355	468

表 6－51　粤东地区银行（信用社）出入口无障碍设置与否分布

	潮州市	揭阳市	汕头市	汕尾市
是	95	216	202	94
否	92	196	111	76
总　计	187	412	313	170

表 6－52　粤北地区银行（信用社）出入口无障碍设置与否分布

	河源市	清远市	韶关市	梅州市
是	157	170	149	327
否	93	82	98	152
总　计	250	252	247	489

表 6－53　粤西地区银行（信用社）出入口无障碍设置与否分布

	茂名市	阳江市	云浮市	湛江市
是	269	125	189	288
否	149	59	95	114
总　计	418	184	284	402

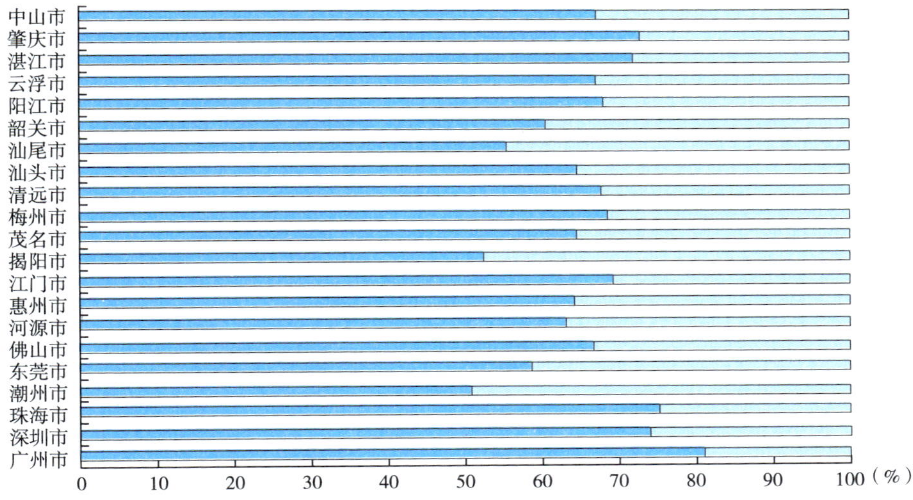

图 6－18　各地市银行（信用社）出入口无障碍百分比分布

表 6－54 银行（信用社）出入口无障碍设置与否区域分布

	珠三角	粤东	粤北	粤西	总计
是	3282	607	803	871	5563
否	1278	475	425	417	2595
总 计	4560	1082	1228	1288	8158

（二）银行或信用社是否有低位服务台

在全省 8158 个有金融机构的社区中，设置低位服务的有 2897 个，占 35.5%；未设置的有 5261 个，占 64.5%。

各个地市社区金融机构低位柜台设置情况如表 6－55 至表 6－58 所示，广州市社区金融机构低位柜台设置数量最多，有 736 个。其次是佛山和深圳，分别有 298 个和 253 个，排在第二、三位。从金融机构低位柜台设置在各地市的百分比分布来看（见图 6－19），广州社区金融机构低位设置的百分比最高，占 53.1%；其次是珠海（52.8%）和佛山（49.5%）。从地域分布情况看（见表 6－59），珠三角地区整体上银行（信用社）低位柜台无障碍建设做得最好。

表 6－55 珠三角地区银行（信用社）低位服务台设置与否分布

	广州市	深圳市	珠海市	东莞市	佛山市	肇庆市	中山市	惠州市	江门市
是	736	253	102	143	298	118	67	107	164
否	651	307	91	331	304	190	146	248	304
总计	1387	560	193	474	602	308	213	355	468

表 6－56 粤东地区银行（信用社）低位服务台设置与否分布

	潮州市	揭阳市	汕头市	汕尾市
是	37	82	108	49
否	150	330	205	121
总 计	187	412	313	170

表 6－57 粤北地区银行（信用社）低位服务台设置与否分布

	河源市	清远市	韶关市	梅州市
是	50	67	72	119
否	200	185	175	360
总 计	250	252	247	479

表 6－58　粤西地区银行（信用社）低位服务台设置与否分布

	茂名市	阳江市	云浮市	湛江市
是	93	55	58	119
否	325	129	226	283
总　计	418	184	284	402

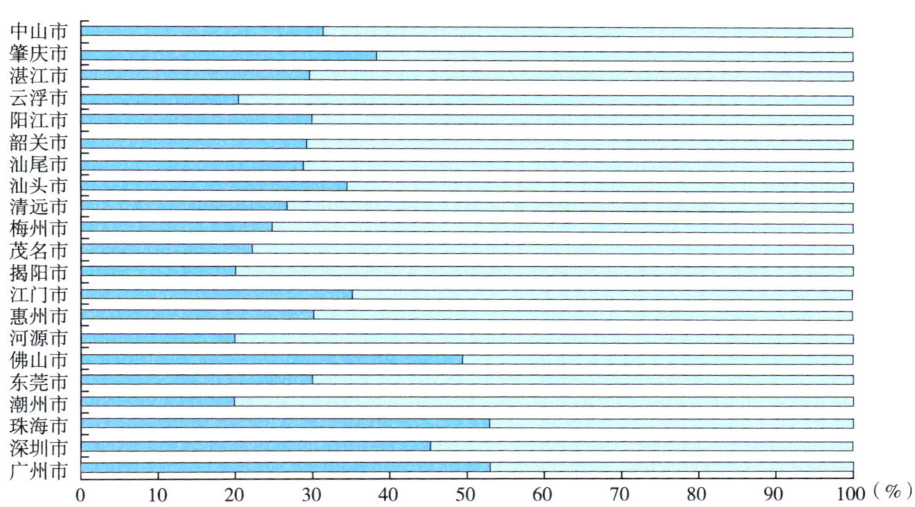

图 6－19　各地市银行（信用社）低位服务台百分比分布

表 6－59　银行（信用社）低位服务台设置与否区域分布

	珠三角	粤东	粤北	粤西	总计
是	1988	276	308	325	2897
否	2572	806	920	963	5261
总　计	4560	1082	1228	1288	8158

二　社区商店设置情况

调查涉及的广东省 21 个地市共 26240 个社区（村居）中，有商店（小卖部）的社区共计 23416 个，占 89.2%；没有商店（小卖部）的社区有 2824 个，占 10.8%。在已有商店（小卖部）的 23416 个社区中，从各地商店（小卖部）数量分布看（见图 6－20），其中，广州市社区商店（小卖部）绝对数量最多，有 2552 个，占 10.9%，其次是梅州和湛江，分别有 1892 个（占 8.1%）和 1826 个（占 7.8%）。

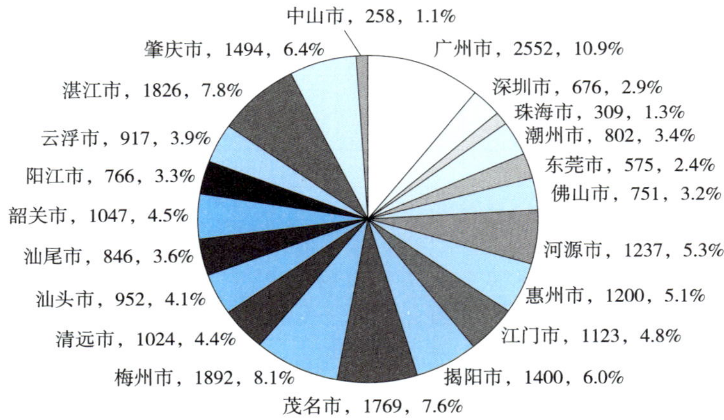

图 6－20　各地市社区商店（小卖部）数量分布

从各地市社区商店（小卖部）拥有率来看（见图 6－21），佛山区域内商店（小卖部）拥有率最高，达到 98.6%；其次是深圳（96.7%）和肇庆（96.4%）。社区商店（小卖部）拥有率最低的是韶关（70.8%），其次是潮州（77.7%）和梅州（83.9%）。从各地市社区商店（小卖部）设置与否区域分布上看（见表 6－60），珠三角地区整体上在社区商店（小卖部）设置上数量最多。

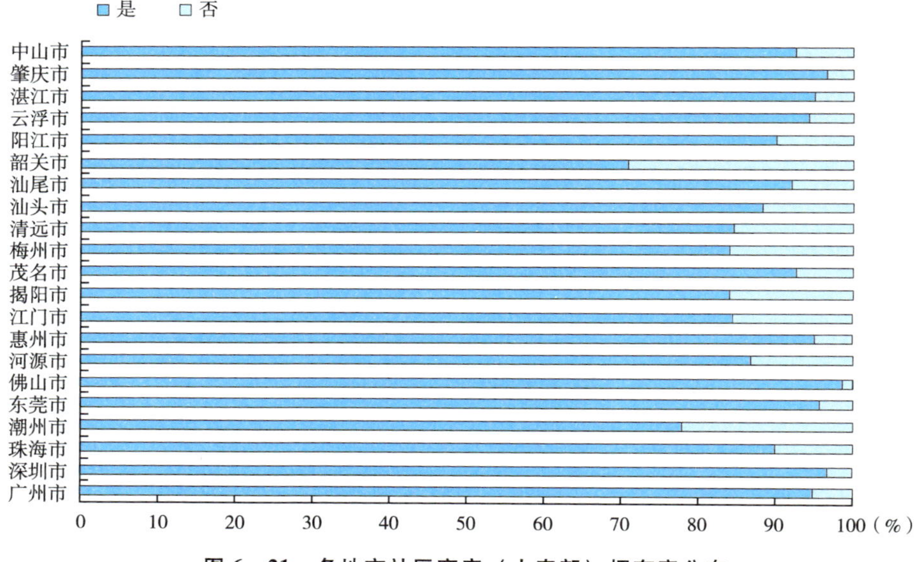

图 6－21　各地市社区商店（小卖部）拥有率分布

表 6－60　社区商店（小卖部）设置与否区域分布情况

	珠三角	粤东	粤北	粤西	总计
是	8938	4000	5200	5278	23416
否	580	697	1171	376	2824
总　计	9518	4697	6371	5654	26240

在全省 23416 个有商店（小卖部）的社区中，出入口无障碍的有 16144 个，占 68.9%；未实现出入口无障碍的为 7272 个，占 31.1%。

各个地市社区商店（小卖部）出入口无障碍设置情况如表 6－61 至表 6－64 所示，广州市社区商店（小卖部）出入口无障碍设置数量最多，有 1900 个。其次是湛江和茂名，分别有 1415 个和 1208 个，排在第二、三位。从商店（小卖部）出入口无障碍设置在各地市的百分比分布来看（见图 6－22），肇庆社区商店（小卖部）出入口无障碍设置的百分比最高，占 78.5%；其次是湛江（77.5%）和广州（74.5%）。从地域分布情况看（见表 6－65），珠三角地区整体上商店（小卖部）的出入口无障碍建设做得最好。

表 6－61　珠三角地区社区商店（小卖部）出入口无障碍设置与否分布

	广州市	深圳市	珠海市	东莞市	佛山市	肇庆市	中山市	惠州市	江门市
是	1900	487	205	399	558	1173	169	837	782
否	652	189	104	176	193	321	89	363	341
总计	2552	676	309	575	751	1494	258	1200	1123

表 6－62　粤东地区社区商店（小卖部）出入口无障碍设置与否分布

	潮州市	揭阳市	汕头市	汕尾市
是	449	842	632	562
否	353	558	320	284
总　计	802	1400	952	846

表 6－63　粤北地区社区商店（小卖部）出入口无障碍设置与否分布

	河源市	清远市	韶关市	梅州市
是	691	748	721	1159
否	546	276	326	733
总　计	1237	1024	1047	1892

表 6-64　粤西地区社区商店（小卖部）出入口无障碍设置与否分布

	茂名市	阳江市	云浮市	湛江市
是	1208	554	653	1415
否	561	212	264	411
总　计	1769	766	917	1826

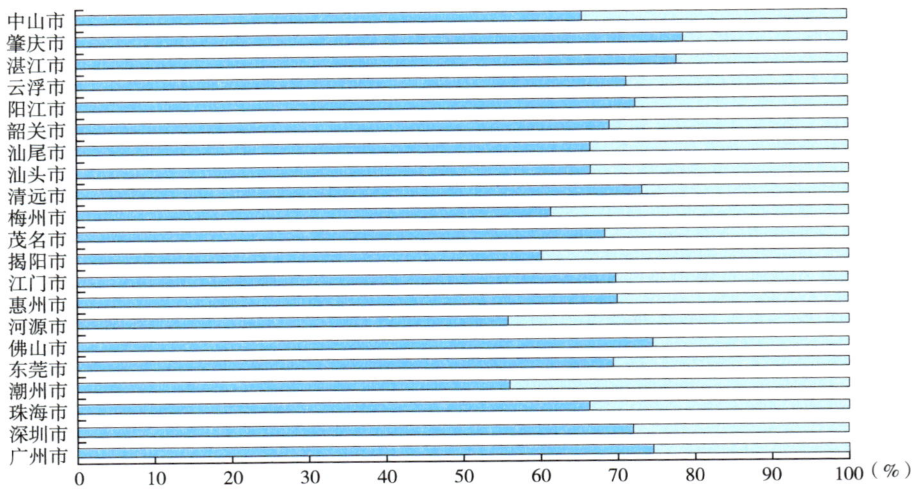

图 6-22　各地市社区商店（小卖部）出入口无障碍比例分布

表 6-65　社区商店（小卖部）出入口无障碍设置与否区域分布

	珠三角	粤东	粤北	粤西	总计
是	6510	2485	3319	3830	16144
否	2428	1515	1881	1448	7272
总　计	8938	4000	5200	5278	23416

第五节　社区文体活动中心无障碍设施建设情况

调查涉及的广东省 21 个地市共 26240 个社区（村居）中，社区中有文体活动中心的社区共计 12910 个，占 49.2%；没有文体活动中心的有 13330 个，占 50.8%。在已有文体活动中心的 12910 个社区中，各地文体活动中心数量分布如图 6-23 所示。其中，广州市社区文体活动中心绝对数量最多，有 1980 个，占 15.3%；其次是梅州，有 1107 个，占 8.6%；惠州和肇庆并列第三，均有 826 个（占 6.4%）。

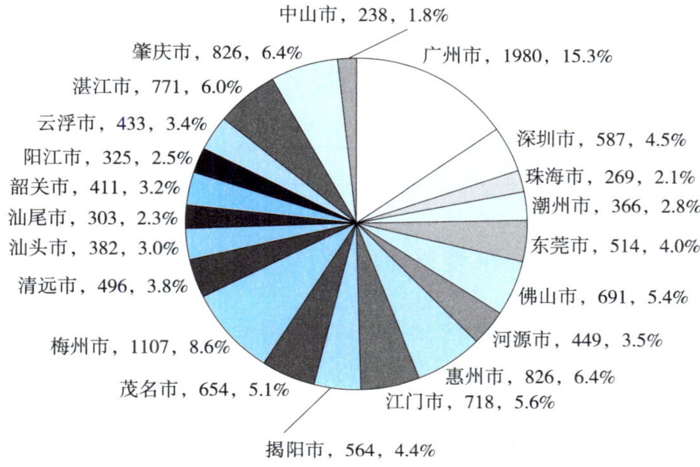

图 6－23　各地市文体活动中心数量分布

从各地市社区文体活动中心拥有率来看（见图 6－24），佛山区域内文体活动中心拥有率最高，达到 90.7%；其次是东莞（85.7%）和中山（85.3%）。社区文体活动中心拥有率最低的是韶关（27.8%），其次是河源（31.5%）和汕尾（33.0%）。从地域分布情况看（见表 6－66），珠三角地区整体上社区文体活动中心拥有率是最高的。

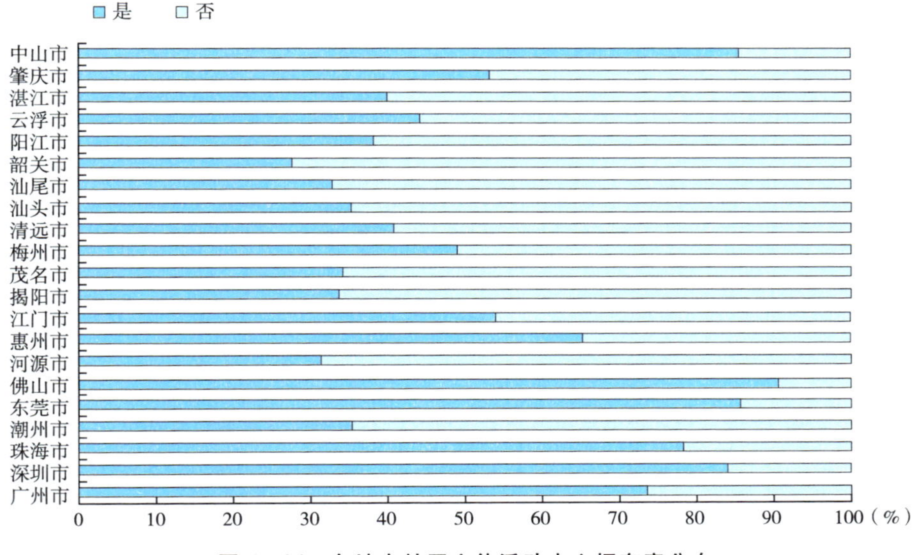

图 6－24　各地市社区文体活动中心拥有率分布

表6-66　社区文体活动中心设置与否区域分布情况

	珠三角	粤东	粤北	粤西	总计
是	6649	1615	2463	2183	12910
否	2869	3082	3908	3471	13330
总　计	9518	4697	6371	5654	26240

一　活动中心是否平整或有坡道

在全省12910个有文体活动中心的社区中，出入口无障碍的有8750个，占67.8%；未实现出入口无障碍的有4160个，占32.2%。

各个地市社区文体活动中心出入口无障碍设置情况如表6-67至表6-70所示，广州市社区文体活动中心出入口无障碍设置数量最多，有1412个。其次是梅州和肇庆，分别有748个和622个，排在第二、三位。从文体活动中心出入口无障碍设置在各地市的百分比分布来看（见图6-25），湛江社区文体活动中心出入口无障碍设置的百分比最高，占76.7%；其次是肇庆（75.3%）和中山（75.2%）。从地域分布情况看（见表6-71），珠三角地区整体上文体中心出入口无障碍建设做得最好。

表6-67　珠三角地区社区文体活动中心出入口无障碍设置与否分布

	广州市	深圳市	珠海市	东莞市	佛山市	肇庆市	中山市	惠州市	江门市
是	1412	437	177	382	475	622	179	555	461
否	568	150	92	132	216	204	59	271	257
总计	1980	587	269	514	691	826	238	826	718

表6-68　粤东地区社区文体活动中心出入口无障碍设置与否分布

	潮州市	揭阳市	汕头市	汕尾市
是	224	320	249	191
否	142	244	133	112
总　计	366	564	382	303

表6-69　粤北地区社区文体活动中心出入口无障碍设置与否分布

	河源市	清远市	韶关市	梅州市
是	233	336	230	748
否	216	160	181	359
总　计	449	496	411	1107

表 6-70　粤西地区社区文体活动中心出入口无障碍设置与否分布

	茂名市	阳江市	云浮市	湛江市
是	409	214	305	591
否	245	111	128	180
总　计	654	325	433	771

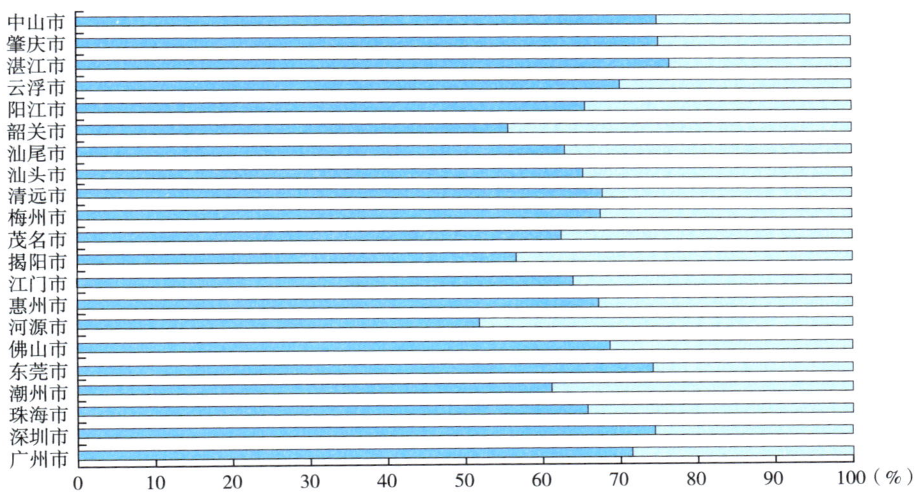

图 6-25　各地市社区文体活动中心出入口无障碍设置比例分布

表 6-71　社区文体活动中心出入口无障碍设置与否区域分布

	珠三角	粤东	粤北	粤西	总计
是	4700	984	1547	1519	8750
否	1949	631	916	664	4160
总　计	6649	1615	2463	2183	12910

二　活动中心是否有无障碍厕所或厕位

在全省 12910 个有文体活动中心的社区中，有无障碍厕所或者厕位的有 2410 个，占 18.7%；没有无障碍厕所或者厕位的有 10500 个，占 81.3%。

各个地市社区文体活动中心厕所无障碍设置情况如表 6-72 至表 6-75 所示，广州市社区文体活动中心厕所无障碍设置数量最多，有 578 个。其次是深圳和东莞，分别有212个和179个，排在第二、三位。从文体活动中心厕所无障碍设置在各地市的百分比分布来看（见图6－28），深圳社区文体活动中心厕所无障碍设置的百分比最高，占36.1%；其次是东莞（34.8%）和珠海（32.0%）。从地域分布情况看（见表6－76），珠三角地区整体上文体中心厕所无障碍建设做得最好。

表6－72　珠三角地区文体活动中心厕所无障碍设置与否分布

	广州市	深圳市	珠海市	东莞市	佛山市	肇庆市	中山市	惠州市	江门市
是	578	212	86	179	170	70	60	150	126
否	1402	375	183	335	521	756	178	676	592
总计	1980	587	269	514	691	826	238	826	718

表6－73　粤东地区文体活动中心厕所无障碍设置与否分布

	潮州市	揭阳市	汕头市	汕尾市
是	72	80	68	35
否	294	484	3144	268
总　计	366	564	382	303

表6－74　粤北地区文体活动中心厕所无障碍设置与否分布

	河源市	清远市	韶关市	梅州市
是	27	65	47	136
否	422	431	364	971
总　计	449	496	411	1107

表6－75　粤西地区文体活动中心厕所无障碍设置与否分布

	茂名市	阳江市	云浮市	湛江市
是	58	35	64	92
否	596	290	369	679
总　计	654	325	433	771

表6－76　文体活动中心厕所无障碍设置与否区域分布

	珠三角	粤东	粤北	粤西	总计
是	1631	255	275	249	2410
否	5018	1360	2188	1934	10500
总　计	6649	1615	2463	2183	12910

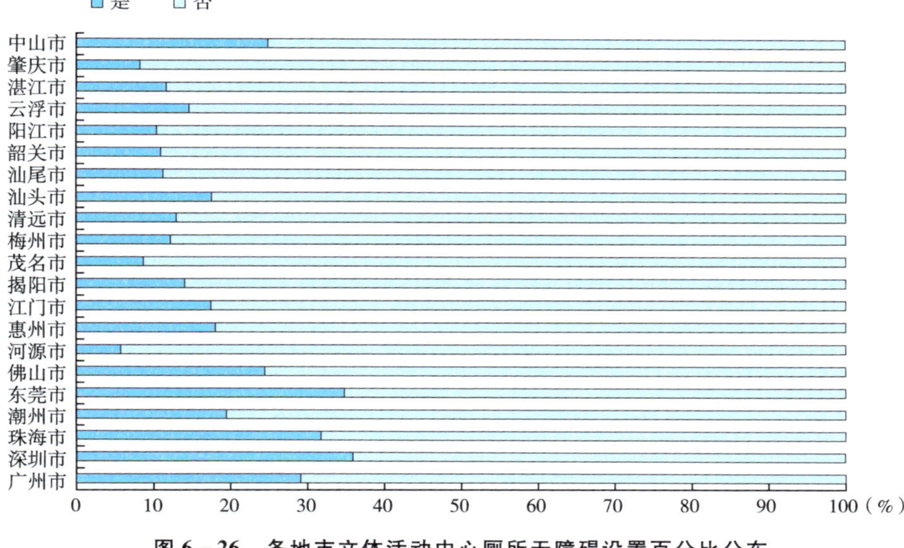

图 6－26 各地市文体活动中心厕所无障碍设置百分比分布

三 是否有无障碍文体器材和用品

在全省 12910 个有文体活动中心的社区中，有无障碍文体器材和用品的有 7814 个，占 60.5%；没有无障碍文体器材和用品的有 5096 个，占 39.5%。

各个地市社区文体活动中心文体器材和用品无障碍设置情况如表 6－77 至表 6－80 所示，广州市社区文体活动中心文体器材和用品无障碍设置数量最多，有 1612 个。其次是佛山和梅州，分别有 583 个和 539 个，排在第二、三位。从文体活动中心文体器材和用品无障碍设置在各地市的百分比分布来看（见图 6－27），佛山社区文体活动中心文体器材和用品无障碍设置的百分比最高，占 84.4%；其次是广州（81.4%）和东莞（81.3%）。从地域分布情况看（见表 6－81），珠三角地区整体上社区文体中心无障碍用品建设做得最好。

表 6－77 珠三角地区社区文体活动中心无障碍用品设置与否分布

	广州市	深圳市	珠海市	东莞市	佛山市	肇庆市	中山市	惠州市	江门市
是	1612	468	218	418	583	501	175	459	491
否	368	119	51	96	108	325	63	367	227
总计	1980	587	269	514	691	826	238	826	718

表 6－78 粤东地区社区文体活动中心无障碍用品设置与否分布

	潮州市	揭阳市	汕头市	汕尾市
是	234	202	214	116
否	132	362	168	187
总　计	366	564	382	303

表 6－79 粤北地区社区文体活动中心无障碍用品设置与否分布

	河源市	清远市	韶关市	梅州市
是	180	288	213	539
否	269	208	198	568
总　计	449	496	411	1107

表 6－80 粤西地区社区文体活动中心无障碍用品设置与否分布

	茂名市	阳江市	云浮市	湛江市
是	245	176	240	242
否	409	149	193	529
总　计	654	325	433	771

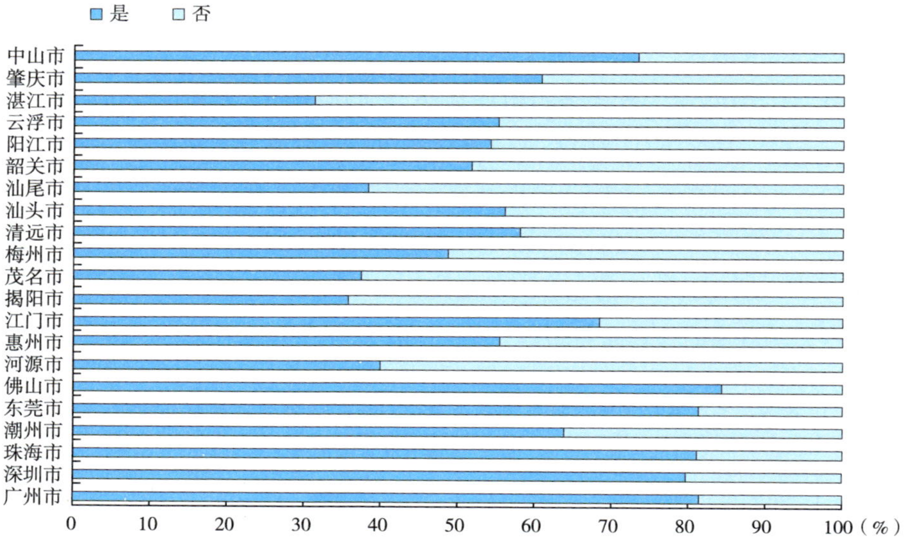

图 6－27 各地市社区文体活动中心无障碍用品设置比例分布

表 6－81　社区文体活动中心无障碍用品设置与否区域分布

	珠三角	粤东	粤北	粤西	总计
是	4925	766	1220	903	7814
否	1724	849	1243	1280	5096
总　计	6649	1615	2463	2183	12910

四　是否有适合残疾人的体育器材

在全省 12910 个有文体活动中心的社区中，有适合残疾人的体育器材的有 5845 个，占 45.3%；没有的有 7065 个，占 54.7%。

各个地市社区文体活动中心适合残疾人的体育器材设置情况如表 6－82 至表 6－85 所示，广州市社区文体活动中心适合残疾人的体育器材设置数量最多，有 1344 个。其次是佛山和深圳，分别有 505 个和 404 个，排在第二、三位。从文体活动中心适合残疾人的体育器材设置在各地市的百分比分布来看（见图 6－28），佛山社区文体活动中心适合残疾人的体育器材设置的百分比最高，占 73.1%；其次是深圳（68.8%）和广州（67.9%）。从地域分布情况看（见表 6－86），珠三角地区整体上社区文体中心残疾人用体育器材建设做得最好。

表 6－82　珠三角地区社区文体活动中心残疾人用体育器材设置情况

	广州市	深圳市	珠海市	东莞市	佛山市	肇庆市	中山市	惠州市	江门市
是	1344	404	162	336	505	339	142	384	322
否	636	183	107	178	186	487	96	442	396
总计	1980	587	269	514	691	826	238	826	718

表 6－83　粤东地区社区文体活动中心残疾人用体育器材设置情况

	潮州市	揭阳市	汕头市	汕尾市
是	192	159	155	47
否	174	405	227	256
总　计	366	564	382	303

表 6－84 粤北地区社区文体活动中心残疾人用体育器材设置情况

	河源市	清远市	韶关市	梅州市
是	125	210	112	366
否	324	286	299	741
总　计	449	496	411	1107

表 6－85 粤西地区社区文体活动中心残疾人用体育器材设置情况

	茂名市	阳江市	云浮市	湛江市
是	141	74	139	187
否	513	251	294	584
总　计	654	325	433	771

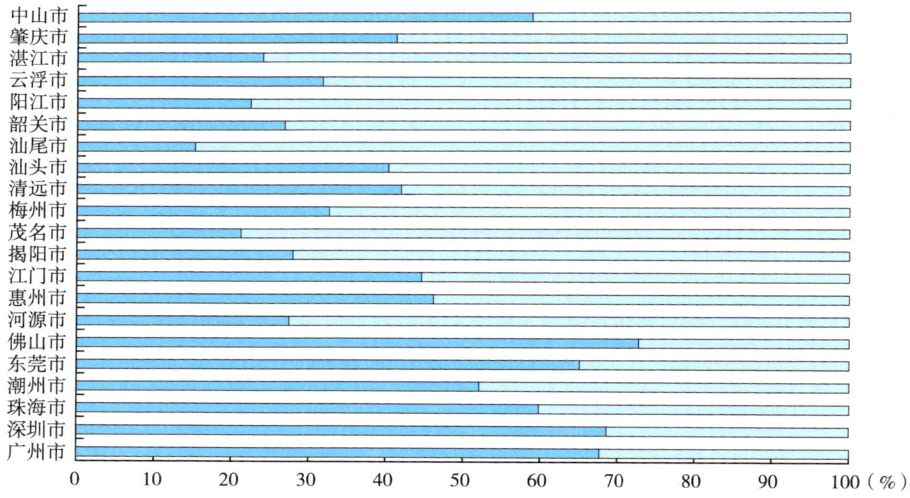

图 6－28 各地市社区文体活动中心残疾人用体育器材设置百分比

表 6－86 社区文体活动中心残疾人用体育器材设置区域情况

	珠三角	粤东	粤北	粤西	总计
是	3938	553	813	541	5845
否	2711	1062	1650	1642	7065
总　计	6649	1615	2463	2183	12910

第六节　社区残疾人康复与照顾服务提供情况

一　社区是否有康复站

在调查涉及的全省26240个社区（村居）中，有康复站的社区有4355个，占16.6%；没有的有21885个，占83.4%。

各个地市社区康复站分布情况如表6－87至表6－90所示，惠州市社区康复站数量最多，有945个。其次是肇庆和广州，分别有598个和511个，排在第二、三位。从社区康复站在各地市的百分比分布来看（见图6－29），惠州社区康复站的百分比最高，占74.8%；其次是深圳（54.6%）和珠海（41.6%）。从地域分布情况看（见表6－91），珠三角地区整体上康复站设置数量最多。

表6－87　珠三角地区社区康复站设置与否分布

	广州市	深圳市	珠海市	东莞市	佛山市	肇庆市	中山市	惠州市	江门市
是	511	382	143	198	271	598	94	945	93
否	2179	317	201	402	491	952	185	318	1238
总计	2690	699	344	600	762	1550	279	1263	1331

表6－88　粤东地区社区康复站设置与否分布

	潮州市	揭阳市	汕头市	汕尾市
是	53	107	43	9
否	979	1560	1036	910
总　计	1032	1667	1079	919

表6－89　粤北地区社区康复站设置与否分布

	河源市	清远市	韶关市	梅州市
是	22	45	24	368
否	1405	1167	1454	1886
总　计	1427	1212	1478	2254

表 6－90　粤西地区社区康复站设置与否分布

	茂名市	阳江市	云浮市	湛江市
是	32	193	41	183
否	1874	657	934	1740
总　计	1906	850	975	1923

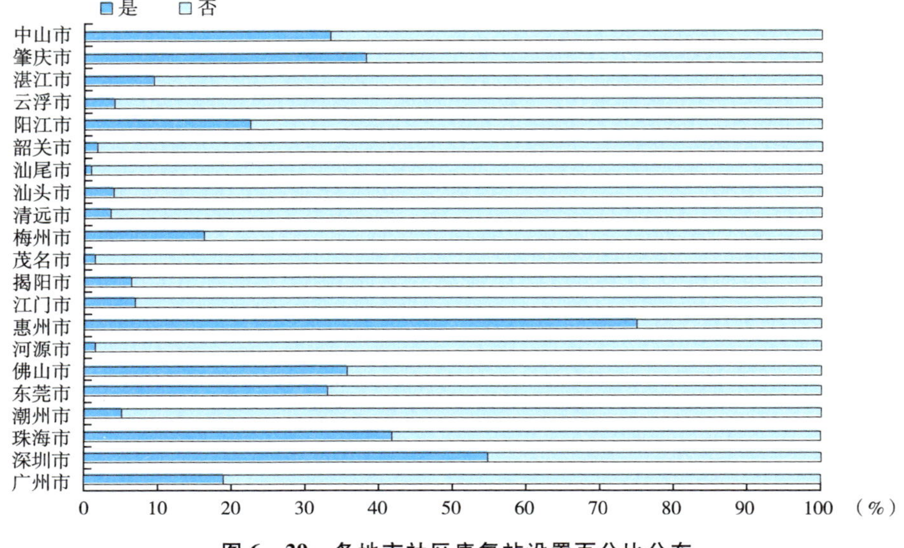

图 6－29　各地市社区康复站设置百分比分布

表 6－91　社区康复站设置与否区域分布

	珠三角	粤东	粤北	粤西	总计
是	3235	212	459	449	4355
否	6283	4485	5912	5205	21885
总　计	9518	4697	6371	5654	26240

二　社区是否有托养服务的日间照料机构

在调查涉及的全省 26240 个社区中，有托养服务的日间照料机构的社区有 963 个，占 3.7%；没有日间照料机构的有 25277 个，占 96.3%。

各个地市社区有托养服务的日间照料机构分布情况如表 6－92 至表 6－95 所示，广州市有托养服务的日间照料机构数量最多，有 302 个。其次是佛山和深圳，分别有 149 个和 104 个，排在第二、三位。从有托养服务的日间照料机构在各地市的百分比分布来看（见图6－30），佛山有托养服务的日间照料机构的百分比最高，占19.6%；其次是深圳（14.9%）和广州（11.2%）。从地域分布情况看（见表6－96），在社区托养服务日间照料机构的设置上也是珠三角地区遥遥领先。

表6－92 珠三角地区社区日间照料机构设置与否分布

	广州市	深圳市	珠海市	东莞市	佛山市	肇庆市	中山市	惠州市	江门市
是	302	104	22	55	149	35	20	41	66
否	2388	595	322	545	613	1515	259	1222	1265
总计	2690	699	344	600	762	1550	279	1263	1331

表6－93 粤东地区社区日间照料机构设置与否分布

	潮州市	揭阳市	汕头市	汕尾市
是	11	9	21	1
否	1021	1658	1058	918
总　计	1032	1667	1079	919

表6－94 粤北地区社区日间照料机构设置与否分布

	河源市	清远市	韶关市	梅州市
是	14	14	10	47
否	1413	1198	1468	2207
总　计	1427	1212	1478	2254

表6－95 粤西地区社区日间照料机构设置与否分布

	茂名市	阳江市	云浮市	湛江市
是	13	10	3	16
否	1893	840	972	1907
总　计	1906	850	975	1923

表6－96 社区日间照料机构设置与否区域分布

	珠三角	粤东	粤北	粤西	总计
是	794	42	85	42	963
否	8724	4655	6286	5612	25277
总　计	9518	4697	6371	5654	26240

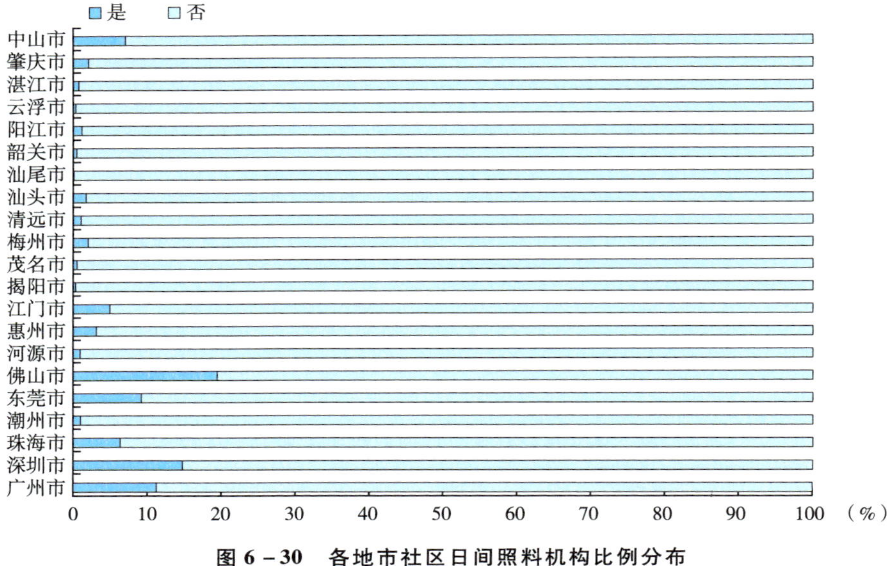

图 6－30　各地市社区日间照料机构比例分布

三　社区是否为残疾人提供居家服务

在调查涉及的全省 26240 个社区中，为精神、智力和重度肢体残疾人口提供居家服务的社区有 3522 个，占 13.4%；没有提供的有 22718 个，占 86.6%。

各个地市社区为精神、智力和重度肢体残疾人口提供居家服务的社区数量分布情况如表 6－97 至表 6－100 所示，广州市为精神、智力和重度肢体残疾人口提供居家服务的社区数量最多，有 964 个。其次是肇庆和佛山，分别有 646 个和 447 个，排在第二、三位。从为精神、智力和重度肢体残疾人口提供居家服务的社区在各地市的百分比分布来看（见图 6－31），佛山为精神、智力和重度肢体残疾人口提供居家服务的社区百分比最高，占 58.7%；其次是东莞（43.8%）和中山（43.0%）。从地域分布情况看（见表 6－101），珠三角地区社区残疾人居家服务的开展数量远超粤东西北地区。

表 6－97　珠三角地区社区残疾人居家服务开展情况

	广州市	深圳市	珠海市	东莞市	佛山市	肇庆市	中山市	惠州市	江门市
是	964	248	114	263	447	646	120	128	199
否	1726	451	230	337	315	904	159	1135	1132
总计	2690	699	344	600	762	1550	279	1263	1331

表 6－98　粤东地区社区残疾人居家服务开展情况

	潮州市	揭阳市	汕头市	汕尾市
是	38	29	43	13
否	994	1638	1036	906
总　计	1032	1667	1079	919

表 6－99　粤北地区社区残疾人居家服务开展情况

	河源市	清远市	韶关市	梅州市
是	31	24	23	65
否	1396	1188	1455	2189
总　计	1427	1212	1478	2254

表 6－100　粤西地区社区残疾人居家服务开展情况

	茂名市	阳江市	云浮市	湛江市
是	40	11	23	53
否	1866	839	952	1870
总　计	1906	850	975	1923

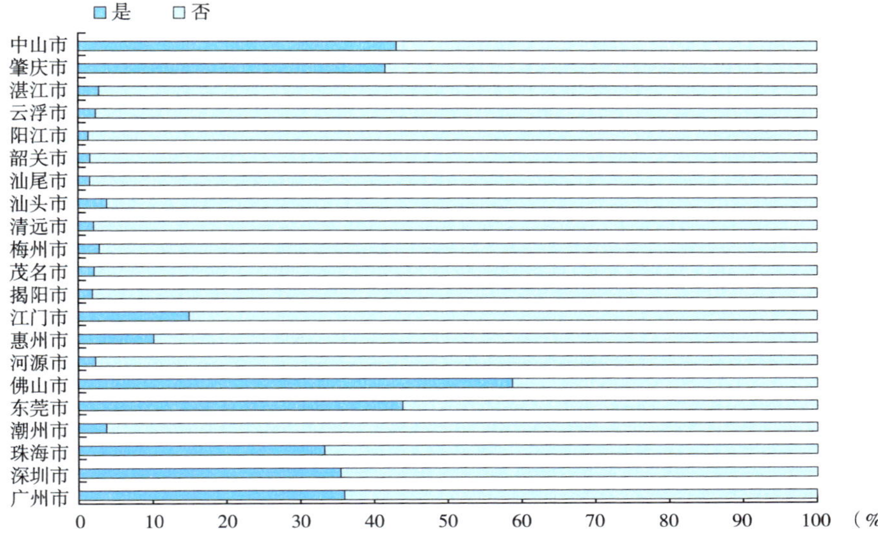

图 6－31　各地市社区残疾人居家服务开展百分比分布

表 6－101 社区残疾人居家服务开展区域分布情况

	珠三角	粤东	粤北	粤西	总计
是	3129	123	143	127	3522
否	6389	4574	6228	5527	22718
总计	9518	4697	6371	5654	26240

四 社区是否有体育健身指导员

在调查涉及的全省 26240 个社区中，有体育健身指导员的有 2491 个，占 9.5%；没有体育健身指导员有 23749 个，占 90.5%。

各个地市社区体育健身指导员设置情况如表 6－102 至表 6－105 所示，广州市社区体育健身指导员设置数量最多，有 704 个。其次是潮州和佛山，分别有 396 个和 351 个，排在第二、三位。从社区体育健身指导员在各地市的百分比分布来看（见图 6－32），佛山社区体育健身指导员设置的百分比最高，占 46.1%；其次是潮州（38.4%）和珠海（33.7%）。从地域分布情况看（见表 6－106），珠三角地区社区体育健身指导员的设置数量最多。

表 6－102 珠三角地区社区体育健身指导员设置情况

	广州市	深圳市	珠海市	东莞市	佛山市	肇庆市	中山市	惠州市	江门市
是	704	95	116	78	351	73	82	59	67
否	1986	604	228	522	411	1477	197	1204	1264
总计	2690	699	344	600	762	1550	279	1263	1331

表 6－103 粤东地区社区体育健身指导员设置情况

	潮州市	揭阳市	汕头市	汕尾市
是	396	39	40	8
否	636	1628	1039	911
总计	1032	1667	1079	919

表 6－104 粤北地区社区体育健身指导员设置情况

	河源市	清远市	韶关市	梅州市
是	33	33	66	30
否	1394	1179	1412	2224
总计	1427	1212	1478	2254

表 6－105　粤西地区社区体育健身指导员设置情况

	茂名市	阳江市	云浮市	湛江市
是	13	49	6	153
否	1893	801	969	1770
总　计	1906	850	975	1923

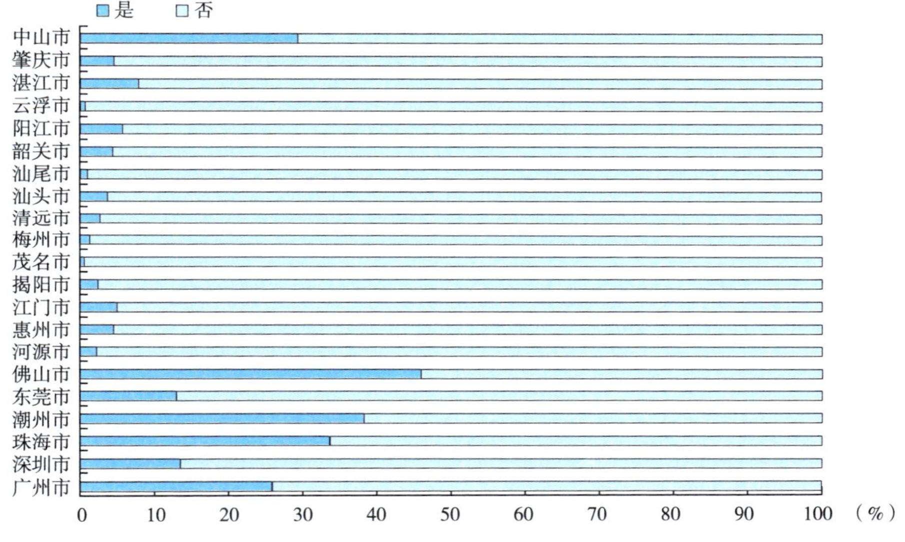

图 6－32　社区体育健身指导员设置百分比分布

表 6－106　社区体育健身指导员设置区域情况分布

	珠三角	粤东	粤北	粤西	总计
是	1625	483	162	221	2491
否	7893	4214	6209	5433	23749
总　计	9518	4697	6371	5654	26240

五　是否有组织残疾人参与的文化体育活动

在调查涉及的全省 26240 个社区中，有组织残疾人参与的文化体育活动的有 5201 个，占 19.8%；没有组织残疾人参与的文化体育活动的有 21039 个，占 80.2%。

各个地市社区组织残疾人参与的文化体育活动情况如表 6－107 至表 6－111 所示，广州市社区组织残疾人参与的文化体育活动数量最多，有 1333 个。其次是肇庆和佛山，分别有 818 个和 478 个，排在第二、三位。从组织残疾人参与的文化体育活动在各地市的百分比分布来看（见图6－33），中山社区组织残疾人参与的文化体育活动的百分比最高，占95.0%；其次是佛山（62.7%）和深圳（61.9%）。从地域分布情况看（见表6－111），粤东西北三地社区组织残疾人参与文体活动的情况都差不多，均与珠三角地区存在着比较大的差距。

表6－107 珠三角地区社区组织参与文体活动情况分布

	广州市	深圳市	珠海市	东莞市	佛山市	肇庆市	中山市	惠州市	江门市
是	1333	433	155	317	478	818	265	200	227
否	1357	266	189	283	284	732	14	1063	1103
总计	2690	699	344	600	762	1550	279	1263	1331

表6－108 粤东地区社区组织参与文体活动情况分布

	潮州市	揭阳市	汕头市	汕尾市
是	126	76	74	48
否	906	1591	1005	871
总　计	1032	1667	1079	919

表6－109 粤北地区社区组织参与文体活动情况分布

	河源市	清远市	韶关市	梅州市
是	65	76	68	116
否	1362	1136	1410	2138
总　计	1427	1212	1478	2254

表6－110 粤西地区社区组织参与文体活动情况分布

	茂名市	阳江市	云浮市	湛江市
是	79	35	93	118
否	1827	815	882	1805
总　计	1906	850	975	1923

表6－111 社区组织参与文体活动情况区域分布

	珠三角	粤东	粤北	粤西	总计
是	4227	324	325	325	5201
否	5291	4373	6046	5329	21039
总　计	9518	4697	6371	5654	26240

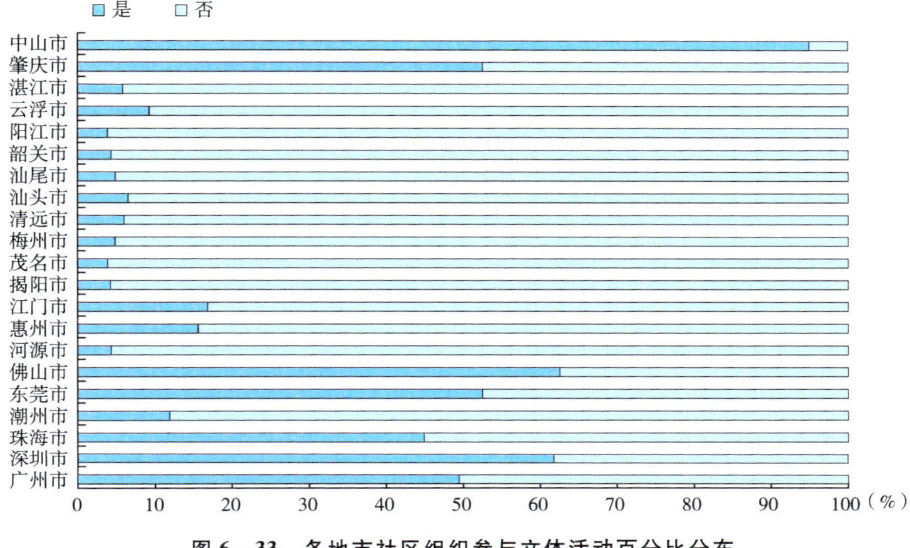

图 6－33　各地市社区组织参与文体活动百分比分布

第七节　社区残疾人服务数据分析小结

一　综合服务中心

广东省 21 个地市共 26240 个社区（村居）中，有综合服务中心的社区共计 9919 个，占 37.8%；没有综合服务中心的有 16321 个，占 62.2%。

在全省 9919 个社区综合服务中心中，中心出入口平整或有坡道的有 6979 个，占 70.4%；不平整或无坡道的有 2940 个，占 29.6%。中心有低位服务台的有 3785 个，占 38.2%；没有的有 6134 个，占 61.8%。中心有无障碍厕所或厕位的有 1688 个，占 17.0%；没有无障碍厕所或厕位的居多，有 8231 个，占 83.0%。

二　医疗场所

调查涉及的广东省 21 个地市共 26240 个社区（村居）中，有医院或卫生室的社区共计 20236 个，占 77.1%；没有医院或卫生室的有 6004 个，占 22.9%。

在全省 20236 个有医疗机构的社区中，医院出入口平整或有坡道的有 13892 个，占 68.6%；出入口不平整或无坡道的相对较少，有 6344 个，占 31.4%。医院有低位柜台的有 5891 个，占 29.1%；无低位柜台的有 14345 个，占 70.9%。医院有无障碍厕所或厕位的有 3550 个，占 17.5%；无无障碍厕所或厕位的有 16686 个，占 82.5%。

三 教育场所

调查涉及的广东省 21 个地市共 26240 个社区（村居）中，社区中有学校和幼儿园的社区共计 19429 个，占 74.0%；没有学校与幼儿园的有 6811 个，占 26.0%。

在全省 19429 个有教育机构的社区中，教学楼出入口无障碍的有 14422 个，占 74.2%；未实现教学楼出入口无障碍的有 5007 个，占 25.8%。教学楼有双侧扶手的有 8646 个，占 44.5%；未实现教学楼有双侧扶手的有 10783 个，占 55.5%。有无障碍厕所或者厕位的有 3475 个，占 17.9%；没有无障碍厕所或厕位的有 15954 个，占 82.1%。

四 金融与商业服务场所

调查涉及的广东省 21 个地市共 26240 个社区（村居）中，社区中有银行网点或者信用社的共计 8158 个，占 31.1%；没有银行网点或者信用社的有 18082 个，占 68.9%。在全省 8158 个有金融机构的社区中，出入口无障碍的有 5563 个，占 68.2%；未实现出入口无障碍的 2595 个，占 31.8%。银行或信用社设置有低位柜台的有 2897 个，占 35.5%；未设置低位柜台的有 5261 个，占 64.5%。

调查涉及的广东省 21 个地市共 26240 个社区（村居）中，有商店（小卖部）的共计 23416 个，占 89.2%；没有商店（小卖部）的有 2824 个，占 10.8%。在全省 23416 个有商店（小卖部）的社区中，出入口无障碍的有 16144 个，占 68.9%；未实现出入口无障碍的有 7272 个，占 31.1%。

五 文体活动场所

调查涉及的广东省 21 个地市共 26240 个社区（村居）中，社区中有文体活动中心的共计12910个，占49.2%；没有文体活动中心的有13330个，占50.8%。在全省12910个有文体活动中心的社区中，出入口无障碍的有8750个，占67.8%；未实现出入口无障碍的有4160个，占32.2%。有无障碍厕所或者厕位的有2410个，占18.7%；没有无障碍厕所或者厕位的有10500个，占81.3%。有无障碍文体器材和用品的有7814个，占60.5%；没有无障碍文体器材和用品的有5096个，占39.5%。有适合残疾人的体育器材的有5845个，占45.3%；没有适合残疾人的体育器材的有7065个，占54.7%。

六 社区康复与照顾服务

在调查涉及的全省26240个社区（村居）中，有康复站的社区有4355个，占16.6%；没有社区康复站的有21885个，占83.4%。有托养服务的日间照料机构的有963个，占3.7%；没有日间照料机构的有25277个，占96.3%。为精神、智力和重度肢体残疾人口提供居家服务的有3522个，占13.4%；没有提供居家服务的有22718个，占86.6%。有体育健身指导员的有2491个，占9.5%；没有的有23749个，占90.5%。有组织残疾人参与文化体育活动的有5201个，占19.8%；没有组织残疾人参与的文化体育活动的有21039个，占80.2%。

七 区域差异比较

广东省内在残疾人社区（村居）服务提供方面存在非常明显的地域差异。珠三角地区的优势明显，在社区综合服务中心设置、社区医疗场所设置、社区教育、金融、商业服务等方面的设置情况均优于粤东西北地区。并且，在这些场所的无障碍建设方面也明显占据优势。珠三角地区在文体活动中心建设、残疾人文体活动组织，以及残疾人文体活动设施与器材、残疾人文体活动服务等方面均领先于粤东西北地区。粤东西北地区在社区康复站建设、社区日间照料服务、残疾人社区居家服务提供等方面也与珠三角地区有比较大的距离。

第七章　定性调研数据分析

第一节　教育

不同类别与等级的残障人士对教育的需求并不完全相同。本研究质性分析部分涉及的不同类别残障人士及其家属中，视障人士对教育的讨论最多、最深入。我们可以从视障人士对融合教育与特殊教育的会谈内容来反思以往残疾人教育发展方面出现的问题，并探讨如何更好地满足残障人士对教育的需求。

一　特殊教育存在的问题

国内不少特殊教育学校是在一个相对封闭的环境中，将残疾学生集中在一起进行教育，并且知识教育水平比普通学校低很多，这就导致许多接受特殊教育但又具有发展潜能的残疾学生在知识技能获得上受到局限。特殊教育学校无论是教材选用还是知识传授方面，能够达到普通学校的初中水平似乎已经较为理想了。

Z先生："特殊教育学校就是那种很封闭的，他们在盲校读，读完之后就去中专学校学个按摩，出来就去就业，他们当中很多现在的水平都是不如普通教育的小学水平的，跟人家一说话人家就能立马感觉得到。……他们能玩个微信就很开心了。"

拿盲校来说，特殊学校的学习主要是进行一些简单的知识灌输，以照顾和安置为主要目的，同时进行一些职业教育（基本也就是按摩）。所以有盲人朋友在微信群里说："不是我不想进步，是我本身的知识基础就是这样了。已经决定了我很难再去吸收新的知识，很难再从能力上进行发展。”因为对于他们来说，不仅是文化知识水平低于在普通学校就读的学生，在基础教育的过程当中积累而来的类似于自我学习的能力等也是他们所欠缺的部分。

晓倩：“在盲校，他们本身的教材就要比我们简单，再加上在现实实际操作里面，他们能不能把他们盲校的教材真的给学生教懂教会其实也是一个问题。我也不是完全排斥盲校，但是确实很多我接触的人，他们确实跟我说，盲校它就是在那里养着。……它并没有很注重可能像我们读初中高中会有不同的科目的，他们语文数学英语还是有的，但是水平也是很低层次的。真的可能就只有小学初中，最起码是不可能到我们高中的水平的，就算我看他们上长春大学的，他们本科的不是单招单考的嘛，然后他们学的是按摩，他们在盲校高中也是类似于职业中学一样，基本也就是针对职业化的。其实坦白说吧，在盲校，基本你到了初中，初一以后，你将来要做按摩所以你要学按摩，其他你就不管了。……学校是不够的，广东才只有三所盲校，然后还没有高中，只有培英那个大专，然后就没有了。然后如果是本科的话，全国不就是只有‘长大’了嘛。所以一般来说，很多盲人只能读到初中，然后就去参加职业培训了。”

可见，残疾人群体也有追求更高质量教育的权利和愿望，教育资源的贫乏会在很大程度上阻碍残疾人群体的进一步发展，从而导致一些有能力接受普通教育，但由于种种原因，只单纯接受了特殊教育的残疾人群在就业市场上缺乏竞争力，阻碍了他们的职业发展与人力资本的进一步积累。

二 融合教育

融合教育旨在使那些有能力进入普通教育体系的残疾学生，和正常发展的同伴一起接受教育，最大限度地发挥他们的潜能，回归正常化社会生活。随班就读是融合教育中常见的一种形态。不同类别的残疾学生都有可能进入普通学校就读，并从中获益。

晓倩：“教育，那确实对于我们低视力的人，像我，就是随班就读的，确实走过来有很多的困难，但是总体来说，只要学校能给我相关的支持，有足够的资源，学校能够意识到我这里有一个视力残疾的学生，我应该给到他/她怎么样的支持，然后老师也给到足够的支持，其实他/她要和健全人一起上学是完全没有问题的。其实，坦白说，如果他/她是全盲的，先天全盲的，他/她也一样有这种可能性的。因为现在有电脑了”。

接受过融合教育的Z先生多次表达了对融合教育的肯定，“我很庆幸当时我读的不是特殊学校”，“我认为融合教育对于社会融合是很有帮助的，希望社会能够多推进社会融合”。Z先生的字里行间不乏对融合教育的溢美之词，这与他自身是融合教育的受益者有很大关系。能够融入正常的孩子中，获得高质量的教育资源同时也会获得比较高的社会化程度。他认为这种非差别化、非隔离化的教育带给他比接受特殊教育者更多珍贵的体验与丰富的知识，坚信这种方式更有利于社会融合。

但目前以普通学校随班就读为主的融合教育模式，还是存在一定的问题，需要进一步解决。首先，需要加强普通学校师生对残疾人的正确认识，对待残疾人的观念与态度需要更新。

Z先生：“有几次的经历让我觉得我被放弃了。第一个就是在一年级的时候，我人缘很好，所以同学们都选我当班长，但是老师就找到我，跟我说我视力不怎么方便，恐怕当班长会比较辛苦，要不就把班长让给其他同学做，然后我做副班长吧，那我想既然老师都这么说了，反正我都可以，那我就做副班长也可以。但是第二天老师公布班干部名单的时候，副班长却不是我。……还有一件事，我以前踢足球也踢得不错，不过后来那个教练发现我视力很差，就不让我参加了。其实我虽然看不清人的脸，但是可以看得到队员身上衣服的数字，只是教练刚开始不知道，他在比手势，然后我看不到，他以为我故意不听从他的指挥，后来知道了我的视力问题，就说我还是不要参加了。这个也是我印象比较深刻的感觉我被放弃的一件事。”

残障人士虽然由于各种原因存在一定的身心障碍，但依然有强烈的对自我价值的追求，这种自我实现的追求是很正常的。融合教育里的老师在给予随班就读的残疾学生特殊关怀照顾的同时，也应当给予残疾学生自我发展的空间，给予平等的机会待遇。上述Z先生在早期融合教育中遇到的这种现象在当下或多或少还是会存在，这主要是老师对于平等发展这方面的意识仍然不够深刻，或者对残疾学生仍然存在一定的偏见与歧视。

其次，残疾人就学所需硬件设备的普及率低导致融合教育的可及性低。对于视障人士随班就读的问题，校方本身是存在顾虑的。残疾学生是否能够适应普通学校的学习生活模式？他们会不会对学校师生的正常教学活动产生负面影响？由于对残疾学生情况的不了解以及缺乏特殊教育知识，实施融合教育的普通学校往往缺乏足够的软硬件支持。软件上的缺失主要是对残疾人群体的不了解，存在一定的偏见与社会排斥，缺乏具有特殊教育经验的师资，缺少有针对性的关于残疾人群体或融合教育的宣传倡导与培训。硬件上的不足主要是没有适合残疾学生使用的教学设备与教学材料。

晓倩："像我们随班就读，读书中最大的困难，可能就是看书很困难，然后看不到黑板也看不到PPT那一些，可能会和大家不一样，然后就是考试看不到试卷。其实就这些困难，没有别的啦……而且包括说，我们学习理科，让画图啊让弄什么，其实我们能够把最基础的空间概念和数学原理掌握了以后，其实相对来说，我们因为视力不好，所以我们必须逼着什么都靠自己去想啊，反而空间想象能力变好了。所以，主要因为现在有电脑，所以说，跟读真的是没有困难的，其实主要就是这些支持。"

DE女士视力残疾，一路接受特殊教育读到中专毕业，后面又读了网络大学，最终以心理学本科毕业，她谈到接受高等教育的过程，表示学校可利用的教育资源真的是相当之少。

DE女士："比如书的问题，电子书，就是教材啊，你们之前读书不是有很多工具书吗？我们之前是完全没有那方面的资料，还有很多期刊类啊，书的类型看的特别少。现在是可以看电子书，像txt啊，或者有些PDF啊也能读，主要得是文字类的，有图像类的就读不了，所以这个资源很缺乏。需要扫描、校对啊，然后才能读，但是我们又缺乏这方面的功夫。现在也是，可能稍微有好一点点，特别是我后来学心理学，太缺乏了，看的东西很少，然后去听那种培训班的，有些理论根本听都没听过，或者是只听到过名字，没看到过内容，因为这种书本来就比较偏。数学啊语文啊政治啊，这些会有基本的教材，会有盲人出版社专门出版的教材，还有一些比较常见的小说啊科普书籍啊，但是品种很少。”

访谈中视障者自身的教育经历反映了残疾人融合教育的优势，也显示了融合教育发展过程中出现的问题。视障个体的融合教育经历既是视力障碍群体的特殊性的体现，也在一定程度上具有普遍性。他们反映的“随班就读”过程中的软硬件缺乏问题，也同样可以存在于其他类别的残疾学生的受教育过程中，并且会因残疾类别的不同而呈现不同的内容。

第二节 就业与扶贫

每个人都有在社会生活中参与劳动的权利。就业是人们通过自己的劳动在社会上获得经济支持与社会地位的一种重要途径。通过就业，个体参与到社会交换与社会发展的进程中来，也是对自我价值的一种实现。残疾人就业更是推进残疾人自立自强，实现小康的重要渠道。从本研究不同场次与形式的会谈中，可以看到残疾人就业方面仍面临着极大困难，不同类型的残疾人对就业也有不同的需求，对就业中的问题有着不尽相同的感受。

一 肢体残疾人就业服务存在的问题

肢体残疾人虽然有明显的生理损伤，但在工作能力方面与从事非体力劳动的普通人并无差别。从总体上看，肢体残疾人的受教育情况与就业状况可以说是残疾人群体中比较好的（尹海洁，2012），但是仍然存在诸多困难。虽然国家与各级政府已经制定了推动残疾人就业的相关政策，但实施过程中由于社会偏见与就业歧视等原因，肢体残疾人与普通人相比，在人力资本市场的竞争中往往处于弱势地位。

（一）就业歧视问题

在座谈会上，F女士反映了肢体残疾人士应聘服务行业（诸如超市）的一般工作人员，会由于身体外在条件的限制，易受到歧视，在竞争上处于劣势而遭遇就业困难。

F女士：“在就业方面，要考虑到如果我们能做的事情让我们优先就业，如果我们不能做的事情就不考虑，要按照我们的能力去优先安排。企业应该安排一定比例的残疾人就业……在广州这边，超市招人要看容貌身材，更不可能招残疾人进入。所以更加谈不上是有工龄的，因为就业很难的。”

另一位重度肢残人士 E 女士表达了很多残障者的心声，期望国家能够早日颁布就业相关的反歧视条例，更好地保障残疾人的就业权利。能够实现就业的残障人士在能力上并不逊于其他人，并且相比之下往往可能更加珍惜得来不易的工作机会，更努力地工作，更认真负责。他们渴望在就业过程中实现自己的价值，彰显自己的能力，贡献自己的力量的同时也获得对等的回报。

E 女士：“我觉得可以参考香港的反歧视条例，要是有那个条例的话，残疾人求职的时候可能成功率会很高。就残疾人本身，就未来来说，现在信息化、电脑化、自动化，残疾人和不残疾人没有多大的区别，都是一样地工作，在能力上也没有太大的差别。这样的话，如果他有这个歧视条例，一般他就不可能打出来，要招五官端正身高多少，更不要说残疾人了。可能就比较有效一些。反歧视，我们国家是不是也应该去补充一下这方面的东西。”

（二）就业质量有待提升

从就业结构、就业质量和经济收入来看，肢体残疾人就业的层次相对较低，非正规就业比重高，就业稳定性差，工资收入水平低，这些都制约了肢体残疾人工资收入的增长和经济状况的改善。I 女士反映了许多已经就业的肢残人士的就业现状，大多处于用人单位人事系统的底层，就业质量不高。

I 女士：“因为我们现在残疾人就业的话，企业是为了完成这个指标才去招一个残疾人，他就可能随便招一个最基础的岗位，可能是清洁工或者饭堂（工作人员），那么招进来的残疾人在整个企业所处的地位相对比较低。他的收入在这个行业里面也是比较低的，所以我们现在的一种设想或者趋势就是说我确实是在这个岗位，比如行政岗位，把这个岗位放出来，确实有残疾人适合这个岗位的，就去招收他，而不是说我只拿清洁工这个岗位来招收残疾人就业。也有一些政府机关会在外派公司比如清洁公司，他也会招一两个残疾人，招完之后他也当成是政府机关的一个指标。”

造成这一现象的原因也往往与用人单位缺乏雇用残疾人的积极性有关。企事业单位对残疾人的雇用常处于被动状态，迫于法律规定而依据社会保障处罚金的金额数量来衡量是否选择按照最低比例来雇用残疾人，一些企业会选择“挂靠”等形式，为了完成“任务”而仅仅给予其最低工资水平。这些就业形式无法实现肢体残疾人的真正就业，更无法从本质上提高其经济收入水平。

C女士：“企业招残疾人以往就是给一个最低工资，最低标准，因为这个比残疾人保障金、罚款是要低的。好像是说最近的政策是会有一些调整，要求给到真正的工资，要按这个企业给他的员工的平均工资或者所在地区的平均工资来给，就不是最低了。然后这个企业一算，就不划算了，这样出的钱比我交保障金更多，然后他就不招了，就是会有这种情况。”

二 视力残疾人就业服务存在的问题

（一）职业培训面窄

视障人士由于特殊的生理状况，除了一般性的文化储备外，往往需要经过一定的系统化培训，才能更好地适应工作环境，并拥有一定的劳动技能，也才有可能在职场中获得一席之地。一直以来，职业技能培训都是视障人士就业与创业必不可少的先期人力资源投资储备。从目前的视障人士就业培训情况看，广东省各级残联在其中发挥了重要作用。

Z先生在接受了九年融合义务教育之后，到中专学习了会计专业，但是因为所学不精，多亏残联提供了职业培训才顺利进入劳动力市场，实现了经济独立。“当时我不是找不到工作嘛，然后就想说去残联那边，听他们介绍一下有没有什么合适的工作，他们就问我对钢琴调律还是按摩比较感兴趣，他们有提供职业培训。……工作之后残联也有定期给我们开展培训，请老师在残联那边讲课，但这个参加是自愿性的，就是残联通知你有这样一个培训，然后来不来你自己选择。”

目前残联主导下的盲人培训，对推拿按摩技能的职业培训相对比较完善，其他领域的则相对欠缺。胡春华（2010）在关于盲校职业教育课程的文章中指出，盲校职业教育多以中医按摩作为专业课，学生也以此作为生存发展的技能。然而，单一的教育路子必然导致日趋饱和的盲人按摩就业市场，造成盲人就业困难。可见，拓宽盲人职业教育道路，是帮助盲人谋生必需的策略。

阿惠："我总感觉他们需要更多的路去学习，比如音乐啊，因为盲人其实对声音比较敏感，我觉得应该多开设一些音乐方面的课程，从小就培养他们那种对音乐的感觉和发展，发展他们以后的生活，因为他们都是需要声音才能解决他们的障碍，所以读音乐，学调琴，学乐理，学各种乐器，我觉得比较适合盲童的。语言也是，我觉得在盲校里面可以加强一下语言方面，开设日语或者英语课程。因为他们表达和声音都没问题，所以我倡议这样，解决他们日后的生活、工作上的实际问题会更好一些。我觉得那个速录班假如从小让他们学习也很好的，因为也是靠听变成文字。现在的盲人教育主要针对的还是按摩，但是这个职业是很单一和有很多弊端的，由于教育的不全面造成盲人就业受到很大限制，他们谋生的路是很狭窄的，只能够按摩啊，和就业配套的教育也跟不上，凭我知道的，盲人只能做按摩吧。"

总体上，以往视力残疾群体的职业发展方向不多，一个主要的原因就是有限的职业技能培训类别必然造成就业类别的单一化，随之强化了社会大众对盲人群体职业角色的固着，提起盲人就业想到的就是盲人按摩，造成了社会对于盲人就业模式的思维局限。这些问题一环扣一环，很容易形成恶性循环。因此，在视力残疾群体就业方面，要扩展视力残疾人的就业渠道，必须有创新意识，打破常规，从视力残疾人自身角度出发，开拓适宜视力残疾群体的职业技能培训，推动就业多元化发展。

晓倩："就是不要一想到盲人就是按摩，其实很多人也会从事速录，也能做教授。像你们学校的教授，他不是一样是完全看不见之后才评选的教授吗，他又不是当了教授之后才失明的。"

（二）挂靠形式化

按比例分散就业是政府的一种强制性制度安排，广州市参照《广东省分散按比例安排残疾人就业办法》，出台了《广州市按比例安排残疾人就业办法实施细则》，规定符合条件的单位必须按照单位职工总人数1.5%的比例安排残疾人，否则就要缴纳一定数量的就业保障金。对于视障人士来说，这个就业保护政策有利于扩大就业范围和增加视障人士的社会参与，改善其就业隔离的状况，有利于实现社会融合。而Z先生认为这种就业模式在实施上存在一些问题，有些企业只是为了完成指标任务，并没有真正认识到残疾人在工作中能够发挥的作用与价值。

Z先生："这些用人单位他就是走形式的，招人过去挂靠在那里，并不是真的要你做事，他们不是因为你的工作能力而找你的，而是因为你是残疾人，然后象征性地让你过去待在那里，这不是我想要的工作，我还是有能力可以好好工作的。"

有些用人单位将"按比例就业"当成一项不情愿的任务来完成，认为残疾人就业对残疾人自身来说就是解决了他们的"饭碗"问题，提供个可挂靠的位置，走个形式就行了。挂靠性就业对残疾人来说不仅仅是一个"饭碗"问题，这种观点并不符合国家制定的残疾人就业政策的真正内涵。

从社会学视角来看，"在现代社会，拥有一份工作对于保持一个人的自尊来说是十分重要的。工作还是形塑人们的心理，以及日常活动周期的一个结构性因素"（吉登斯，2003）。这一叙述同样适用于残障人士。实际上，经过合格职业培训的视障人士足以胜任多种专业技术工作，他们自身也很渴望能够以平等的姿态和其他人一起工作，希望通过就业既解决个人的经济问题，减轻家庭与社会的负担，同时也能够实现自我价值，创造社会价值。

（三）工作权益保障力度需要加大

就业扶贫既要增加残疾人就业数量，也要保障残疾人就业的质量与权益。在市场竞争中，企业要发挥最大效率来配置劳动力资源以期达到利润最大化。在这种市场化背景下，残疾人的权益往往在单位利润最大化的追求中被忽视，残疾人的人力资本也会因为歧视性的解释而被忽视。增加残疾人就业的数量相对容易，就业质量与权益保障却是最容易被忽略的地方。残疾人在职场求职中往往缺乏竞争优势，即使有学历、有专长、有技术，在就业时也很少能够找到满意的工作，不得不退而求其次，去从事与自己能力并不匹配的低层次工作，并且可能会以牺牲自己的福利与合法权益为代价。

Z 先生和 DE 女士都有在盲人按摩所工作的经历，反映出了从事盲人按摩的服务人员的工作条件与工资待遇情况。

Z 先生："盲人按摩所就是早上 9 点半 10 点这样上班，然后一直工作到晚上，晚上工作几点结束，你就几点休息。很经常超过 12 点的，到一两点是很正常的，我以前还工作到凌晨 4 点多的都有。……没有加班费这个概念啦，就是你做多少，你工资就是多少。其实你想早点下班当然也是可以的啦，但是工资那么低，我们一般都会想要多赚点，不然生活怎么过啊，那想多赚点就得拼命做。这个也不仅仅是我当时所在的那个按摩所的情况，盲人按摩所普遍都存在这个情况的。"

由于在盲人按摩所里正常上班所得到的报酬低，所以为了挣到更多的工资而加班显然是盲人按摩师很被动的选择，这也是许多低端服务行业从业者面临的较为普遍的情况，不仅仅局限在残障群体中。DE 女士和凌女士都曾经在盲人按摩所工作过，她们具体谈到了一些自己在盲人按摩行业工作时的报酬计算情况。

DE 女士："那边（盲人按摩所）不算基本工资的，就是做多少算多少。但是有些店会给一些保底说一个月给你两千，做不到两千也给你两千，但是也只有一部分啦。一般就是一个钟头让你提成 20（元），那你就这样算下去。现在有 25 元，最高可能 30 元吧，要有去做才算，不是待在那里就有提成。比如你老板收费收到 68 块钱，就给你提成 22 元这样。"

凌女士："像我朋友，现在做按摩，一个小时 18 元块钱提成，很低的。在广州压力也是很大的，这个收入很低。……就业的话也就只能从事按摩职业，但是因为我本身身体不好，这么多年一直在吃药，身体不允许你去工作。而且盲人的话，你做盲人按摩，一般客人都是晚上去，有的一做就做到十一二点，以前我也做过的。一方面是因为比较辛苦，另外一方面就是想多关注家里。你想，有的时候一工作就到晚上一两点啊。这没办法，整个大环境就是这样。"

按摩类工作虽然是视力障碍人士实现就业非常重要且必要的工作来源，但是对于一般在劳动力市场上一线按摩服务人员（尤其是女性）来说，收入不高，又受到体力、身体健康状况、家庭等诸多因素的限制，职业发展收益小，局限性大，可持续性不足，劳动权益更是往往在就业过程中被忽视掉了。

三 听力残疾人就业服务存在的问题

（一）就业方向与发展受限

同视力障碍人士一样，听障人士的工作种类也没有太多可以选择的空间，职业发展局限性很大。

小风：“接触到的，很多都是要人挂靠，很少有企业愿意真正去接受残疾人。大多找街道，或者残联就业处这些地方要人，而且只要挂靠。”

在挂靠的情况下，听障人士基本没有自己的发挥余地和工作空间。而即使是做一些实际工作，他们的岗位也是基本做一些办公室助理，还有淘宝客服。在他们看来，现在的就业环境下，如果能够有非常优质的就业岗位，“除非有走后门的”。针对这个问题，听障人士“黑白”表示“需要扭转意识形态，培养出几个具有代表的人才做白领当榜样”。的确，残障者的就业不应只局限在少数底层低技术含量的工作岗位上，而应“重材轻残”“因材设岗”，同时辅以积极和更有针对性的政策，才能够拓宽听障人士的就业领域。

（二）创业支持政策的落实和完善度不够

除去改善听障人士的就业环境以外，听障群体认为支持和鼓励创业也是一条不错的出路。由于听力残疾群体就业多集中在低端服务行业，许多听力残疾人认为，与其花大力气求职，最后分到一个可有可无的岗位，并不能发挥和挖掘到自己的长处，薪酬也不理想，倒不如依照自己的兴趣来创业。而这就需要一些政策倾斜来帮助实现残疾人创业，并提供一些便利渠道。

小古：“因为聋人本身听力障碍所限制的原因，聋人自己也无法像健全人一样可以找薪水稍微更高的工作，更别说什么店长、服务员、前台等工作，只能做文员、酒店清洁工、看库或者厨工等底层工作。我个人认为，与其提供一些工资很低没发展前景的工作给聋人，还不如开创另一条路，就像之前大学生被取消了分配工作，最终找不到工作，国家就提供创业补贴资金一样的。”

小古的想法反映了一部分残障者对创业的渴望。《中华人民共和国残疾人保障法》《中华人民共和国个人所得税法》《残疾人就业条例》等法律法规中规定了一系列的鼓励残疾人个体自主择业、自主创业的政策。但是在很多情况下，残疾人士对于这些政策并不了解，他们需要有人能够做出相应的培训和指导。同时在政策的落实方面，似乎还有很大的调整空间。

座谈会上，参与者们反映创业流程复杂，营业执照关卡难通过。并且，由于各方面的原因，他们的创业计划是放在和健全人基本同样的标准下去衡量的，也就是说放宽的是资金，未放宽的是企划书，基本是在申请过程中挂掉的。

小苏："我知道天河区有这方面优惠补贴政策，但弊处是一定要有营业执照。而且没有针对聋人的，就残疾人创业补贴政策，但流程较麻烦。"

小古："你所说的优惠补贴政策，我几年前申请过，广州市民十万元创业贷款政策对吧？我最后因营业执照给卡住了，说需要办营业执照需要5500元，这个需要托关系的，在广州这边需要2200元。而且那个专门办理这个创业贷款的人比较黑，一开口就要五万元给他，说办成功了就给他五万。"

关于流程复杂、审批困难这一点得到了不少人的认同。他们希望残疾人创业补贴政策能够开辟绿色通道，简化相关手续，降低残疾人创业准入门槛。他们也提及有社工想要进行帮助，但是社工并非万能，对于残疾人创业还是需要获得专业咨询与支持。因此，在访谈中有听力障碍人士就提出了建立残疾人创业孵化园的建议。

小古："我去岳阳那里，看到了一家岳阳小吃小店，上面贴着残联的标志，朋友跟我说是残联扶助残疾人创业开店的。湖南有个做铁窗的聋人，1987年，我和他谈过几句话，他说开店创业是残联扶助的，得到残联帮助才得以开展的，每年租金也得到补贴，当然因为是小城市，租金很便宜，一年1800元。广州作为大城市自然是不能比的了，广州店铺租金很贵的，我个人认为广州可以开设什么残疾人孵化创业基地，给聋人开设申请残疾人创业资金贷款的绿色通道，或者，聋人创业时提供一定的指导帮助。"

开设残疾人创业孵化基地是一个较为大胆的设想，但也确实能够在很大程度上解决残疾人士对于创业方向的迷惑和流程上的烦琐。目前在广东尚未出现类似于残疾人创业基金的残疾人就业帮扶项目，更别提专门的创业顾问了。在针对残疾人创业的支持政策落实过程中，基金项目和创业指导是我们可以着手的方向。

四 精神残疾人就业服务存在的问题

（一）挂靠难

在劳动力市场中，精残群体和智障群体的人力资本经常会因歧视性的解释而被忽视。尤其是精神残疾的康复者，受到精神疾病污名化的严重影响，实现就业最为困难。在本研究中，肢体残疾、听力与视力残疾人士在会谈中有反映按比例就业中的“挂靠”现象及“挂靠”过程中的问题的，多多少少都表达了并不欢迎以“挂靠”这种方式来实现就业。与他们不同的是，精神残疾人士及亲友的会谈中并没有透露出对“挂靠”的明显排斥，而是反映了精神障碍人士在就业过程中连“挂靠”都很难实现。

谭先生：“就业方面实际上来说五个种类的残疾人，精神和智力这两个方面最难安排，社会上对他们的看法也是比较严厉的，社会上面对他们的看法也比较那个的，就怕他们工作出现精神问题，出现意外啊什么的，企业担心肯定也比较大。”

由于精神残疾与智力残疾群体遭受的社会偏见与社会排斥相对严重，精残人士偶发的个别暴力伤害事件的新闻报道或者是用人单位曾经发生过的负面事件或者通过口口相传而获得的一些负面消息，会加重社会大众与用人单位对精残人士的污名化看法。精残和智障人士与其他类别残疾人相比，挂靠情况更不乐观。在座谈会上，精神残疾患者家属晓丽对各类残疾人就业中的“挂靠”有着自己的理解。

晓丽：“肢体的话他们还可以干活，最多就是脚啊手啊什么的，还是可以干活的，或者是瘫痪的那些肯定是不能出去的。一个是精神的，一个是聋的，一个是盲的，一个是智力的，这四个群体的话，基本上就是说，你不给我挂靠不给我工资的话就没呗，单位好的话会给你钱，但如果单位收益不好的话或者单位小的话，就是给你买个养老保险。肢体的话，一般他会给你挂靠，你可以去做事，但是智力的、聋的、精神的跟盲的是不能去干活的。聋人的话如果你愿意去干的话有单位会愿意收你，但是你有可能会麻烦一点，因为你沟通不了手语那一方面。有的人一出生就是聋的没有文化，没有这一方面的知识，手语也不是那么好学的，而且也不是每个单位都会手语的，从小没有知识没有文化，不会写字，你到哪找工作是不是。”

（二）适合精神残疾群体的就业模式发展急需壮大

集中就业是指国家和社会举办专门性的生产或工作单位，安排各类具有一定劳动能力的残疾人就业（钟越，1994）。目前国内集中就业的主要形式有福利企业、庇护工场、工疗站等，这些由民政部门举办的福利企业、工疗机构是智障人士和康复期的精残人士集中就业与辅助性就业的主要场所，尤其是庇护工场、工疗站，实际上是院舍化的劳动场所，提供给残障者保护性的劳动空间，促进残障者的康复（廖慧卿，2014b）。在以劳动密集型为主的社会经济环境中，集中安置是解决精神与智力障碍者就业问题的重要途径，起到不可替代的作用。但是，目前集中就业模式下能够安置的这两类残疾人数量还是很少的。

康复者陈先生以他自身的经历和我们分享了福利机构对康复人员的重要帮助作用，描述了其作为精神疾病康复者在机构中进行辅助性就业获得的心理支持。但是对于大多数家庭中的精神残障者来说，像陈先生这样有着比较稳定的康复状态，并且能在康复后进入庇护工厂进行集中式辅助性劳动就业的还是少数。

陈先生：“回到社会要康复，那就靠的不只是医院啦，要靠家庭啊社会啊，特别是现在的康复机构，就像利康啊庇护工场啊，那些机构我觉得它们还是起着关键的作用的。它们的作用是在哪里呢，我觉得现在要把我们直接推出社会去工作不现实，如果说我们像现在这样，在庇护工场里面能够继续做，一类人在这里工作，你好了可以走出去工作，干不好了，有什么问题可以回来，这样有一个通畅的渠道，对我们的心理和负担就没有这么重，可以来回，我出去工作了之后，不行了可以来回流动，再回到你们这里再进行康复训练。我觉得这个帮助挺大的，这是个比较先进的理念，也希望政府能向国外先进理念学习，加强各方面的功能提高，能对中国的康复者更有帮助。”

第三节 残疾人社会保障

残疾人普遍收入较低，对社会保障的依赖程度较大，社会保障的完善关系到残疾人的生存和发展问题。广州市针对残疾人的社会保障一直处于全国前列，并在不断地完善和改进，但是从调研中反映的需求来看，仍然有很多亟待解决的问题。

一 社会保障总体覆盖率有待提高

随着社会的发展，社会保障对残疾人的覆盖已经逐渐提高，但是仍然有相当部分的残疾人处于基本生存需求难以满足的状态。此外，由于国内地域经济发展仍存在不均衡现象，不同城市、不同区域的物质生活水平不同，其社会保障的需求水平也不同。这种区域发展不均衡的现象给政策的制定与实施提出了更高要求。如果政策内容没有考虑到经济发展不平衡的问题，或者实施过程中不能因地制宜，缺少细化与灵活性的处理，往往会造成社会保障覆盖不到位的现象。

A 女士："我们生活在广州，广州的物价水平是很高的，低保或者退休金的那点钱根本就不够一家人生活的，只能勉强度日。建议应该不同的地方的社会保障水平根据不同地方的情况来定，不然不合理。"

SUN 女士："因为我是盲四级的，像是助残金只有一二级的才能拿到，我是没有的。但是如果我们能享受到这个就好了，因为我们的退休金也很少，只有一千多。我这个退休金是在街道买的，不是单位交的那种。退休金特别少，如果多一点补贴对我们的生活就好一点喽。一千多，现在的生活水平肯定是不够的。"

此外，随着残障类别与等级的不同，对保障的需求也会有所不同，残障本身的复杂性也决定了政策制定需要更加人性化，要从残障人士的实际需要出发，注重政策的具体化、差别化与实用性。

二 社会救助还需加大力度

和日益增长的物质消费水平相比，对残疾人群的社会救助和社会保险的额度较低，依然停留在基本生活的保障层面。社会保险提供的养老保险等额度对残疾人物质生活的满足程度一般，相当一部分残疾人由于失业等原因存在没有购买社会保险的情况。此外，残疾人因为身体情况特殊，需要较多的医疗服务费用支出，医疗救助额度的提高对他们有关键作用。针对残疾人的补贴和救助一般根据残疾程度来定，惠及程度有限。

凌女士：“你想一想，在广州的消费，就算我住的是公租房，但是来说，日常的开支，每天都要吃药，如果只靠我自己的那一千块钱，你说我够干什么？所以，这个生活的幸福指数对于我们来说就没有，感觉不到幸福。它这个补贴有一定标准，比如说你低保的申请额度是人均月收入不高于650块，我就给你低保，人均收入每个月不高于970块，我就给你低收入。我觉得它这个政策定的太过于强硬了，没有人性化，像我们这些残疾人，还这么多病缠身的，你是不是能够网开一面。你比如说，现在最低工资标准，每个月已经增到1890了，那怎么可能你低收入低保的额度限得这么低。如果你要是把低保的收入按人均的低收入、按最低工资标准来算，如果能按这个来算，我相信很多人能获益。”

社会保障政策制定缺乏对残疾人群体需求的考虑，相关补助条件苛刻，实施细节不规范。例如，针对不同残疾程度和不同类别的残疾人的不同救助的规定一般由社区或街道执行，其中存在一些评定不合理、执行刻板的问题。此外，很多社会保障政策细节规定模糊不清，造成了具体执行的困难和问题。

晓丽：“假如你生活条件好一点的话，你拿不到低保。低保的门槛是很低的，你的户口和你父母放在一起的话，你父母的退休金是高于你的低保线的话你永远拿不到低保金，除非你父母走了之后，你没有生活自理能力，你才能申请低保金，但是你要等到猴年马月。所以像阿姨他们这样，企业没有给钱就没有给钱，你帮我买社保，买十年也好五年也好，到时我走了之后，剩下我可以帮她一次性买了，然后她去医院住也好，去哪住也好，她只要有人照顾她就好。所以，现在大部分的精神病患者都存在这样的情况。”

三 政策宣传力度不够

社会保障政策内容复杂、种类繁多，缺乏信息公开和宣传。多数残疾人对于和切身利益相关的社会政策缺乏了解，没有获取信息的渠道，相关政策信息可达性不高。基层政策执行人员对社会保障政策的学习和了解欠缺，政策的宣传和推广工作状况较差。这些问题对残疾人认识和了解政策造成了困扰，妨碍了其及时享受社会保障的权利。

B女士："这里很大的一个问题是政策设计层面，变动很快。因为它几年一变，我们作为普通人信息不畅，我们普通老百姓怎么知道上面到底是怎么变的。这个其实本来就很复杂，那么它又没有一个详细的说明，没有渠道去了解，每个人的情况又不一样。大家互相沟通的时候，因为每个人年龄不一样，各种经历不一样，政策规定的时间也不一样，所以沟通不到。这也是很重要的一点，需要更多地去宣传教育，组织大家去了解这些问题。"

王女士："我就觉得我们了解政策啊、了解这些信息的渠道真的很少，有时候我们都不知道到哪里去问。因为我们到街道、到居委去问，他们好像也不是很了解。你去申请什么，他们就帮你递什么申请，但是到底我们有哪些可以申请的呢，有什么政策可以享受呢？一般我们就是听别人说这个，然后我就跑去问，好了，人家街道啊、居委又问你这个具体名称叫什么？我们根本就不知道，具体名称就更不知道了。……市残联可能还好一点，中国残联我上过，那上面的文件我看不懂，哈哈。只能说看看市残联那块，看到再问一问。"

四 养老问题日趋严峻

中国已经步入老龄社会，养老已经成为社会关注的热点，而老龄残疾化速度也在加快，原有残疾人变老和老年人因身体状况的恶化而变残，使得老龄残疾人口数量增长迅速。老龄和残疾双重因素为这些人的晚年生活带来了加倍的困难。因此，对老龄残疾人群体的关注和对其服务的提供显得极为紧迫和重要。而对于残疾老年人来说，目前的养老现状着实堪忧。

E 女士："现在养老对于残疾人来说，是双重的困难，现在是有很多重残的，有一些没有婚姻，所以有居家养老。他们对养老问题是非常担心的，特别是从 20 世纪 50 年代的小儿麻痹大流行的时候造成的一批残疾人。这一批残疾人现在已经老了，他们的年龄段相对比较集中，还有一些单身，他们对于养老问题非常地担心。将来到哪里去养老呢，依靠谁呢？"

残障老年人最关心的物质经济生活得不到真正的解决，是养老中的一个主要问题。老龄和残疾双重因素使得其无法获得劳动收入，只能依赖社会保障和其他资金来源供给。社会保险和最低生活保障及其他社会救助额度较低，无法满足日益增长的物质经济需求，同时仍然存在相当部分的残疾老年人由于健康、家庭等种种原因尚未得到社会保险及最低生活保障的覆盖，生存状况艰难。残疾老年人的日常生活缺乏照料支持。相比较于普通老年人群体，残疾老年人需要更多的日常护理和照料，尤其是相当部分的处于独居或空巢状态的残疾老年人。

A 女士："一个就是像低保的，会纳入政府照顾范围的，他们将来肯定不用太担心，他们自己可能也工作过，可能也有收入。但是有一部分老年人没有退休金，可能单身或者丧偶，甚至也没拿到低保，这一类人他们将来是非常担心的，这个不属于政府照顾的范围。"

SUN 女士："你说现在生活水平这么高，只有这个一千多的退休金，是很难的。都不是够不够用的问题，是手很紧的。那这个钱能不能保障最低生活都是问题。"

尤其是精残人群，因为精神状况差而无法独立户口，这样一来，供养人有退休金就会使得家庭人均收入高于低保线，从而导致残疾人无法拿到低保金，生活可能实际上还达不到享受低保的残疾家庭的水平。此外，除了残障人士自身的养老问题，一些残障人士的父母（尤其是重残人士的父母）既要承担照顾者的责任，同时自己也面临着养老的问题，这些照顾者的养老也是一个严峻的社会问题。

小午（母亲，孩子精残）："反正我退休金是三千多一点，那我还没工作没收入，我的养老金还要养他，我小孩看病啊，每个月要预付四百多的药，我看病一天也要十几块，我们真的很困难哦，低保又不行，反正你有退休金就达不到低保。”

第四节 医疗与康复

良好的医疗与康复服务对残疾人的身体和心理都有着重要的积极影响。对残疾人的关注和保护不可避免地要重视其康复问题。

一 肢体残疾人康复治疗服务需求与问题

肢体残疾人对医疗康复的需求比较大。总体来说，广东省的肢体残疾人康复治疗服务呈现进步和完善状态，但其中仍然存在较多问题，需要加大普惠力度，增加补贴额度。

首先，肢体矫治手术和功能训练等康复治疗手段未能广泛普及，大多数肢体残疾人的康复治疗只能依靠自身已有的资源。中低残疾等级群体的康复需求实际上也很迫切，但相关康复补贴覆盖范围有限，多数康复治疗需要肢体残疾人自身承担。

I 女士：“一个是要看等级，一二级才有买这些康复的设施的补助，另外这种长期的康复，比如像理疗、针灸，如果符合低保，这些都可以覆盖是不是。低保也不是无限的给康复，像是他们说的也就是每个月那些钱，对我们的康复、做理疗等都没有太大的帮助。”

其次，肢体残疾人的康复时间漫长、费用昂贵，对其自身和家庭造成极大的经济压力，针对不同残疾程度的康复补贴额度普遍较低、覆盖面窄、获取存在一定程度的困难。

A 女士：“现在我们这个年龄层的人，一直走下来，就算是普通人腿啊腰啊都会退化的，更不要说我们这些残疾人。所以需要一些康复性的治疗，但现在这些费用都很高，一个月的话要花费三百多块钱才得到两次这样的服务。像我们这样的肢残，百分之九十九的人的关节都存在一些问题。我听说，以后我们这类人的康复都可以有一些服务参与提供给我们。”

此外，现有的康复手段还是多集中于医学治疗领域，途径比较单一。实际上除了医学康复治疗之外，后续为改善生活质量，促进社会融入而进行的长期辅助性的康复服务也是非常需要的，这些服务往往可以依托社区供给，既能扩大受益康复服务对象数量，方便日常康复服务的获得，也能够缓解医疗机构的需求供给压力。与此同时，也需要加大对非治疗性康复服务的保障力度。

F女士："残疾人的身体康复也是问题。我去街道申请康复补助，他们说我不符合低保。我就是残疾人啊，我现在提出来有没有可能提供一些康复服务，包括身体康复、按摩，像我的脊椎就需要康复按摩。我的医生说我的脊椎是不能再动了，需要继续治疗。我不想再这样治疗，希望有一些康复性的治疗，这些康复性的治疗是很漫长的，而且需要很多花费，我不知道这笔费用要找谁来承担，就去找街道，和街道申请，街道就说帮不了我，既不是低保，又达不到残疾级别。"

二 视力残疾人康复治疗服务需求与问题

（一）康复治疗费用高，辅助器具申请难

视力残疾程度较低的残疾人对康复治疗服务的需求更大，然而其残疾等级较低导致其获取的康复补贴和服务更少，无法真正惠及需要帮助的视障人士。

杨先生："我三月回去检查一下，也怕眼睛会进一步地恶化，还是要保护眼睛。为了保护眼睛，就多去医院找医生。经常去医院，所以就医疗费用很多。"

也是由于残疾等级上的限制，一些视障人士需要的相关视力辅助器具申请困难。并且，多数视障人士收入偏低，自身无力承担较高的视力辅助器具花费，限制了对于辅助器具的购置和使用，不利于其视力的康复治疗。

SUN女士："还有就是那个辅助工具，希望也能给我们三四级的盲人一些，像是配眼镜之类的，如果自己去配都是很贵的。我现在去申请也申请不到，就是希望辅助工具能给我们提供一些。"

（二）辅助器具的供给存在缺口

助视器、盲杖等是对视障人士生理缺陷进行功能补偿的重要辅助器具，在视障人士的学习、生活、工作中发挥着不可或缺的作用，因而保证

辅助器具在视障群体内的可及性也是无障碍建设的一个关键点。根据受访者反映，广州市残联会定期根据不同视障群体的需要发放盲杖、写字板、单筒望远镜等辅助器具，在很大程度上帮到了视障群体，但是这种定期发放的方式对于一些特定年龄的视障群体（比如学龄期随班就读的盲童）来说还可进一步改进。

王女士：“就比如说，他主要是用这个单筒望远镜来听课，那残联的话就是有说两年可以申请一个单筒望远镜，但他随班就读毕竟比较特殊，小孩子对他带的这些器械会比较好奇，所以这个损耗就比较大，我自己觉得两年一个是不够的。那我们自己去买的话，又经常说没有货啊这样，很难买，所以器械这方面也是一个障碍。大人的话我觉得两年一个是够的，因为他们已经会自己保护，但是对于随班就读的小孩子的话，其他小孩子的确都会很好奇的。今天开家长会的时候也正好说到这个问题，希望其他小孩子尽量不要去碰他的器械。说是这样说喽，但是小孩子毕竟还是小孩子，你说几十个人个个都要控制好自己这个也很难是吧。……我觉得这个就要看年龄，不能一刀切，一刀切太不人性化了，所以我觉得 18 岁或者到 16 以下这样可能需要一年一个呀，或者可以的话一年两个这样最好，这就比较人性化一点。”

王女士提到两年才可以申请一个单筒望远镜的规定，对于随班就读的学龄期盲童而言是不够的，因为随班就读环境的特殊性，正常成长的学生对于盲童的辅助器具的好奇心和把玩导致其辅助器具的损耗大，而当前我国的残疾人辅助器具市场还没打开，很少有企业生产和销售残疾人用品，所以有需要的视障人群也很难买到这类辅具，即使买到，质量也参差不齐。

王女士：“那个单筒望远镜我感觉现在的质量比之前我买的那批质量差很多。因为我买的是他一二年级的时候了，买的时间比较长，几年前，可能不是一批货，一买就买了 6 个还是 7 个，然后就是质量挺好的，一直用到初一，然后我又去买，那一批无论是买的还是申请的，我觉得质量差了很多。因为单筒望远镜里面是很多个镜片拼起来的，里面是那种六棱镜，镜片会松动，以前那批不会，现在这批用了几次里面就会空空响，就松动，一松动对焦就对得不准，就不好用了。”

企业对视力残障人士的消费能力信心不足，所以导致了视力残疾人用品市场很难打开。辅助器具可及性低下直接影响到了视力残疾人的生活质量，制约残疾人用品市场发展的主要因素不仅是经济效益与生产技术的问题，也是社会公益慈善意识与工作理念的问题。辅助器具的生产不能完全以竞争市场的利润最大化为导向，更多的时候需要政策层面上的一定支持，从公益出发兼顾市场盈利。

三　精神或智力残疾人康复需求与问题

（一）医学诊断困难

对于精神病、自闭症等，准确的医学诊断是治疗和康复训练的前提，但往往这些病症在医学领域的研究尚不成熟，医务工作者对其认识不深，确诊非常困难，常常需要依靠几位专家进行。康复者陈先生由于诊断模糊，导致病情反复，几经辗转，最终才确诊自己是精神分裂和情感性障碍，对症下药之后才康复。

陈先生："到了看了医生住院了，住院了之后，我觉得医院里的护士、医生啊不是很认真，那病例上写的也不是很全面，有些医生对我的疾病的判断有可能是不太准确吧，我也不知道怎么说。……我是 2000 年出院的，那时候没有一个衔接，就出了院马上回到家，回到家就又一直在家里睡觉。我出院 10 天后又发病，又回到医院。第一次住了 10 多天，然后我就说要出院了，大概 10 来天又发病了，第二次住院住了 3 个月。"

广州是中国的一线城市，拥有相对优质的医疗资源，然而生活在这座城市的残障人士还是经常因为诊断不准确而辗转各地求医问药，这是国内医疗水平发展尚有不足的表现。此外，医务工作者、家属与精神障碍患者对病情、治疗以及服药必要性等信息沟通不足，精神障碍患者出院后因监管不足或自身对病情及按时服药缺乏正确认知而导致病情反复。

蔡先生："就康复者本身，我刚才也提过很多次，宣传提高他们的认识，自己为什么会得这个病，又不肯吃药这件事，就医生跟他说要吃药才能好，家属反而就是这类的话听的多，康复者反而没有听很多。康复者要有点认识才行啊，不能只是家属有认识啊。你不可能每天抓着叫他去吃药啊。"

（二）医院对患者的管理存在不规范现象

当精神或智力残疾人士家属把发病了的家人送进医院治疗的时候，对于医院是抱有很大期待的，希望家人能够康复，重新融入社会生活，然而医院在院舍管理上的一些不规范以及出院后康复干预的不足导致患者的康复之路一波三折，加重了家庭、社区与社会的负担。

冯女士："我们就想要不要再去住院，我们坚持住，我们也尝试过，希望说长住一点，但是进了两个多月就打眼睛打得黑黑的，我们去看他的时候还没发现，给他喂汤才发现，问他他说被人打的，同房的老病号，五十多岁，很壮，就是管理的问题，管理不好的话，我们去探望，你还不主动跟家长交代，就是很不负责任，那我就主动申请出院，就是很无奈，还不到三个月嘛，我还想说康复了还有个康复大楼给接收。住不长主要是管理的问题，这使我们很心痛，只要我有一口气，我就会把他带在身边，但是待在身边很操心的，他这个病有时候平和的，大家都出来都可以，但是他吃的这个药就副作用的话，不吃，就会很麻烦，医院没跟进，出来就不管你了。"

医院住院病人多，病床紧张，医务资源紧缺，医院管理不到位，住院环境参差不齐，容易引发患者之间的矛盾冲突，而专业工作人员短缺，医护人员相对于病人处于权威地位，容易忽视患者的权益，导致医患关系出现问题。

（三）康复系统衔接性不足

残疾人康复是指综合地和协调地应用医学、社会、教育等措施减轻致残因素造成的后果，最大限度恢复其生理功能和社会功能。医疗康复固然重要，但是如果后续康复服务没有跟上，那病情反复也会造成医疗资源的浪费。广州市目前提供给精残人士和智障人士的各种服务项目，如中途宿舍、庇护工场、辅导就业、技能训练中心、活动中心等，均由不同的中心提供。医疗康复、就业康复等服务往往各自独立。虽然这种独立本身有利于发挥各个功能主体的有效性，但是服务内容上的割裂也给服务使用者带来了诸多不便。

过往不少研究显示，精神病康复者的住院时间越长，其康复过程中所遇到的障碍越多（徐岩、蔡文风，2015）。故此，若能做好医疗康复系统与职业康复系统、社区照顾系统的衔接性工作，就能把在医院里恢复得差不多的康复者送到下一个康复点。H 医生提到精神科医院目前关于衔接性康复服务的意识尚且不足，因而相关方面的工作也没有做到位。

H 医生："病人出院的时候应该给病人的家属介绍像利康等这种康复场所，以及所在的家庭服务中心在哪个地方，这样的话，家属患者他都知道了，等到附近他就找你了，是吧，这就是衔接。其实现在确实没做到，因为什么呢，因为我们也不知道，现在也没人跟我们说这些家综在哪里。医院不知道的话应该说政府要牵线，就像残联，这个应该是残联牵线的，残联下面有个康复处，因为像家综和利康服务中心这些都由残联康复处管的。在出院的时候，医院就应该宣传，下面你应该去康复中心是吧。医院也有这个责任去和家属介绍这个康复途径，在什么地方。政府类似一些福利企业，经过咨询，经过评估，需要评估还是分级，这是属于后面跟进上的。不管它那个质量好坏，至少它有政府保证。"

H 医生反映，目前医疗机构与康复机构的衔接性不足导致住院治疗与社区康复脱节，老病号走不了，新病号进不来，使原本就已十分紧缺的医疗资源陷入一个更尴尬的发展困境，造成医疗资源的浪费，也使得患者的康复期更长。

（四）社区精防医生专业水平不够

社区精防医生的设置是政府重视精神病患者出院后跟进服务的体现，是社区康复存在的一个重要前提。但是 H 医生反映由于专业水平和临床经验的不足，社区精防医生的作用十分有限。

H 医生："精防医生的作用也是非常有限，一个社区里，有时一个医生他要服务多种病人，每个都是半桶水，这个懂一点，那个懂一点，说实在的这样不能很好地满足病人的需求。我在利康坐诊的时候遇到这种情况，我去给你开药或来了说几句，精防医生给他们的建议都不是专业的，没有起到一定的作用。其实这个对他们来说，对社区的精防医生来说他们还是要加强。……因为现在社区里面没有专业机构专业医院去（积累）临床经验，让他们去培训，回到社区也很快就会忘光了，因为他临床经验没有实践。"

社区精防医生要想真正发挥社区居民定心丸的作用，那相关医务知识和能力就得跟得上。因此，要提高社区工作者的业务水平，有针对性的专业知识与技能培训就显得非常重要。

第五节 无障碍建设

良好的出行和无障碍设施是残疾人群体解决日常需求、融入社会的必要和基础条件。广州市作为中国较发达的一线城市，在无障碍设施建设方面走在全国前列，但是其中仍然存在较多问题，导致残疾人群体在出行和无障碍服务方面面临诸多障碍和困难。

一 公共交通（公交、地铁、飞机等）服务状况

广州市残疾人公共交通服务总体上存在不同交通工具服务满意度差异较大、服务质量参差不齐、软硬件服务皆有欠缺等问题。

（一）公交

残疾人从获取公交车辆信息、等车、上车、入座到下车，都存在较多的不便，甚至是安全隐患。相当一部分残疾程度较高的残疾人在独自出行的情况下，无法选择公交车这种交通工具。另外，由于人力等条件限制，相比于地铁和飞机，公交车在提供软件服务上表现得较差。

F 女士：“坐公交的时候就很怕，踏上第一步就很怕，因为太高了，所以我就不想坐公交车。”

SUN 女士：“公交车的牌号很难让我们明白，看清楚。就是像我是低视力，我不是全盲，但是我看公交车站台我只能看见前面那一辆，然后后面那些都不知道的，我可能要一部一部走过去看，我可能走过去了，人家就开走了。然后它现在没有任何的辅助措施，公交车的软硬件都是没有的。”

阿曲：“那是肯定的啦，肯定是不方便的嘛。特别是坐一些公交车啊，现在说是改进了一点，但是好像还是不方便。坐地铁还是好一点的。然后公交车呢，就是我们坐的时候，不知道来的是什么车，其实放过很多车都不知道的。如果遇到一些好心的人呢，他就会告诉你这个是几路车啦，你要不要上这样，但是，反正还是很不方便。其实以前呢，是安装过

那种有遥控器，过来的时候呢，摇一摇，然后你就知道是几路车了。但是后来呢，又听说什么开人大会议啊，就说那些影响环境太吵了说是，然后就取消了么。”

信息技术对盲人出行、使用交通工具提供了很多便捷，但是其推广范围较小，再加上缺乏相应的对视障人士的宣传和培训，大多数盲人很难真正享受到信息技术带来的便捷。

杨先生：“现在广州这边有一个导盲系统，公交车可以告诉你，比如说你有智能手机，公交车差不多要来了，它就会响，就会有声音，你的手机就会响，就会告诉你什么车来了。但是这个现在还是不普遍，不是每一辆车都有。”

阿曲：“现在呢，是在说安装那种用手机的，浏览现在是几路车了什么时候到站啊这一些。但是呢，这个我觉得对于那些年轻人、会玩手机的人还好一点，懂电脑什么的人还有点希望，但是如果不会玩手机呢，年纪大一点呢，就比较麻烦一点。其实呢，我觉得以前那种更好，就是车子它自己就是有往内的喇叭和外的喇叭，一到站呢，就会喊几路车方向去哪里那种，其实这种是最方便的。但是也是说是影响环境太嘈杂了，具体情况我们也不了解情况，不清楚，就取消了。”

综上，多数视障人士无法看到驶来的车辆的班次，往往是依赖于周围乘客的帮助，但是还是时常错过需要的班车。虽然现在广州市交通委员会在宣传智能公交导盲系统，在手机上下载一个类似行讯通的软件，事先选中的那班次的车来了，手机就会震动。但是一方面，这个软件还在调试过程中，并不是很成熟。另一方面，这样的方式对于年轻视障人士来说还是比较容易熟悉和使用的，但是对于年纪大的人或者受教育程度低的人，学习手机软件的使用还是需要一定的培训，花费较长的时间与精力。与此同时，该软件对于手机也是有要求的，虽然市面上基本已经以智能机为主进行流通，但是对于那些条件较为困难，手机版本较为落后的视障人士仍然是一个问题。另外呢，也有人提出，公车内刷卡机位置的不统一，也给他们带了一些不必要的麻烦和困扰。这件事虽然小，但是他们也常常会因为找不到刷卡位置而堵在上车门口，有时候要是车辆一开他们因为没有及时入座而有摔倒的危险。

（二）地铁

相比于公交，地铁的无障碍设施比较健全、服务态度和服务意识也相对较好。地铁在广州市的公共交通中发挥着重要的作用，是公众日常出行的重要交通工具，对于残疾人也是如此。如何解决地铁乘坐高峰期残疾人作为弱势群体的安全乘坐问题，以及如何进一步提高对残疾人的服务质量，都是需要特别关注的问题。

J 女士："公交车现在有残疾人妇女专座，但是地铁一直没有，我认为它应该也设一个专座。可能它也有，但没有看到什么标识，我也从没坐到过。"

E 女士："地铁上有一些爱心座位，在车头或者车尾，人多的时候，经常被普通人坐，所以上去了也没有座位。里面的工作人员可以帮助我们特殊人员找到座位，但是也不想找他们帮忙。"

对于视障人士来说，出行时的辨向音响就非常重要。根据视障人士的反映，广州的无障碍设施在全国范围内已经较为完善，尤其在亚运会之后又做出了许多修缮。相比于公交车这类交通工具，地铁的无障碍设施比较健全、服务态度和服务意识也相对较好。他们一致表示地铁的服务和设施对于视障人士来说是最好的：地铁站内有引导工作人员、有音量适当的语音播报，楼梯两边都有盲文指引方向。

凌女士："地铁还好，只要进入地铁站，工作人员都是很热心的。地铁跟公交比的话，真的是好得多得多。一个是地铁的盲道建设很好，跟外面的完全不一样，还有就是工作人员的素质，无论他们再怎么忙，他都会把你交到——如果换乘的话——就交到另外一个同事的手里。"

虽然广州地铁普遍设有带盲人按钮的垂直电梯，从某种意义上来说，在前期设计的时候就已经把视障人士的需求考虑进去了，然而在实际使用过程中，垂直电梯被健全人一窝蜂挤占的情况是常态，所以残障人士使用起来还是有一定困难。而视障人士出于安全考虑也会考虑搭乘电动扶梯，但如果电动扶梯没有盲人辨向音响，则很难使用。

DE 女士："搭地铁的时候也分辨不出那个地铁的扶梯是上还是下，就是走旁边那个自动扶梯，如果我能分辨出旁边的人群是往哪走，那我就跟着走。我也有跟地铁公司说了，还有就是直接跟地铁那边的工作人员说。现在有些有语音提示了，就是在扶梯那里放一个喇叭，说注意安全什么的，那你就知道这是上的口，就好一些，但是有些还是没有的。我去香港的时候，那边就有类似红绿灯那种声音提示，我们这边就没有，我也提了很多次这个问题。”

Z 先生：“地铁不是一般都会有那个上下的扶梯嘛，我们都不知道哪边是上，哪边是下，一般都会站在那个电梯的前面，扶着扶手，然后用拐杖试探一下前两三级台阶，判断一下到底是上还是下的，危险也没办法呀。”

盲人辨向音响在广州市部分地铁的电动扶梯已有安装，但是普及度还是比较低，辨向音响的安装对于更依赖地铁出行的视障群体其实是比较紧迫的。像 Z 先生这种用盲杖试探电梯方向的方法显然是很危险的，要防范事故发生不是仅仅靠安全教育能够解决的，要杜绝则要普及地铁电动扶梯的盲人辨向音响。

（三）飞机

随着生活水平的提升，残疾人乘坐飞机去外地的需求也显著增加。飞机等大型高档交通工具对肢体残疾人缺乏人性化服务，针对肢体残疾人的硬件设施不健全，致使很多肢体残疾人无法单独乘坐或乘坐中遇到多种阻碍，不管是在身体上还是心理上都对肢体残疾人造成了伤害。

A 女士：“你（飞机乘务员）认为我的拐杖有危险，应该有一些相应的设备。即使你不让我的拐杖放到飞机上，你也应该给我交代，有备用的给我用，或者应该让我怎么样做。那你什么都没有，我（不能）上洗手间只能憋。我觉得这种服务是做得不好。”

二　金融机构、商场、医院等公共服务场所服务状况

虽然广东省内各个地市都逐渐重视公共场所的残疾人无障碍设施建设，但通过调研发现，在无障碍硬件设施亟须发展的同时，各类公共服务部门应该提供更具人性化的面向残疾人群体的服务。只有硬件设施与软性服务两者都跟上，才能真正实现残疾人的社会生活无障碍。

首先，银行等金融机构缺乏对残疾人的有针对性的服务，很多相应的服务设施是将残疾人群体拒之门外的。尤其是独居或单独出行的残疾人往

往无法正常使用金融设施，不得不求助于其他人，既不利于保护自己的财务隐私和安全，又对残疾人个体的日常活动造成了障碍。

D 女士："去银行取钱的时候，因为坐轮椅，够不到 ATM 机，然后就去找银行工作人员帮忙，但是他们说让我下次不要再来了，或者让亲戚过来帮忙，反正就是不想帮助我们了，不然他们的主管也会责怪他们。那些 ATM 设计根本不合理，我们够不到，像是一些盲人就更没法用了。还有一些独居的老人，他们没有亲属，更不可能让亲人帮忙。所以啊，银行还是为有钱人服务的，根本没有考虑到我们的需要。"

除了肢体残疾人士面临的障碍，视障人士在使用金融服务时也困难重重。DE 女士反映了自己在申请信用卡时由于签名困难而受阻的问题。"去银行其实也是比较麻烦的。因为我之前去过申请信用卡不给我申请，因为我签名的问题，因为我老爸给我起的名字很难写，然后呢我就觉得很不好，说起来这个我也很惭愧，然后他们觉得签名你这样不行啊，就不给我办理。"

杨先生："ATM 机和人工服务都很不方便。它完全没有针对盲人有任何的辅助措施。人工服务其实都还好，但是要操作设备的话，有的时候录密码或者填一些表，对我们来说是很难的，那我们还是要带一个人过去一起弄。对我来说很困扰，我有时想做一些事，不想带一个人过去。银行其实可以做一些辅助的设备，稍微改一下，对盲人来说就可以操作的。"

其次，医院等医疗卫生服务机构对残疾人缺乏服务意识和无障碍服务设备。残疾人由于其特殊的生理状况，对医疗服务机构的需求量相对较大，但是不完善的软件和硬件服务对残疾人的治疗和康复带来了阻碍，给残疾人去医院就医带来了诸多不便，增添了残疾人群体坚持治疗与持续康复的困难。

F 女士："还有医院没有设立残疾人服务窗口，目前医院有残障军人的特殊通道。必须有军人证。我去拿残疾人证，他说你这不是残疾人军人证，我们拿的是残疾人证。像我们这样的普通残疾人是没有特殊通道的，很麻烦。"

C 女士："去那些医院，坐电梯从来没有让残疾人优先。因为我经常自己也拄着拐杖，其实很显然是残疾人，从来没有优先过，他们也没有这种意识。”

凌女士：“没有人会帮你的。就算有人会帮你，可能也就是告诉你哪个医生在哪个诊所，然后你找不找到，就全靠你自己了。站在门口等，根本就没有人会提醒你的。就算有好心人带你去，看完了你缴费，取药，都是靠自己，这还是一般的医院呢，如果是大医院，像三甲医院、省医院，这么多人，我觉得对于一个盲人来说，根本就不用去看了。真的很难。看病的时候，医生他也就只负责看病，等两个小时，看两分钟，然后就让你去拿药吧，接下来的就靠自己。你更不要想着优先，等两个小时看两分钟。还有就是报销，很多都不能报，很局限。一开始去看，必须去社区医院，社区医院每次，像开中药的话，每次都只开三天的药。你想一想啊，本身眼睛就不方便，三天的药吃完了再去，真的很困难。”

视障人士在医疗方面存在着看不见和不被人理解的双重障碍，挂号、看病、取药都会遇到麻烦。社区医院等基层医疗机构服务水平有限，人们往往倾向于去大医院就医。三甲医院等高水平医疗机构医疗资源稀缺，视障人士就医缺乏特别通道，和非残疾人共同争夺资源处于明显弱势地位。如果能有一些措施诸如残疾人导医员、窗口语音提示等服务，同时发展志愿者服务，都会为盲人看病提供很大的帮助。

阿曲：“我们去医院都是有人陪的嘛，就挂号啊什么的，我们就在那里等着看病就是了，没有其他什么特别的。因为医院没有陪同的工作人员的，所以一般都是有人陪着去的，如果是一些小病的话，就问问周围的病人哪个科室在哪里。”

晓倩：“去医院还是希望有一些绿色服务之类的。其实看病什么的还好，主要是现在要是去一些三甲医院，都是有很多人的，如果有一些绿色通道或者引导服务的话，因为现在很多取药都是要电子屏显示的嘛，就会比较麻烦。”

再次，商场、酒店等关系公众日常生活需求的公共场所对残疾人的无障碍服务有待加强。许多工作人员没有残疾人服务意识，或由于种种原因怕麻烦。也由于大多数企业没有制定针对残疾人服务的细则，工作人员没有服务残疾人的动力，反而会担心对残疾人的服务耗时耗力，会影响自己的工作份额完成情况。

H女士："去超市买东西也是，我还要照顾我妈妈，很多电梯都不让我上去，说我超重了，让我坐下一趟，或者坐扶梯，但是很麻烦，要绕一圈。在超市购物是很麻烦的，提东西很重。有一次我让一个好心小伙子帮我提，没有通道就跟着工作人员去一个特殊的电梯，工作人员就抱怨，说让我下次不要再来了，每次都给他们带来麻烦，给我们方便就是给他们麻烦。但是，这也是为了生存，没办法。"

D女士："所以我们原来依赖残疾车，但是现在残疾车去到很多大酒店等地方真的受到歧视。真的，他都不允许我们进他的车库。他是说，你这种车不许进来，为什么还有这种，我说那宝马车都可以进来，而我的残疾车不给进。"

三　盲道等基础道路无障碍建设服务和使用情况

修建盲道的目的就是要让视力障碍者能够在独立的情况下通行，这要求盲道功能的连贯性和完整性。在我们的日常出行中，的确可以观察到广州市的盲道覆盖率相当高，但是稍微留意就能发现这些盲道存在一系列的问题，单凭衔接性差这一点就足以让视障群体无法使用，此外还有盲道被乱停放的车辆或者商铺的一些杂物等占用。

按照《广东省无障碍设施建设管理规定》，城市道路范围内无障碍设施的养护，由道路主管部门负责；无障碍设施的养护责任人应当按照规定对无障碍设施进行养护和维修，确保无障碍设施的正常使用（第十二条）。任何单位和个人不得损毁、侵占无障碍设施，或者改变无障碍设施的用途。因特殊情况需要临时占用城市道路的，应当避免占用无障碍设施；确需占用无障碍设施的，必须经有关部门依法批准，并且设置警示标志或者信号设施。占用期满，占用单位应当及时恢复无障碍设施的原状（第十三条）。但是盲道被占用或损坏的情况仍有发生。

杨先生反映"那个盲道真的是很糟糕。它能领着你到电线杆上。还有体育西东门那个公交站，那个垃圾桶，长期摆在盲道上，如果你整个广州城巡视一圈，都是很糟糕的"。Z先生也在自己亲身经历过盲道不规范带来的伤痛和听闻一些视障朋友的盲道惨遇之后就弃盲道而走其他，这也是当下视障人群一个不约而同的选择，因为视障人群达成了一个共识：走盲道更容易出事故。

Z先生："那个盲道啊，我们基本不走的，我们就走旁边的路反而更安全。不知道你之前有没有看过朋友圈里面一个帖子，就是说在杭州还是哪里，有一条盲道就走啊走，然后引到一条河里面去了。我自己是没有过这种经历，但是我有朋友就有过，是比较老的前辈，然后就会告诫我们不要走。就比如走刚刚说的那条盲道，那可能就走到河里面去了。他这个情况是这样的，就是原本那里是有一座桥的，盲道刚好就衔接到那座旧桥上，后来建了新桥，把旧桥拆了，拆了之后呢，盲道没改建，所以就成了一条很危险的盲道。所以我们平时都是不走盲道的，我们更宁愿相信自己的感觉和听力，慢慢去摸索，谁知道盲道走着走着什么时候就又受伤了。"

阿曲提到盲道缺乏管理、连贯性差，从市中心到市郊呈越来越不规范的发展态势。

阿曲："现在到处都有安盲道，但是呢，市中心的可能还好一点，有些如果是边界的地方啊，市郊的地方，可能有些盲道都乱七八糟的，就坏了就坏了，乱了就乱了，根本没人管的。再加上盲道上这辆车那辆车停的，然后有些地方的盲道也不连贯，这也有那也有，也不知道指到哪里去了。"

物尽其用本该是这个高效的社会所追求的，现在却适得其反。凌女士认为"盲道这个方面就比较遗憾了。花了这么多钱，盲道做成这个样子就是挺悲哀的。盲道真的作用不大。首先你踩在脚底下，根本感觉不到，一个是不够宽，第二个是凹凸不明显"。盲道的规划和建设没有充分考虑到盲人群体的需求，这是前期工作的不到位。诸多"无障碍"上"有障碍"的现象，则是后期管理工作不到位，以及对于盲道的使用和保护也缺乏相应的宣传所造成的。

四 居民楼等社区无障碍设施服务

《城市道路和建筑物无障碍设计规范》由建设部、民政部、中国残联联合发布，系全国范围实施的强制性规范。规范指出，无障碍要求是建筑入口、走道、平台、门、门厅、楼梯、电梯、公共厕所、浴室、电话、客房、住房、标志、盲道、轮椅席等应依据建筑性能配有相关无障碍设施。其中，电梯作为视障人士的便捷设备，有极高的使用率。事实上，虽然在很多公共场所安装了语音报站功能，但在一些居民楼却仍然没有实现高覆盖率。没有语音播报的情况下，视障人士很难知晓停靠的楼层，给生活也带来了极大的不便。目前，虽然已有相关的社区无障碍的规定，但是并未明确指出视障人士所在楼宇应安装电梯语音播报系统，因此住户和物业的交涉也没有十足的把握，会出现即使自己出资金也无法解决的状况。

阿曲："现在的无障碍设施，好像电梯嘞，看什么地方。其实现在有很多地方，如果视障入住的户数少的呢，或者整个小区整栋楼只有一两户呢，很多就没有装那些报电梯的。但是像我现在住的地方就有报。因为有几户盲人一起住。其实现在有很多没有盲人住的地方也有装的，但是以前没装的就是没装了。我们是进来以后装的，因为我们这个是廉租房，是政府的房子来的。后来我们就提出来嘛，这个不方便，到了哪一层都不知道。后来，经理就帮我们申请装了。但是我们其他有些同学，在别的地方，他说他自己出钱都不肯装。"

老韩："遇到的无障碍方面，我住的小区是电梯楼，但是上下没有报层数的语音提示，现在其他公共场所很多地方都有，我希望以后国家在新建楼宇和盲人需要的都装上楼层的语音报站，使盲人出入就会方便一点。在批楼宇新建的时候，不是要报批规划局的吗，所以希望政府能够强制安装这个语音报层，因为在残疾人保障法和广东省很多文件里面都提到这个问题，是有文件可以查询的。"

广州市目前公共场所的无障碍环境优化已经在逐步推进，但是社区无障碍的建设还在起步阶段。目前针对盲人的盲道盲文指引、电梯语音等功能在逐步开发，针对肢残的也有轮椅通道和电梯按钮匹配等服务，但针对听障人士的服务，目前还没有规模性地开展。关于这一点，被访对象提出了一种可视对讲装备规模性进社区的设想。

小张："聋人居住的住宅小区都有楼宇门铃对讲系统，对于聋人家庭，可以加装类似可视监控系统的设备，通过连接聋人家里的电视机，当有访客到访的时候，可以按相应开关，在家里的聋人就可以通过家里的电视机，方便看到访客，是朋友到访或者是送快递的、送水的等等。"

在楼宇对讲机的设置上，听障人士因为无法听见铃响，经常错过来客，会耽误很多事情。在听障人士居住的楼宇内安装这样的对讲可视设备，并通过有线或者无线连接投放在电视机上，使得他们能够在大屏幕及时获得来访信息，更为直观也更安全。

对于听障人来说，因为视力可见、肢体协调，一般的公共环境和建筑结构对于他们来说，并不十分困难。因此在建构无障碍环境时，常常会忽略或者观察不到听障人士的需求。他们需要的可能不仅仅是可视对讲设备，更需要的是在无障碍设施建设中对于听障人士的关注和他们的可参与性。

五　信息无障碍建设

当今社会已经迈入信息化时代，各种与日常生活及民生福利有关的事情都需要通过互联网来进行处理，但高科技很多时候在方便健全人的时候却无意识地将残疾人隔离在外，尤其是对视力残疾与听力残疾人士来说，信息化利用方面存在不少困难。

陶先生："我觉得就是有一些政府部门向大众开放的服务没有考虑到我们残疾人的需求，我们平时需要上网，很多那个大的网站就没有针对我们这些视力残疾的盲人做出有效的无障碍的设施，就好像说一些图形验证码，我们就没有办法跳过这个验证码。我们要上网买个火车票啊什么机票之类的就没有办法自己完成了，总结一句话，就是那个无障碍的社会环境没有建立起来，就对我们生活的任何一方面都造成了很大的那个影响。"

视力残疾人士由于视力缺陷往往需要声音的配合，而听力残疾人士由于言语沟通的困难往往需要通过可视电话或文字交流来与人沟通。座谈中听力残疾人士普遍反映需要比较多地通过手机或其他移动设备进行视频通话或短信文字交流等，希望获得来自服务提供商的优惠或费用减免。而访谈中王女士的建议则反映了各类残障人士对残疾人相关政策信息获得渠道的需求。

王女士："是喽，现在说到这个，就是残联上面如果有一个系统，我输我的残疾号上去，然后它可以告诉我现在正在享受什么，我这个条件我可以符合哪些申请，因为有些我去申请，他们就说你申请啦，已经给过你啦，有时候我不知道，突然有个四五百块钱的补贴，搞得我也很混乱，不知道自己在享受什么。所以就是希望能够有这么个系统，让自己知道有哪些方面可以去申请享受的，不用去增加一线的街道、残联他们的困扰。因为有时候去找他们，他们也不知道啊，就是你要申请什么他们帮你申请而已，所以如果这个系统能够做到就好了，因为外国就会不仅有服务，还会告诉你可以申请什么东西，这样就会帮得比较精准，因为国家毕竟是有这个政策，你是可以享受的，对不对，我们又可以感受得到国家这个政策给我们带来的福利。但是问题就是我们不知道，有的时候真的是我们不知道，说埋怨这个那个，但其实国家政策或许已经制定得很好了。”

如果能够通过固定统一的网络信息渠道，使得拥有残疾证的残疾人个体能够在系统中查询到自身的相关信息，以及各种福利政策的申请与获得情况，则会更好地促进残疾人福利的实现，也同时能够提升各类与各级残疾人服务部门的工作效率与工作效能。

第六节　社区照顾

我国肢体残疾人数量众多、分布范围广泛，发展残疾人社区照顾对完善残疾人的社会保障事业具有重要作用。残疾人因为其生理条件的特殊，更适宜选择社区照顾模式对其进行照顾和服务。社区照顾这种服务形式可以使残疾人更好地融入社区、融入社会，有利于为广大残疾人提供范围更广、层次更高、质量更优的福利服务。

G 女士：“如果社区可以给我们提供更便捷、更好的服务，我们愿意选择在社区，因为我们也想要融入，我们也希望可以和周边的正常人一起活动，而不是离他们远远的。尤其是当我们这些残疾人年纪大了，孩子不在身边，没有社区照顾，我们根本没办法。”

残疾人对社区照顾都有较为强烈的需求和呼声，但是目前广东省以及全国的社区照顾模式都处于尝试和发展阶段，针对残疾人的社区照顾服务还需要很大的改进和完善。残疾人社区照顾服务存在的问题有以下几方面。

首先，社区照顾服务内容、形式单一，缺乏物质经济支持，没有或极少有针对残疾人群体特有的一些服务内容和服务场地。残疾人群无法真正参与社区、融入社区。

B 女士："社区也没有组织，站在我这个角度，好像我也拉不到人一起去（体育活动），也没有场所。我觉得社区是不是也应该关注一下，不管残疾人还是正常人其实文体活动都可以一起来。因为像我们这样其实是可以和正常人一起活动的，哪怕下棋，打下扑克，这些在周六日完全是可以融入这些活动中去的，但是缺少了这样一个场所。"

杨先生："它（社区的活动）是针对所有残障人群的，每个社区都有一个公疗站嘛，在那个里面，他就是逢年过节叫我们去搞点活动啊，派派礼品这样子。"

其次，类似于残疾人服务站、残疾人公寓、托残所等社区照顾方式没有得到广泛推广和普及，同时这些服务方式缺乏相应的专业人员支持，服务照顾模式单一、水平一般，无法真正满足残疾人群体的需求、获得残疾人群体的信赖。

C 女士："等我们老了也可以去社区养老院申请床位，但是一旦进去了，就会失去自由，他们的服务比较死板的。但是如果没有办法在家里养老，那就只能进去了。你看现在在家里，自己不方便，也没法打扫卫生，社区要是有更多可以帮我打扫卫生的服务就好了"。

最后，居家服务、社区探访和其他形式（志愿者、政府购买服务、慈善基金会等）的对残疾人的照顾和关怀多停留在表面，以物质经济支持为主，并且具有随机性和短暂性，无法深入，难以真正实现对残疾人群体的社区照顾。

D 女士："政府购买服务还是没有落到实处。家综都是购买服务，社区服务没有到位，我也是感觉有些家综是浮在表面，文章做得很漂亮，但是实际上残疾活动或是受益的人群并没有像文章写得那么漂亮。"

H 女士："社区一般会在节日的时候来家里探访，送点米面油之类的，但是其实意义也不大，来来就走了。"

杨先生："有的，他们（家综等协会组织）偶尔会打电话过来，有时候也会上门走访。他们家综里的有一些社工也会提供一些服务。包括我自己也是会做这些，经常去访问我们类别的残疾人，有时候会上门走访。我也是做协会工作。这个走访的话，我觉得意义不是很大，就是去家里面看看问问，也没有问得很深，他可能还是有点怕，怕说一些话。他们刻意地回避某些话题，就会让你觉得越来越奇怪，他只会问平时生活怎么样，有没有工作，社保也会问一些，但是别的就不会问了。”

第七节　权益维护

一　残疾人权益维护和法治建设意识薄弱

残疾人作为社会弱势群体，其权益更容易受到侵害，因此做好残疾人的权益维护和法治建设具有重要意义。国家不断加强残疾人权益维护和法治建设，但是残疾人的权益维护中仍然存在较多的问题和困难。从我们的质性研究数据来看，广大残疾人群对维护权益的相关法律法规存在盲区，相当部分的残疾人对此完全不了解也没有渠道去了解，因此，当他们的权益受到侵害时，他们不但没有意识到，也无法及时诉诸法律渠道。其次，残疾人作为社会弱势群体，在工作、生活、婚姻等方面，其权益更易受到侵害，但是缺乏维权途径。目前我国的法律维权程序复杂、诉讼时间较长，这些原因导致残疾人维权相比于其他普通人会面临更多的困难和阻碍。

F女士：“我们残疾人根本不懂维权的，有一些针对残疾人制定的保护残疾人的法律我们也不清楚。比如，我们很多残疾人朋友找工作也没有意识去要求签劳动合同，就算签了也不懂里面的内容，被骗了可能都不知道。是不是应该组织一些残疾人法律法规的宣传普及活动，让更多的人了解，不然怎么去维权呢。”

二　残疾人群体对平等与尊重的需求

参与本次调研的各类残障人士都或多或少表达了对平等尊重的需求。残障面临的许多问题源于社会偏见与社会排斥。残障人士从内心渴望获得社会大众的认同与理解，获得平等的对待，受到尊重与接纳，渴望能够真正融入社会生活。一方面，虽然法律规定残疾人和普通人享有同等的权利，禁止任何形式对残疾人的歧视，但是社会公众对此并没有清晰的意识，一些不恰当的言行对肢体残疾人造成了伤害。

凌女士："出行的时候会遇到一些人，比如坐地铁，你拿个盲棍，你看不到，只能到处扫，然后有的人啊他不理解，说你哦。有一天我在地铁口，有个人带着我，我说不用我自己可以，但是他说还是我拉着你吧，等一下你那个棍扫到人家，人家就不高兴了。有的一些中年妇女，她会说，一大早就被你扫到，很晦气。这个就要看个人的心理承受能力了，给自己一个考验，也无所谓。他们没有这个意识的。"

A 女士："其实坐车什么的，自己也不愿意去求别人，只是希望得到一种尊重。可能我也不需要坐，但是我觉得你们不要当我们是个麻烦，一看到我们就躲起来，睡觉啦，看手机啦这样。"

J 女士："现在好多了，我们小时候经常被起外号。不敢出门的，好惨。现在提高了，现在那些"××"等外号就少了，但是就是打上了一个残疾人的烙印。所以小孩子现在都叫"残疾人，残疾人"，都会这样子去叫你。比过去进步了。现在大家都这么称呼，但是像是香港就称残疾人为"弱能人士"，只是能力降低了一些而已，就比较好，所以大陆在称呼残疾人的字眼上还是要商榷一下。"

另一方面，社会公众对残疾人的态度多停留在"关爱""给予""施舍"等层面，没有真正地树立平等、尊重对待残疾人的意识。残疾人群体所获取的社会福利和保障都是政府和社会的责任所在，是其应该享有的权利，而不是慈善性质的施舍和关怀。尊重和保护残疾人的权益是每一个公民必须做的。

B 女士："社会上对残疾人的尊重不够。总是用'关爱'这个词，我对这个词很反感。不是从上往下的，应该是平等、尊重、权利。这样的提法才是平等的。"

I 女士："很多政策都是在说我很关爱你们残疾人，这是给你的福利，但其实不应该是这样说的，这是残疾人应该享受的权利。能不能在全社会让所有人都认识到这是个权利的问题。这是一个尊重的问题。这是全民的教育，要从意识上去改变。"

尤其是随着年龄的增加，身体的残疾使得他们更难融入其他社会群体和社会活动，他们失去更多社会参与的机会。同时，社会公众缺乏对残疾人群体和老年人群体的尊重和关怀，使得他们在身体和心灵上都受到伤害，于是造成更为严重的社会隔离。

SUN 女士：“是啊，平时会遇到一些人就会用很奇怪的眼光看你，感觉很受歧视。好像是看不起。就是不熟悉的人，他会有这种眼光，有时候还会怀疑我们眼睛不好是装出来的，不相信我们。年纪越大，感觉受到的歧视越多。”

B 女士：“我们现在年龄大了，也不想出去了，出去更不方便。人家还会对你有看法，你看你本来身体就那样，年纪还大，为什么要出来，就算出来也要找个人陪你吧。他们会觉得你出来在外面，对这个社会是一个负担。而且身体不好的情况下，社区举办的一些活动我肯定也参加不了了。”

第八节　定性研究数据分析小结

一　教育

（一）融合教育与特殊教育均需要进一步完善

融合教育与特殊教育均为残疾儿童与残疾学生学习、成长和发展提供了重要场所。一方面，要大力发展融合教育，扩大普通学校中招收残疾学生的比例，进一步发展随班就读以及普通学校内的特教班或者资源教室建设。但在发展普通学校融合教育的过程中，一定要做好配套工作。要发展社会—学校—家庭三位一体的联动模式，要做好对普校师生融合教育知识与理念的培训，增加普通学校特教老师比例，制订普通学校针对残疾学生的个别化教育教学计划，增强对普通学校就读残疾学生的教学质量评估。另一方面，要继续加大力量进行特殊学校建设，扩大特殊学校数量与招生规模，优化特殊教育师资力量，提高特殊学校教学质量，对教学内容，尤其是职业技能教育内容要精细化、多样化。

（二）大众传媒以及教育体系要重视残疾人平等发展的理念传播

在现有的社会福利体制保障下，残疾人士作为社会中的弱势群体，享有一定水平的福利保障，但是也很容易被贴上“无能者”“低能者”的标签，被过度保护起来或者遭受限制与歧视，从而得不到平等发展，这样所导致的结局必然是被边缘化，受到社会排斥，无法实现真正的社会融合。

大众传媒和教育体系一方面担负着知识的传播工作，另一方面也肩负着意识形态层面的宣传、教育与倡导，包括对残障的正确视角、人权意识，平等与发展的理念的宣传、教育与倡导工作，这是大众传媒与教育体系义不容辞的责任。只有从教育入手，才能逐渐改变社会大众对残障人士的刻板认知，才能去除偏见，杜绝歧视。

（三）拓展残疾人职业教育范围

适宜残疾学生学习与就业的专业实际上可以有很多。然而残疾人自身及家庭受限于文化水平，获取信息的渠道狭窄，对可选择的职业培训领域知之甚少，而相关政府部门及社会组织目前提供的职业教育内容相对狭窄，这在一定程度上也限制了残疾人士的发展。因此，应当有意识地拓展残疾人职业教育培训的专业领域，为残疾人能够多渠道多种类就业打下良好的教育基础。

二　就业与扶贫

就中国国情而言，就业是残疾人最大的保障。残疾人只有通过就业才能实现其劳动权益和自身价值，才能摆脱贫困、改善生存质量，才能增强自我生存和发展的能力，才能以平等姿态参与社会活动，提高社会地位，分享改革和发展的成果。

首先，加强残疾人就业的法律法规的制定，将残疾人群的就业权利和就业机会纳入详细的法律规定里面，逐步提高肢体残疾人在企事业单位的就业比例和企事业单位违反该比例的社会保障处罚金，并争取早日颁布实施与残疾人反歧视有关的法律条例，充分保护肢体残疾人就业的权利，提升就业质量，提高工资收入，同时继续通过税收优惠政策和扶持鼓励措施支持残疾人自主创业或集中就业。

其次，通过社会政策针对残疾人的特殊情况，给予其适宜的工作岗位选择，实现残疾人的自主自由就业，提高其职业层级与职业地位。鼓励和支持残疾人从事脑力工作和其他非体力工作；积极组织针对残疾人就业的培训和学习，提高其求职竞争能力、扩大其职业选择范围。

最后，加大对残疾人平等就业的宣传倡导，在全社会形成对残疾人平等就业权利的维护和捍卫意识，尊重和保护残疾人的就业选择，消除就业排斥，创造更多有利于残疾人就业的条件和机会。

三　社会保障

社会保障对残疾人生存和发展的重要意义不言而喻，为了使残疾人群体共享改革和发展的成果，非常有必要及时发现社会保障中存在的问题，并努力解决和改善。从本研究中受访残障人士的会谈内容，可以总结以下几点。

（一）加强残疾人社会保障法律法规的制定和执行

要依据时代特点与残障人士的需求，秉持先进理念，以人为本，促进社会保障制度的完善和新的社会保障政策的出台。针对社会保障的具体实施，制定相关细节条文，明确责任和分工，确定实施过程中的奖惩制度，确保实施效果到位。同时，社会保障政策的出台和制定，要充分吸纳残疾人群体的意见和建议，创造更多残疾人献言建策的机会。政策的出台应该将残疾人的需求更好地体现出来。

（二）提升社会保障水平，让残疾人群体共享发展成果

应该逐步提高残疾人群体的社会保障水平，从马斯洛的需求层次论来看，不仅要满足残疾人基本的物质生存需求和安全的需要，还要通过适当的政策措施促进爱与归属的需要、自尊与自我实现的需要。要将其更高的生存和发展需求的满足作为目标，促进残疾人群体实现全面小康。社会保障政策的制定要因地制宜，根据物质经济的发展和不同地区的经济社会状况差异来制定，促进地区公平。

（三）充分利用各种宣传平台，加强社会保障政策宣传

广州市残联网站是为残疾人群体所熟知、并且有无障碍浏览功能的网站，应该积极开发类似网络资源，使其更方便残障人士及其家庭成员的使用。尤其要提到的一点是，强化残疾证系统与持证人士应当享有的合法社会保障权益信息之间的关联性，这样能够更方便残障人士及其家庭在社会保障自助申请以及基层工作人员的服务开展，使得社会保障政策体系的推进更为有序，残障人士的生活能够真正得以改善。

此外，对于残联、街道、居委会、社工机构基层人员在社会保障政策方面的培训有待加强，要激发他们对于社会保障政策的学习意识，这样才

能更好地服务于残疾人事业。此外，要加强各类残疾人社会组织的联系，使得信息的传播与交流更为有效。

（四）残疾人养老问题需要获得进一步保障

随着社会老龄化速度的加快，养老问题日趋严峻。养老已经成为促进社会建设与和谐发展的重要环节。残疾人养老和一般人群养老相比，具有其特殊性和复杂性。

首先，为了解决残疾人群体养老的物质经济生活问题，建议提高老龄残疾人社会保障的覆盖范围和保障水平，如提高其养老保险金和最低生活保障额度。同时，可以适当降低残疾人退休年龄，给予较早退出劳动力市场的残障中老年人适当的养老待遇。残疾人由于身体原因，在劳动中比一般劳动者付出更多努力，但因为身体功能受损可能比普通人更易随着年龄增长而更早产生健康问题，从而影响退休年限与退休后的各种生活保障。

其次，加强对残疾人家庭照料和社区照料的政策支持。家庭照料和社区照料对提高老龄残疾人的保障和服务水平有着重要意义，因此可以制定相关政策鼓励和支持面向家庭和社区的养老服务项目，除了机构养老与居家养老外，大力发展社区养老。

最后，提高社会公众残疾老年人的关注和尊重，积极打破残疾老年人的社会隔离，丰富其精神娱乐生活，帮助其实现社会参与、社会融合。

四　无障碍环境

截至 2013 年，广东省各级残联共颁发无障碍建设与管理法规、政府令约 30 个，总体法规较为完善，但缺乏具体的奖惩措施和救济措施。因此，首先需要更多的实施细则，明确责任主体和奖惩机制，并且做到有法必依、执法必严。

其次要优化无障碍设施的建设和维护管理工作。广州市残疾人群体无障碍设施的使用情况主要体现在以下几点：首先，广州市残疾人对城市现有的无障碍设施的使用频率较低，使用体验还有待提升。其次，相当部分的公共交通和公共场所无障碍设施不健全，存在不安全、有障碍、无法正常使用等问题。再次，无障碍设施的设计和建设由非残疾人完成，缺乏对残疾人需求的考量，与为残疾人提供真正无障碍的生活环境还有一定距离。

最后要提升硬件设施的同时注重服务态度和服务意识的提升，致力于提高残疾人对无障碍设施的使用效率。第一，要加强宣传，将无障碍设施的建设和使用介绍给残疾人，发动社会力量进行培训；第二，加强残疾人群体对无障碍设施环境的话语权，为其提供进言献策、参与决策的机会；第三，鼓励残疾人充分利用辅助外出的无障碍设施，走出家门，参与社会生活，提高其对无障碍设施的重视；第四，在全社会树立公众全新的残疾人观，使公众真正关注、平等地对待残疾人，保护和尊重残疾人的权益。

五　社区照顾

首先，让残疾人群体在社区内接受照顾，即运用社区资源，在社区内由专业人员进行照顾。例如，可以利用社区内的各种服务设施对残疾人的生活、康复、治疗等进行照顾，让其随时走出自己居住的院舍，进入众人生活的社区。这不仅有利于残疾人了解自己生活的社区、参与社区，而且能有效地给残疾人以生活帮助和精神关怀，有利于融入社区，尽快康复。这些都可以通过残疾人服务站、残疾人公寓、托残所等方式为残疾人服务。

其次，在社区中发动家人、朋友、邻居及社区志愿者来提供服务。例如，为有各种需要的肢体残疾人提供家庭服务，使残疾人不用脱离他们所熟悉的社区就可以过正常化的生活。通过居家服务、家庭照顾和心理辅导与支持等方式来增强残疾人社区归属感，激发生活热情与自信心，自强自立。

最后，国家应该大力支持和鼓励为残疾人提供照顾服务的社区和家庭单位，给予其资金和人力帮扶，对社区照顾模式开展得比较好的社区进行推广和宣传，以点带面，促进社区照顾服务的全面开展，鼓励残疾人走出家门，融入社区，真正实现参与、共享与融入。

六　残疾人权益维护

残疾人群体相比较其他人群，对社会认知中的歧视与偏见更敏感。在访谈过程中，可以感受到他们面对社会歧视的无助感，同时又渴望尊重与理解，需要倾诉又担心会受到排斥。理解他们的心理诉求，让我们意识到改变社会对残疾人的刻板认知、反对歧视和压迫的迫切性和必要性。

首先，制定明确的残疾人反歧视法，在现有的法律法规保障的基础上，增加和完善针对残疾人歧视的具体惩罚措施。从法律层面让社会公众意识到尊重和平等对待残疾人的重要性，改变社会认知，从而从本质上杜绝针对残疾人的歧视现象。

其次，对残疾人社会认知的改变应该重视社会宣传。一方面，对残疾人群体以及其他社会公众进行法律意识宣传，明确对残疾人歧视的具体表现有哪些，让社会公众意识到哪些是错误的歧视行为，从而有意识地杜绝歧视行为。另一方面，通过科普宣传传播正确的残障知识与理念，增加公众对残障与残障人士的了解。制作相应的公益广告和影视资料，吸引人们的关注，在潜移默化中影响和改变人们对于残疾人的认知。

最后，发挥社会组织、社区、家庭的力量改变社会对残疾人的不良认知。社会组织和社区、家庭服务体系可以为社会认知的改变提供信息和工具性支持，通过专业人员、社会工作者、志愿者以及残疾人亲属的努力，组织更多促进残疾人参与社区、融入社会的活动，从而加强社会公众对残疾人群体的认可度，从而减少因为认知误区而产生的歧视现象。

七　残疾人康复

康复不仅仅局限在医疗康复这一狭义层面，康复的理念应该贯穿于残障人士的各个生活阶段和不同生活层面。要提高残疾人的康复治疗服务技术水平，开发更多的康复治疗器具、技术、场所，为残疾人提供全方位的康复治疗服务。国家应该为残疾人的康复治疗承担更多责任，更好地解决其康复相关的费用支出问题，将康复补贴和经费惠及不同等级的残疾人群体，使得更多残疾人获益。最后，加强对残疾人康复知识和手段的宣传和推广，提高残疾人和其他社会人群对康复的重视，大力加强与落实各项社区康复措施。

第八章　结论与政策建议

第一节　残障者的现实困境与赋能的必要性

广东省残疾人口数量多，其中农业户籍残疾人口所占比重大，广东省内各地市残疾人口数量不等，省内地区经济发展程度不平衡，经济发达地区相对物质资源、文化资源与人力资源充足，各类服务配套更好，残疾人社会服务组织发展比较蓬勃，残疾人文化体育活动参与度更高。省内经济欠发达地区相对而言残疾人服务担子重，物质资源与人力资源匮乏，扶贫任务艰巨，社区照顾与家庭照顾压力大，需求与供给缺口大。

整体上，在对目前广东省持证残疾人的教育、就业、养老、康复等方面的需求与服务供给分析中，可以看到国家与各级地方政府提供的正式服务资源相对庞大的残疾人口数量来说远远不足。调查显示，未婚残疾人占多数，大部分残疾人在家居住，需要居家照顾的残疾人口基数大，而立足于社区的各种支持性服务虽然日益受到重视，但仍然有大量的残障者由于各种原因未能获得有效的社区支持，各类社区残障服务还需大力发展。广东省残疾人口老龄化趋势明显，中老年残疾人所占比重大，养老问题凸显。从持证残疾人的残疾类别分布来看，肢体残疾数量最多，其次是精神残疾与智力残疾人口数量；从残疾程度上来看，重度残疾（1 级、2 级）人数达到 45%。无论从残疾人口数量上还是残疾人口的残疾程度分布上看，广东省残疾人福利保障与帮扶担子重，残疾人事业发展仍旧存在地区差异，残疾人事业均衡化加速发展迫在眉睫，要在加大普惠力度的同时，开展有针对性的精准化残疾人服务与帮扶，最终共享经济发展成果，同步实现小康。

在社会模式下，残障风险的避免与残障者福祉的实现，既与社会生活中的每一个个体息息相关，也是社会和国家的共同责任。从目前国内残障者服务需求与供给的状况看，由于政府与社会资源有限，且相对稀缺，单纯依靠国家与政府力量来解决残障者需求与服务提供之间的缺口并不可行。残疾人事业的发展不仅需要自上而下的政策保障与公共服务提供，而且需要社会大众与残障者自身的努力，共同促进残疾人事业的进一步发展完善。无论从社会角度，还从个体角度看，对残障者及其照顾者的赋能既是残疾人事业发展的目标又是手段，是实现包括残障者在内的全体社会成员共同福祉的重要内容。

从本研究的质性资料内容分析结果来看，残障者自身与其家庭中的照顾者对残障身份是非常敏感的，尤其是精神残疾与智力残疾群体与其家人，往往迫于社会历史文化背景下产生的“污名”而不愿暴露残障身份（徐岩、温佩佩，2014；徐岩，2017）。这种对“残障”身份的负面态度让残障者在社会生活中遭遇诸多挑战。以残障者就业为例，在与残障者一起讨论他们面临的就业困境的时候，各类残障者均以不同方式表述了他们遭遇到的歧视与社会排斥问题。肢体残疾受访者由于身体损伤的外显特性，强烈地感受到了来自工作场所对他们外在身体条件的歧视。视力残疾受访者工作往往被局限在按摩服务领域，曾经或现在从事按摩工作的被访者表达了他们在这类工作中的权益保障问题。精神残疾康复者的就业最为困难，他们和家属表达了对类似庇护工厂这类社区集中辅助就业帮扶的迫切需要。

在本研究涉及的四类（视力、听力、肢体与精神）残障类别受访者中，虽然由于他们的残疾类别不同，以及他们的个人职业经历不同而对就业歧视有着不同的体验，但是普遍反映了残疾人就业过程中的挂靠问题。不过不同的是，前三类被访者都反映了就业过程中的“挂靠”形式化问题，而精神残障类受访者反映的则是“挂靠”难的问题。视力、听力与肢体残疾受访者大多希望能够平等就业，通过就业实现自身价值；而精神障碍受访者对就业似乎没有什么高的要求，能够参加到工疗站或庇护工厂的集体劳动中去已经是难得的机会了，或者哪怕是形式化的“挂靠”方式也难以获得。对于精神障碍康复者来说，就业歧视问题更加严峻，实现就业难上加难。可见，不同类别与不同等级的残障人士会因为外显的或内隐的身体损伤类别与程度的不同而可能体验到不同的社会歧视与伴随的社会排斥。与此同时，他们及其家属渴求被了解与尊重，希望被社会接纳，能够公正与平等地参与社会生活的心理需求又都是一致的。

要避免歧视与随之而来的社会排斥，要有效解决供需矛盾，不单单依靠政府来发展残疾人事业，赋能的必要性就凸显出来。残障者作为社会弱势群体，常常缺乏实现自我权益主张的能力。这些能力包括满足个人需求的个人能力，影响其他人思考、感受、行动与信任的社会能力，以及在社会系统如家庭、社区与社会中分配资源的能力（范斌，2004）。我国社会弱势群体的自我赋能常常会由于知识水平、生活技能、社会排斥等因素陷入“增权困境”（范斌，2004），这就需要专业化社会工作的介入，从个体、人际及社区层面，运用社会工作专业理论知识与技巧，帮助残障人士提升自己的权能。赋能既是过程又是结果，Rothman（2003）指出，残疾人只有了解与关注残疾人服务的发展历史，获得自我控制感，积极参与各种社会活动，以积极的方式融入社会，才能真正实现赋能，提升自尊，用自己的双手创造美好的生活（P126）。

第二节　政策建议

依据前文对专项调查数据的定量分析，以及对后续质性调研材料的定性分析，在研究结论的基础上对广东省残疾人事业发展提出如下具体建议。

一　重视省内残疾人事业发展不平衡问题，加大对经济不发达地区的人力物力投入。加大对处于低保边缘或国家贫困标准边缘的贫困残疾人的扶贫帮扶力度，降低社会救助的门槛

2016 年 12 月，中国残联与国务院扶贫办等 26 部门和单位共同制定了《贫困残疾人脱贫攻坚行动计划（2016～2020 年）》[①]。计划总目标为

① 具体内容见中残联网站，http：//www.cdpf.org.cn/zcwj/zxwj/201702/t20170210_582178.shtml。

“到2020年，稳定实现贫困残疾人及其家庭不愁吃、不愁穿，义务教育、基本医疗、住房安全有保障，基本康复服务、家庭无障碍改造覆盖面有效扩大。确保现行标准下建档立卡贫困残疾人如期实现脱贫”。这一计划加强了对残疾贫困人口，尤其是农村贫困人口在住房、医疗、就业、教育等各方面的社会保障力度，强化残疾人口的精准脱贫。

从广州来讲，一方面，珠三角地区在残疾人事业发展中居于省内领先地位，在教育、医疗、社会保障、就业、康复、社区照顾等多方面与粤东西北地区相比优势明显。因此，全省在残疾人事业发展布局上要重视地区间的发展平衡，既弘扬优势，又缩小差距。

另一方面，广东省贫困残疾人口数量众多，即使是珠三角经济发达地区，贫困残疾人口也具有相当规模。从广东省整体情况看，非农户籍残疾人口中，除了城镇家庭收入低于低保标准的残疾人，还有相当一部分处于低保边缘或低于省低收入标准；农业户口残疾人中，也有数量众多的不属于国家建档立卡贫困户的残疾人口。这部分残疾人群体由于家庭收入不符合低保或国家贫困标准，而实际发生的医疗、照顾、康复等费用高，尤其是精神残疾与智力残疾群体，成年后也难与其家庭独立分户①，导致因无法获得适宜社会救助而生活陷入更加困难的境地。同时也要加强省内残疾人家庭的住房保障建设。对城市无房残疾人加大保障房供应，完善残疾人保障房资格审核标准与申请流程。对农村地区残疾人住房需要加紧对危旧房排查、修缮加固工作，以及安置好农村无房残疾人。

二 完善残疾人就业机制，鼓励残疾人创业

残疾人就业形势依然严峻，就业需求缺口大。2016年10月颁布的《残疾人就业促进“十三五”实施方案》② 中明确指出要“以残疾人基本服务状况和需求专项调查中未就业的残疾人为主要对象，扎实做好残疾人

---

① 虽然国办〔2010〕19号文《关于加快推进残疾人社会保障体系和服务体系建设的指导意见》规定：“靠父母或兄弟姐妹供养的成年重度残疾人单独立户的，按规定纳入低保范围。”民政部〔2012〕220号《最低生活保障审核审批办法（试行）》也规定：“困难家庭中丧失劳动能力且单独立户的成年重度残疾人，可以单独申请低保。”但是具体到各地的具体措施并不相同，不同家庭与个体落实的情况也不尽相同。

② 具体内容见中残联网站，http：//www.cdpf.org.cn/zcwj/zxwj/201611/t20161102_ 572305.shtml。

就业促进、就业培训和就业服务工作”，要提高残疾人就业能力，加强残疾人就业服务，开展免费职业培训、职业介绍与职业辅导等服务。强调促进“按比例就业”的同时要积极保障残疾职工合法权益。稳定发展集中就业，鼓励支持自主创业，扩展主要面向肢体重残、智力与精神残疾的辅助性就业，调动各种社会资源探索以智力与精神残疾人为对象的支持性就业。

依据本研究中反映的广东省持证残疾人就业状况，为了更好地落实就业促进“十三五”实施方案，可以从以下几个方面来进一步精细化就业促进机制。

1. 扩大对残疾人的就业培训规模，完善培训内容，提升残疾人就业所需的职业技能。2. 拓展就业渠道，促进残疾人就业形式多元化，使更多有能力的残疾人能够发挥潜能，在人力资源市场上更具竞争力，能够承担更多的技术化与专业化工作岗位，提升残疾人职业地位。3. 重视完善按比例就业，去残疾人挂靠形式化，保障残疾人在挂靠单位的合法权益。4. 促进残疾人创业，建立残疾人创业孵化机制，对残疾人创业与个体就业给予更多的支持，对有潜力的创业项目给予政策倾斜，简化残疾人创业或个体经营相关手续。5. 扩大残疾人集中就业规模，尤其是针对智力残疾与精神残疾群体，在政府主导下结合公益慈善力量，发动社会组织参与促进残疾人就业。

三 义务教育与非义务教育两手抓，进一步促进融合教育的同时，扩大特殊教育规模，完善特殊教育内容

2017 年 2 月，国务院总理李克强签署了第 674 号国务院令，公布了修订后的《残疾人教育条例》[①]，进一步明确提出要“保障义务教育，着重发展职业教育，积极开展学前教育，逐步发展高级中等以上教育”；要“提高教育质量，积极推进融合教育，优先采取普通教育方式”。新修订的《条例》更加重视依据残疾儿童的能力来安排教育资源，采取多种形式（包括学校就读、送教上门或远程教育等）实施义务教育，同时强调

① 条例具体内容见中残联网站，http：//www. cdpf. org. cn/yw/201702/t20170224_ 583151. shtml。

要重视提高非义务教育的提供。对于融合教育中残疾学生在普通学校就读，也特别强调了要安排具有残疾人教育经验的老师承担相应的教学工作。

从目前广东省持证残疾人数据来看，残疾人口中仍然有一定数量的文盲，有约四分之一的残疾人口从未上过学，可见扩大残疾人基础教育面，提升残疾人义务教育普及率与完成率仍然十分重要。同时也要加强与发展残疾人非义务教育，扩大非义务教育阶段的教学与师资力量，以及办学规模，接纳更多的有能力的残疾学生继续学业。加强残疾人职业教育，为残疾人接受高等教育提供更多的政策支持与便利条件。

进一步加强融合教育，扩大普通学校随班就读比例，完善普通学校随班就读及其他融合教育模式的配套支持措施，加强对普通学校师生在残疾学生就读、身心特点与残障观念的相关培训，完善对残疾学生就读普通学校所需的软硬件建设。硬件方面主要包括资源教室配备、残疾学生学习专业设备与教学材料等，软件方面主要包括普通学校特教师资、残疾学生教学理念与教学目标、教学内容的设定等。

此外，广东省适龄残疾儿童接受特殊教育的需求仍占最大比重。特殊教育供给侧缺口仍然存在，并且特殊教育在质量上需要向普通教育看齐，特殊教育需要真正发挥其特教领域专长，针对不同类别、不同程度残疾人的特点进行个别化与具体化的教育，最大限度挖掘残疾学生的潜能，促进其自力更生，自我发展。

四　增加各类保险与补贴的覆盖面，加大保障额度。增强对重症残疾人的托养服务，发展社区养老模式，扩大机构养老力量，缓解居家养老压力

残疾人口对各类保险的需求大，同时众多残疾人由于经济与生计困难也需要获得足够的补贴来帮助他们参保，促进各项保险的落实。从广东省的情况看，省内各地市的经济发展并不平衡，消费水平也是参差不齐。因此，依据省内各地区的收入与消费差异，制定与残疾人口居住地收入与消费水平相符合的各类补贴办法，能更有效地推动各项保险与保障的落实。

以医疗保险与补贴为例，在 2017 年国务院最新颁布的《残疾预防和

残疾人康复条例》中，第二十五条明确规定“各级人民政府应当按照社会保险的有关规定将残疾人纳入基本医疗保险范围，对纳入基本医疗保险支付范围的医疗康复费用予以支付；按照医疗救助的有关规定，对家庭经济困难的残疾人参加基本医疗保险给予补贴，并对经基本医疗保险、大病保险和其他补充医疗保险支付医疗费用后仍有困难的给予医疗救助”。2017 年 2 月，民政部印发了《关于进一步加强医疗救助与城乡居民大病保险有效衔接的通知》[①]，要求全面落实困难群众的基本医疗保险和大病保险范围。还要求各地针对低保、特困、建档立卡贫困户以及重度残疾人群体，实施在定点医疗机构先诊疗后付费的改革。相信随着相关法律法规以及各项精准医疗帮扶措施在各地的具体开展，残疾人就医诊疗会更加便捷，尤其是重度残疾人用于医疗支出的经济压力会有很大程度的缓解。

另外，2016 年 6 月中残联在《“十三五”残疾人托养服务工作计划》[②] 中指出，残疾人托养服务工作将“以推动建立健全残疾人托养服务基本制度为核心，不断完善残疾人托养服务补贴、购买服务、评估监管和人才培养等制度，加强残疾人托养服务标准化体系建设，积极培育社会力量发展残疾人托养服务，努力为城乡残疾人提供多层次、多元化的托养服务”。该计划将在街道与乡镇普遍建立残疾人日间照料服务平台，开展社区（村）日间照料服务，逐步建立与托养服务相关的补贴制度，继续推进“阳光家园”计划，通过“政府购买服务”为符合条件的智力、精神和重度残疾人提供托养服务补助。

从本研究数据分析结果来看，目前广东省内残疾人照顾的主要责任仍然是在家庭，居家照顾与居家养老仍占多数。对于残疾人的居家照顾与居家养老势必对残疾人家庭提出更多的挑战，会影响到残疾人家庭照顾者的工作与生活质量，同时也给社会保障增加更多的难题。因此，残疾人社区服务亟须发展壮大，以《“十三五”残疾人托养服务工作计划》为依托，

---

① 关于此通知可参考民政部网站，http://www.mca.gov.cn/article/ztzl/tjtb/201702/20170200003332.shtml。

② 具体内容见中残联网站，http://www.cdpf.org.cn/zcwj/zxwj/201607/t20160722_561505.shtml。

结合广东省内的实际情况，发挥政府主导下社会力量充分参与的优势，使得各类型残疾人及其家庭既能在实现居家照顾与居家养老的同时普遍获得来自社区的支持，也可以使无条件进行居家养老的残疾人获得社区照顾与社区养老。

五　康复服务严重缺乏，亟须加大康复服务供给

康复是与医疗相关但又相区别的残疾人服务领域。对于残疾人来说，康复过程可能是贯穿于日常生活中的长期过程。从医疗康复，到日常功能训练、社会生活康复、辅助器具使用等都属于残疾人康复的范畴。因此，康复可以发生在残障的各个阶段，也发生在医疗机构、家庭与社区，以及社会生活的各种场域。康复是残疾人融入社会非常重要的一个环节。最新颁布的《残疾预防和残疾人康复条例》中对康复的预防、康复领域专业力量的培养、社区康复服务发展、康复对象与康复机构的扶持等方面都做出了进一步的规定。

从本研究的结果来看，由于残疾人康复需求的复杂性，而目前又缺乏专门针对康复的具体政策保障与社会支持，不可避免地出现了康复知识与康复专业人员缺乏、康复费用高，康复设备或器具质量参差不齐，社区康复资源有限，等等问题。结合前面章节中对康复相关数据的分析，解决上述问题需要以《残疾预防和残疾人康复条例》为指导，从以下几个方面入手。

（1）加强残疾人康复教育力量，增加残疾人康复领域的师资力量，培训更多的具有合格资质的残疾人康复服务专业人员。（2）从政策层面制定比较明确的残疾人康复保障措施，使康复需要的残疾人能够获得更加便捷的社区康复服务，并对困难残疾人口提供专项的康复补贴。此外，除了注重医疗康复补贴的获得外，也考虑依据各地区的实际情况增加对社会康复活动的支持与经济补贴力度。（3）在政府主导下，鼓励社会力量参与残疾人的康复服务提供，建立与完善残疾人社区康复服务机制。（4）政策上对具有公益慈善性质的残疾人康复器具生产企业给予一定的支持，同时对生产质量进行有效监管，从而避免出现残疾人康复器具难以购买、产品质量参差不齐的问题。

六 无障碍建设不仅仅局限于外在环境与硬件设施方面，还应包括服务无障碍与信息无障碍建设

《无障碍环境建设“十三五”实施方案》① 指出“我国无障碍环境建设仍存在一些亟待解决的困难和问题，主要有：全社会无障碍意识有待进一步提高；一些新建无障碍设施不规范、不系统，无障碍建设相关技术标准尚未得到有效执行；部分城市已建设施未进行无障碍改造；无障碍设施管理亟待加强；信息交流无障碍建设、残疾人、老年人家庭无障碍改造、农村无障碍建设等较为滞后”。

继续完善出行与环境无障碍设施建设，加强无障碍设施监管，加大违规惩处力度。重视服务无障碍建设，增强各类公共服务场所的无障碍服务意识，避免因工作人员拒绝服务或服务方式不得当而增加公共服务残疾人使用障碍。同时，越来越多的残疾人采用高效交通运输方式，比如飞机来出门旅游、出差及探亲访友，飞机与高铁这类高端运输工具上的无障碍设施建设与无障碍服务均需加强。

此外，随着残疾人生活水平的提高，越来越多的残疾人使用网络或移动通信设备来沟通交流、查找信息，以及进行文化娱乐活动等。这些需求也对残疾人信息无障碍建设提出了要求。2016 年 9 月颁布了《残疾人事业信息化建设“十三五”实施方案》②，方案明确提出要加强信息无障碍建设，建设残疾人服务网络平台，增强各类网站的无障碍化，整合康复、教育、就业、托养、扶贫、社会保障、权益维护等数据资源，逐步实现以服务残疾人为核心的信息化建设模式。在具体实施过程中，从本研究结果来看，广东省残疾人信息获得渠道与信息传递方式因残疾类别的不同而存在着不同的特点，因此在进行具体信息化无障碍设计时，需要注意依据不同类型残疾人的需要来定制信息传播工具或完善信息载体。此外，由于残疾人个体在年龄、受教育程度，以及残疾程度等方面都不相同，因此对信

---

① 具体内容见中残联网站，http：//www.cdpf.org.cn/zcwj/zxwj/201610/t20161026_571430.shtml。

② 具体内容见中残联网站，http：//www.cdpf.org.cn/zcwj/zxwj/201610/t20161025_571270.shtml。

息工具使用的接纳与掌握程度也不尽相同，有必要依照残疾人自身特点与学习能力的不同开展有针对性的培训，帮助残疾人个体更好地掌握信息工具的使用。此外，还需要对贫困残疾人信息使用费用进行一定的补贴，才能促进全体残疾人享有信息化建设成果，真正实现信息无障碍化。

七　增加残疾人社区文化体育活动参与度，鼓励残疾人在社会生活中积极参与和发声，促进残疾人社会融入，加强残疾人服务中的人文关怀，提升残疾人服务体验

在《残疾人文化体育工作“十三五”配套实施方案》① 中总结了以往工作的不足，指出“残疾人均等享有公共文化体育服务的程度还较低，尤其是农村残疾人文化体育建设严重滞后，权益保障有待加强；基层残疾人文化体育活动匮乏、经常参与文化体育活动的参与率不高……；加强基层残疾人文化体育建设刻不容缓”。的确，随着物质生活的丰富，残疾人对文化体育活动与休闲娱乐的需求也越来越凸显。发展残疾人文化体育事业刻不容缓。“十三五”方案中提出了文体工作的具体目标，强调文体工作要“弘扬人道主义精神，积极倡导平等·参与·共享理念，大力培育和践行社会主义核心价值观，树立残疾人事业良好形象，为加快推进残疾人小康进程营造良好的社会环境”；要健全公共文化服务网络，促进残疾人普遍参与文化生活，提升残疾人体育锻炼的参与率与覆盖面。

从本研究数据分析来看，广东省残疾人参与社区文化体育活动的频率还有很大的提升空间。“十三五”方案对各个地区贯彻落实残疾人文体服务与发展起到了很好的指导作用。从目前残疾群体生活需求状况看，提升残疾人生活自理能力，解决家庭照顾困难，增强社区照顾手段，是促进残疾人走出家庭，走进社区，积极参与社区文化体育活动，最终实现自立自强的核心。此外，本研究调研发现参与调研的各个类型的残疾人普遍表达了对平等与尊重的需求，反映了在诸多残疾人服务中不仅期望硬件环境上

① 具体内容见中残联网站，http：//www. cdpf. org. cn/zcwj/zxwj/201610/t20161027_ 571833. shtml。

的残疾人无障碍建设跟得上，也期望能够在服务意识与观念上表现出公平、正义、平等、尊重这些核心价值观。因此，从残疾人服务内容的制定到实施的每一个环节，都需要参与残疾人服务的工作人员，包括社区居民与社会大众，具有人文关怀精神与意识，这也需要在教育与培训中注重人文精神与核心价值观的培养。

八 扩大社区服务提供与继续大力发展面向残障人士的本土社会工作实践

无论是对广东省持证残疾人需求与服务供给状况的量化数据分析，还是本研究中的质性分析结果，都显示出社区残障服务的供给相对于需求来说仍有很大缺口，政府所能提供的福利资源有限，社区（村居）作为一个反映国家及各级政府政策实施的重要场域，同时又是每个残障者及家庭参与社会的重要日常生活平台，理应在残疾人事业发展与残障者及其家庭的赋能过程中发挥更重要的作用。残疾人教育与培训、残疾预防、医疗与康复、就业与扶贫、文化体育活动、心理健康支持、日常照料与养老等社会生活的方方面面都与社区有关。这么多方面的工作不可能仅仅依靠政府的力量来开展，也不可能单靠国家力量来满足不同类型、不同程度残障者的个性化需求。要做到依据不同需求进行精准化服务提供，同时也需要民办社会力量加入残疾人事业当中去，来满足多样化的残疾人服务需求。

从社会工作视角来看，社区照顾是专业性的社区工作人员调动社区资源，运用正式或非正式的支持网络，联络社区内政府与非政府机构，通过合作协调，以合法的社会服务机构和服务网络来为有需要的社区居民提供援助性服务（周沛，2002）。因此，社区照顾具有推动社区建设和社区发展的功能，可以推进社会问题的解决，促进社会互助意识的形成，加强居民社区参与意识，促进社区融入。可见，在政府主导下发动社会组织参与残障社区服务供给的过程中，离不开残障社会工作的介入。

我国残障社会工作目前还处在从“准专业和经验化”向“专业化和职业化”发展的转变过程中，广东是残障社会工作开展比较早的地区之一，但是无论从政府购买残障服务力度，还是专业服务机构的设立与专业残障社会工作者的储备上都还严重不足（马良，2013）。因此，从广东省来讲，仍需要多培养残障社会工作方面的专业人才，促进残障社会工作的进一步专业化，加大政府购买残障服务力度，并且注重针对不同类别、不同等级的残疾人的精准服务购买，避免社区残障服务的形式化与表面化。

朱健刚（2016）指出，社会工作可以扎根社区来培育社区居民具有参与、自助与合作的社区精神，从而促进社区公共生活的和谐开展；可以促进公益志愿活动在社区的开展；联结政府、社会企业与慈善组织；而基金会也可以通过购买服务、项目资助等方式参与到社会工作实践中去。总体上，残障社会工作服务与相应的社会机构发展，以及政府购买服务的举措，都带有极大的公益慈善性质，不能够完全以市场为导向。但是由于国家与政府的资源有限，而残障者的服务需求类别分散，需求量庞大，且不同地区的经济发展与保障水平并不均衡。因此，社会工作专业服务的开展与相应机构的发展，以及服务提供的物质支持，不能仅靠政府购买服务来发挥残障社会工作的优势，也需要公益慈善组织的支持与参与，只有这样，才能扩大残障社会工作的服务规模，增加社会工作服务受众面。

再有，国内社会工作的发展大多参照了国际经验，那么社会工作理论与实践的文化适应性问题对于残障社会工作来说也非常重要。王思斌（2001）指出，中国社会工作的开展要将国际社会工作经验与本土性社会工作经验相结合，互补长短。因此，国内残障社会工作中提供的专业服务更要扎根于残障服务对象的生活困境、生活方式，重视社会态度对社会行为的影响，发展出本土残障社会工作实践经验，帮助残障群体增能赋权，通过立足于社区的宣传倡导、各项残障服务与社区参与活动，减少社会排斥，促进社会融合与残障者社会福祉的实现。

参考文献

〔美〕阿巴斯·塔沙克里、查尔斯·特德莱：《混合方法论：定性方法和定量方法的结合》，唐海华译，重庆大学出版社，2010。

曹儒、张琲：《无障碍设计与无障碍服务设施》，《包装工程》2008年第6期。

陈斌、陶冶、张皓：《近十年国内社会保障研究历程与展望——基于人大复印资料〈社会保障制度〉（2005~2014年）的数据统计》，《山东社会科学》2015年第8期。

陈立周：《“找回社会”：中国社会工作转型的关键议题》，《思想战线》2017年第1期。

陈树强：《增权：社会工作理论与实践的新视角》，《社会学研究》2003年第3期。

陈涛：《社会工作专业使命的探讨》，《社会学研究》2011年第6期。

程凯：《我国残疾人康复工作的回顾与展望》，《中国康复理论与实践》2008年第3期。

崔斌、陈功、郑晓瑛：《中国残疾人口致残原因分析》，《人口研究》2009年第5期。

崔凤鸣：《推动残疾人融合教育的几个关键问题》，《教育发展研究》2010年第6期。

国家统计局、第二次全国残疾人抽样调查领导小组：《第二次全国残疾人抽样调查主要数据公报（第二号）》，《中国残疾人》2007年第6期。

范斌：《弱势群体的增权及其模式选择》，《学术研究》2004年第12期。

郭伟和、郭丽强：《西方社会工作的专业化历程及对中国的启示》，《广东工业大学学报》（社会科学版）2013 年第 5 期。

郭伟和：《后专业化时代的社会工作及其借鉴意义》，《社会学研究》2014 年第 5 期。

何侃、胡仲明：《ICF 理念下我国残疾人服务体系建设的趋向分析》，《残疾人研究》2011 年第 4 期。

何侃、肖敏、张跃等：《〈世界残疾报告〉及对我国残疾人康复服务的启示》，《中国康复理论与实践》2012 年第 12 期。

胡春华：《开发本校课程完善盲校职业教育课程设置》，《新课程研究（中旬刊）》2010 年第 3 期。

黄伟：《我国残疾人高等教育公平研究》，《中国特殊教育》2011 年第 4 期。

〔美〕吉登斯：《社会学》，赵旭东、齐心、王兵等译，北京大学出版社，2003。

贾玉娇：《走向全纳：残疾人无障碍理念的新发展》，《吉林大学社会科学学报》2012 年第 5 期。

〔美〕Juliet C. Rothman：《残疾人社会工作》，曾守锤、张坤译，华东理工大学出版社，2013。

赖德胜、廖娟、刘伟：《我国残疾人就业及其影响因素分析》，《中国人民大学学报》2008 年第 1 期。

黎建飞：《社会保险中的国家责任》，《中国人力资源社会保障》2011 年第 1 期。

李术：《试论残疾人的教育公平》，《中国特殊教育》2003 年第 4 期。

李学会、傅志军：《残障研究的多学科视角及综合取向》，《社会工作》2015 年第 4 期。

李迎生、孙平、张朝雄：《中国残疾人社会保障制度现状及完善策略》，《河北学刊》2008 年第 5 期。

李莹：《社会服务组织建设与社会福利促进——基于北京民办残疾人服务机构的调查研究》，《人文杂志》2012 年第 3 期。

梁左宜：《广东省残疾人事务史料研究》，《残疾人研究》2015 年第 4 期。

廖慧卿、杨罗观翠：《残障概念模型与残疾人集中就业政策工具研究》，《华南师范大学学报》（社会科学版）2011 年第 5 期。

廖慧卿：《交换、福利抑或挤占——残障人士的保护性就业》（2014a），《社会学研究》2014 年第 1 期。

廖慧卿：《国家、市场与残疾人工作权：广州市福利企业的个案研究》（2014b），中国社会科学出版社，2014。

廖娟、赖德胜：《残疾人就业服务体系的构建：从分割到融合》，《人口与发展》2010 年第 6 期。

廖娟：《残疾人就业政策：国际经验及对我国的启示》，《人口与经济》2008 年第 6 期。

廖娟：《残疾人就业政策效果评估：来自 CHIP 数据的经验证据》，《人口与经济》2015 年第 2 期。

马良：《中国残疾人社会工作历史、现状与发展趋势分析》，《残疾人研究》2013 年第 1 期。

毛传清：《中国残疾人事业五年工作纲要发展沿革分析与思考》，《残疾人研究》2015 年第 1 期。

〔英〕Michael Oliver，Bob Sapey：《失能、障碍、残障：身心障碍者社会工作的省思》，叶秀姗、陈汝君译，心理出版社，2004。

〔英〕马克．普里斯特利：《残障：一个生命历程的进路》，王霞绯、李敬译，李敬、王霞绯校，人民出版社，2015。

〔英〕迈克尔·奥利弗、鲍勃·萨佩、帕姆·托马斯：《残障人士社会工作（第四版）》，李敬、陶书毅、马志莹译，马志莹、李敬校，人民出版社，2015。

彭华民、冯元：《中国残疾人特殊教育制度转型——福利政策体系化与福利提供优质化》，《南开学报》（哲学社会科学版）2015 年第 4 期。

彭兴蓬、邓猛：《融合教育的社会学分析》，《中国特殊教育》2013 年第 6 期。

彭宅文：《残疾、社会排斥与社会保障政策的干预》，中国人民大学学报，2008 年第 1 期。

邱卓英、李多：《现代残疾康复理念、政策与社区康复体系研究》，

《中国康复理论与实践》2011年第7期。

邱卓英、李建军：《国际社会有关残疾与康复的理念和发展战略的研究》，《中国康复理论与实践》2007年第2期。

〔英〕Robert Adams：《赋权、参与和社会工作》，汪冬冬译，华东理工大学出版社，2013。

Stucki，G.，Cieza，A.，Melvin，J.：《〈国际功能、残疾和健康分类〉：对康复策略进行统一概念描述的模式》，祝捷、李智玲译，李建军审校，中国康复理论与实践，2008年第12期。

世界卫生组织：《社区康复指南：以社区为基础的康复》，2010。

宋卓平、杨志明、江明旭：《广东省残疾人事业发展报告》，载于郑成功主编，杨立雄副主编《中国残疾人事业发展报告》，人民出版社，2011。

汤夺先、张传悦：《我国大陆地区残疾人社会工作研究综述》，《安徽农业大学学报》（社会科学版）2012年第2期。

田蕴祥：《政策移植视角下的残疾人就业促进政策研究》，《厦门大学学报》（哲学社会科学版）2016年第2期。

王国羽：《障碍研究论述与社会参与：无障碍、通用设计、能力与差异》，《社会》2015年第6期。

王金营、张翀：《中国人口残疾发生风险估计及生命表分析——基于第二次全国残疾人抽样调查数据的研究》，《人口研究》2009年第3期。

王磊：《残疾人社会服务与养老服务制度衔接研究——以江苏省为例》，残疾人研究，2015年第3期。

王思斌、阮曾媛琪：《和谐社会建设背景下中国社会工作的发展》，《中国社会科学》2009年第5期。

王思斌：《社会工作在构建共建共享社会治理格局中的作用》，《国家行政学院学报》2016年第1期。

王思斌：《试论我国社会工作的本土化》，《浙江学刊》2001年第2期。

文军：《中国社会组织发展的角色困境及其出路》，《江苏行政学院学报》2012年第1期。

谢佳闻：《家庭中的残障儿童：从社会模式理论看残障》，上海社会科学院出版社，2012。

星加良司：《试论残障社会模式的认识误区及其实践性陷阱》，《社会》2015年第6期。

徐岩、蔡文凤：《医学人文视角下住院精神病人的康复困境分析》，《广西民族大学学报》（哲学社会科学版）2015年第6期。

徐岩、陈艳虹、张佳怡、周宇：《残疾人就业困境分析与政策建议——基于广州市残障人士的质性分析》，载于朱健刚、胡小军主编《中国公益慈善发展报告（2015）》，社会科学文献出版社，2017。

徐岩、温佩佩：《住院康复精神分裂症患者的权力状态与自我污名》，《北方民族大学学报》（哲学社会科学版）2014年第5期。

徐岩：《住院精神病人身份的抗争：基于社会文化视角的分析》，《广西民族大学学报》（哲学社会科学版）2017年（发表中）。

徐永祥：《社区发展论》，华东理工大学出版社，2000年。

许琳、张艳妮：《我国残疾人社会保障的现状与问题研究》，《西北大学学报》（哲学社会科学版）2007年第6期。

许琳：《残疾人就业难与残疾人就业促进政策的完善》，《西北大学学报》（哲学社会科学版）2010年第1期。

杨伟国、代懋：《中国残疾人就业政策的结构与扩展》，《学海》2007年第4期。

杨锃：《残障者的制度与生活：从“个人模式”到“普同模式”》，《社会》2015年第6期。

尹海洁：《残疾人受教育状况及对其生存的影响》，《山东社会科学》2012年第11期。

余向东：《论我国残疾人社会保障的体系性缺失及其建构》，《人口与发展》2011年第5期。

岳经纶、刘洪、黄锦文：《社会服务：从经济保障到服务保障》，中国社会出版社，2010。

张东旺：《中国无障碍环境建设现状、问题及发展对策》，《河北学刊》2014年第1期。

张晖、王萍：《残疾人就业需求愿望与现实满足的影响因素研究》，

《西北大学学报》(哲学社会科学版) 2011 年第 6 期。

张建伟、胡隽:《中国残疾人就业的成就、问题与促进措施》,《人口学刊》2008 年第 2 期。

张万洪、姜依彤:《平等、融合与发展:残障组织权利倡导指南》,社会科学文献出版社,2015。

赵行良:《中国残疾人社会保障问题研究》,《上海社会科学院学术季刊》,1998 年第 1 期。

赵宇辉:《由陆建积事件说起——残疾人教育:困境与策略》,《中国成人教育》2019 年第 9 期。

郑成功主编,杨立雄副主编《中国残疾人事业发展报告》,人民出版社,2011。

郑功成:《残疾人社会保障:现状及发展思路》,《中国人民大学学报》2008 年第 1 期。

郑功成:《中国残疾人社会保障的宏观思考》,《河南师范大学学报》(哲学社会科学版) 2007 年第 6 期。

郑功成:《中国社会保障 30 年》,人民出版社,2009。

中国残疾人联合会:《残疾人工作基本知识读本》,华夏出版社,2009。

钟越:《残疾人就业问题研究》,《浙江社会科学》1994 年第 4 期。

周林刚:《激发权能理论:一个文献的综述》,《深圳大学学报》(人文社会科学版) 2005 年第 6 期。

周沛:《社区照顾:社会转型过程中不可忽视的社区工作模式》,《南京大学学报》(哲学·人文科学·社会科学) 2002 年第 5 期。

朱健刚:《论社会工作与公益慈善的合流》,《社会科学辑刊》2016 年第 4 期。

Adams, R., 2008. *Empowerment, Participation and Social Work*, Palgrave Macmillan Ltd.

Bickenbach, J. E., Chatterji, S., Badley, E. M., & Ustun, T. B., 1999, "Universalism and the international classification of impairments, disabilities and handicaps", *Social Science & Medicine*, 48 (9), 1173 – 1187.

Boyd – Franklin, N., Morris, T. S., & Bry, B. H., 1997, "Parent and family support groups with African American families: The process of family and community empowerment", *Cultural Diversity and Mental Health*, Vol. 3, No, 2, 83 – 92.

Brett, J., 2002. "The experience of disability from the perspective of parents of children with profound impairment: Is it time for an alternative model of disability?", *Disability & Society*, 17, 825 – 843.

Bury, M., 2000. "A comment on the ICIDH2", *Disability & Society*, 15, 1073 – 1077.

Cattaneo, L. B., & Chapman, A. R., 2010. "The process of empowerment: A model for use in research and practice", *American Psychologist*, 65, 646 – 659.

Conners, C., & Stalker, K., 2007. "Children's experiences of disability: Pointers to a social model of childhood disability", *Disability & Society*, 22 (1), 19 – 33.

Creswell, J. W., 1995. *Research design: Qualitative and Quantitative Approaches*, Thousand Oaks, CA: Sage.

Finkelstein, V., 1980. *Attitudes and Disabled People: Issues for discussion.* New York: International Exchange of Information in Rehabilitation.

Gilson, S. F, & DePoy, E., 2002. "Theoretical approaches to disability content in social work education", *Journal of Social Work Education*, 38, 153 – 165.

Mithen, J., Aithen, Z., Ziersch, A., Kavanagh, A. M., 2015. "Inequalities in social capital and health between people with and without disabilities", *Social Science & Medicine*, 126, 26 – 35.

Morris, J., 1991. Pride against Prejudice: *Transforming attitudes to disability.* London: The Women's Press.

Morris, J., 1996. "Introduction". In J. Morris (Ed.), *Encounters with Strangers.* London: The Women's Press.

Neal, J. W, & Christens, B. D., 2014. "Linking the levels: Network and relational perspectives for community psychology", *American Journal of Com-*

munity Psychology, 53, 314 – 323.

Neuman, W. L. , 2006. *Social Research Methods*: *Qualitative and quantitative approaches* (*6th Edition*), Pearson Education, Inc.

Peterson, N. A. , 2014. "Empowerment theory: Clarifying the nature of higher – order multidimensional constructs", *American Journal of Community Psychology*, 53, 96 – 108.

Priestley, M. , 2003. *Disability*: *A life course Approach*, Polity Press Ltd. , Cambridge.

Puchta, Claudia & Potter, Jonathan, 2004. *Focus Group Practice*, SAGE Publications, Inc.

Reddy, C. R. , 2011. "From impairment to disability and beyond: Critical explorations in disability studies", *Sociological Bulletin*, 60, 287 – 306.

Shakespeare, T. , 2006. *Disability Rights and Wrongs*. New York and London: Routledge.

Shearer, A. , 1981. *Disability*, *Whose Handicap*? Oxford: Blackwell.

Simplican, S. C. , Leader, G. , Kosciulek, J. Leahy, M. , 2015. "Defining social inclusion of people with intellectual and developmental disabilities: An ecological model of social networks and community participation", *Research in Developmental Disabilities*, 38, 18 – 29.

Stewart, David. W. & Shamdasani, Prem. N. , 1990. *Focus Group*: *Theory and Practice*, SAGE Publication, Inc.

Thomas, C. , 1999. *Femal forms*: *Experencing and Understanding Disability*, Buckingham: Open University Press.

Thomas, C. , 2004. "How is Disability understood? An examination of sociological approaches", *Disability & Society*, 19 (6), 569 – 583.

Titchkosky, T. , 2000. "Disability studies: The old and the new", *The Canadian Journal of Sociology*, 25, 197 – 224.

Zimmerman, M. A. , & Warschausky, S. , 1998. *Rehabilitation Psychology*, 43, 3 – 16.

附录一　受访者情况

序号	编号（化名）	受访者相关信息
		听力残疾网络访谈主要参与者
1	小苏	女，本科，自由职业，一级残障
2	John	男，本科，残联工作，一级残障
3	小风	男，听力障碍
4	小张	女，本科，杂志社编辑，一级残障
5	黑白	男，听力障碍
6	小古	男，听力障碍
7	阿方	男，听力障碍
8	DS 先生	男，听力障碍
9	南北	男，听力障碍
		视力残疾网络/电话访谈
1	Z 先生	男，37 岁，视障一级，按摩师，中专，未婚
2	DE 女士	女，34 岁，视障一级，医务所理疗师，本科，未婚
3	王女士	女，35 岁，本人视力正常，文员，高中；孩子初中在读（男，视障二级）
4	老韩	男，61 岁，视障一级，退休，大专，已婚
5	阿曲	女，67 岁，视障一级，退休，高中，已婚
6	晓倩	女，24 岁，视障三级，研究生在读，未婚
7	杨先生	男，23 岁，视障四级，速录员，大专，未婚
8	凌女士	女，43 岁，视障一级，无业，初中，已婚
9	SUN 女士	女，52 岁，视障四级，退休，初中，已婚
10	阿惠	女，48 岁，视障一级，初中教师，本科，离异
11	陶先生	男，40 岁，视力障碍等级不清，个体户，高中，已婚

续表

序号	编号（化名）	受访者相关信息
肢体残疾小组座谈会		
1	A	女，未婚，无业，与家人居住，重度残疾
2	B	女，未婚，无业，独居，重度残疾
3	C	女，未婚，按比例就业，轻中度残疾
4	D	女，未婚，无业，重度残疾
5	E	女，已婚，退休职工，重度残疾
6	F	女，未婚，社区工作人员，与家人居住，轻中度残疾
7	G	女，未婚，有工作，轻中度残疾
8	H	女，未婚，有工作，与父母居住，轻中度残疾
9	I	女，已婚，公务员，轻中度残疾
10	J	女，已婚，特教老师，轻中度残疾
精神残疾者及亲友小组座谈会		
1	陈先生	男，精神障碍康复者，未婚
2	蔡先生	男，父亲，孩子精神残障
3	冯女士	女，母亲，孩子精神残障
4	谭先生	男，父亲，孩子自闭症
5	阿艳	女，姐姐，弟弟精神残障
6	小胡	女，姐姐，弟弟精神残障
7	阿强	男，丈夫，妻子精神残障
8	H 医生	男，广州市某精神病院康复科主任
9	陈科	女，广州某区精神卫生工作人员
10	小午	女，母亲，孩子精神残障
11	阿思	女，母亲，孩子精神残障
12	阿威	女，母亲，孩子精神残障

附录二　国际与国内残疾人重要政策文件列表

文件名称	颁布单位	颁布时间	实施时间	网络资源
《残疾人权利公约》	联合国大会	2006 年 12 月 13 日	2007 年 3 月签署	中国残疾人联合会网站、联合国网站
《残疾人机会均等标准规则》	联合国大会	1993 年 12 月 20 日	—	联合国网站
《保护精神病患者和改善精神保健》	联合国大会	1991 年 12 月 17 日	—	联合国网站
《残疾预防和残疾人康复条例》	中华人民共和国国务院	2017 年 2 月 7 日	2017 年 7 月 1 日起施行	中国残疾人联合会网站
《残疾人教育条例》	中华人民共和国国务院	1994 年 8 月 23 日中华人民共和国国务院令第 161 号发布，根据 2011 年 1 月 8 日《国务院关于废止和修改部分行政法规的决定》，2017 年 1 月 11 日国务院第 161 次常务会议修订通过	2017 年 5 月 1 日起施行	中国残疾人联合会网站

续表

文件名称	颁布单位	颁布时间	实施时间	网络资源
《国务院关于加快推进残疾人小康进程的意见》	中华人民共和国国务院	2015 年 1 月 20 日	—	中国残疾人联合会网站
《无障碍环境建设条例》	中华人民共和国国务院	2012 年 6 月 28 日	2012 年 8 月 1 日起施行	中国残疾人联合会网站
《中华人民共和国残疾人保障法》	全国人民代表大会常务委员会	1990 年 12 月 28 日第七届全国人民代表大会常务委员会第十七次会议通过，2008 年 4 月 24 日第十一届全国人民代表大会常务委员会第二次会议修订	2008 年 7 月 1 日起施行	中国残疾人联合会网站
《残疾人就业条例》	中华人民共和国国务院	经 2007 年 2 月 14 日国务院第 169 次常务会议通过	2007 年 5 月 1 日起施行。	中国残疾人联合会网站
《中华人民共和国精神卫生法》	全国人民代表大会常务委员会	由中华人民共和国第十一届全国人民代表大会常务委员会第二十九次会议于 2012 年 10 月 26 日通过	2013 年 5 月 1 日起施行	中华人民共和国国家卫生和计划生育委员会网站
《“十三五”加快残疾人小康进程规划纲要》	中华人民共和国国务院	2016 年 8 月 3 日	—	中国残疾人联合会网站
《广东省残疾人事业发展“十三五”规划》	广东省残疾人联合会、广东省发展和改革委员会	2017 年 3 月 28 日	—	广东省残疾人联合会网站

附录三　残疾人个体数据的分区域占比情况列表

		珠三角	粤东	粤北	粤西	总计
残疾类别分布	视力	10.6%	6.7%	10.9%	10.1%	10.0%
	听力	9.8%	4.9%	5.7%	5.6%	7.2%
	言语	1.5%	2.1%	2.2%	2.1%	1.9%
	肢体	48.2%	49.6%	55.9%	57.1%	52.3%
	智力	11.5%	12.4%	8.8%	7.4%	10.1%
	精神	14.3%	14.9%	10.1%	11.6%	12.7%
	多重	4.1%	9.4%	6.4%	6.2%	5.9%
	总计	100.0%	100.0%	100.0%	100.0%	100.0%
残疾等级分布		珠三角	粤东	粤北	粤西	总计
	1 级	18.1%	30.7%	12.8%	12.5%	17.4%
	2 级	23.9%	33.1%	28.6%	30.1%	27.7%
	3 级	30.0%	21.7%	32.6%	28.7%	29.2%
	4 级	28.0%	14.5%	26.0%	28.7%	25.7%
	总计	100.0%	100.0%	100.0%	100.0%	100.0%
残疾人性别分布		珠三角	粤东	粤北	粤西	总计
	男	56.2%	66.4%	61.2%	64.1%	60.6%
	女	43.8%	33.6%	38.8%	35.9%	39.4%
	总计	100.0%	100.0%	100.0%	100.0%	100.0%

续表

		珠三角	粤东	粤北	粤西	总计
年龄分布	6 岁以下	0.7%	1.3%	0.9%	0.9%	0.9%
	6～15 岁	3.8%	6.8%	4.0%	4.9%	4.5%
	16～17 岁	1.1%	2.1%	1.1%	1.5%	1.3%
	18～29 岁	9.2%	15.8%	10.4%	13.3%	11.3%
	30～39 岁	9.6%	13.4%	11.6%	12.5%	11.3%
	40～49 岁	17.4%	18.7%	19.1%	17.7%	18.1%
	50～59 岁	20.1%	20.6%	20.1%	17.7%	19.6%
	60～69 岁	16.7%	13.7%	14.9%	13.8%	15.2%
	70 岁以上	21.3%	7.6%	17.9%	17.7%	17.9%
	总计	100.0%	100.0%	100.0%	100.0%	100.0%
户口类别分布		珠三角	粤东	粤北	粤西	总计
	农业户口	62.4%	79.2%	86.8%	84.6%	75.7%
	非农业户口	37.6%	20.8%	13.2%	15.4%	24.3%
	总计	100.0%	100.0%	100.0%	100.0%	100.0%
婚姻状况		珠三角	粤东	粤北	粤西	总计
	未婚	58.5%	57.6%	64.5%	64.0%	61.1%
	已婚	24.1%	35.5%	23.9%	25.9%	25.8%
	离异	3.5%	1.6%	2.3%	1.8%	2.6%
	丧偶	14.0%	5.4%	9.3%	8.3%	10.5%
	总计	100.0%	100.0%	100.0%	100.0%	100.0%
敬老院（养老院）居住情况		珠三角	粤东	粤北	粤西	总计
	是	2.0%	0.3%	0.5%	0.5%	1.1%
	否	98.0%	99.7%	99.5%	99.5%	98.9%
	总计	100.0%	100.0%	100.0%	100.0%	100.0%
城镇残疾人家庭收入情况		珠三角	粤东	粤北	粤西	总计
	低于低保标准	13.4%	40.2%	33.8%	37.9%	22.8%
	低于低收入标准或低保边缘标准	6.1%	24.0%	14.2%	20.9%	11.3%
	其他	80.5%	35.8%	52.0%	41.2%	65.9%
	总计	100.0%	100.0%	100.0%	100.0%	100.0%

续表

		珠三角	粤东	粤北	粤西	总计
城镇残疾人家庭住房情况	自有产权住房	67.8%	68.6%	67.1%	67.5%	67.7%
	享受住房保障政策（廉租房或公租房等）	8.2%	8.1%	7.6%	6.8%	7.9%
	无房	24.0%	23.3%	25.3%	25.7%	24.4%
	总计	100.0%	100.0%	100.0%	100.0%	100.0%
农村残疾人家庭收入情况		珠三角	粤东	粤北	粤西	总计
	年人均纯收入低于国家贫困标准（2300元/年）	4.5%	27.8%	24.3%	35.5%	21.2%
	年人均纯收入低于省级贫困标准（3480元/年）	12.6%	37.7%	34.1%	35.9%	28.0%
	其他	82.9%	34.5%	41.6%	28.6%	50.8%
	总计	100.0%	100.0%	100.0%	100.0%	100.0%
残疾人贫困户分布		珠三角	粤东	粤北	粤西	总计
	是	14.7%	4.8%	17.5%	4.4%	9.5%
	否	85.3%	95.2%	82.5%	95.6%	90.5%
	总计	100.0%	100.0%	100.0%	100.0%	100.0%
农村残疾人家庭住房情况		珠三角	粤东	粤北	粤西	总计
	自有住房，状况良好	80.9%	65.8%	68.9%	71.8%	73.1%
	自有住房，已鉴定属危房	0.9%	2.2%	2.5%	2.7%	2.0%
	自有住房，属危房未鉴定	9.6%	27.6%	20.3%	20.4%	17.8%
	无房	8.6%	4.5%	8.3%	5.1%	7.1%
	总计	100.0%	100.0%	100.0%	100.0%	100.0%
残疾人识字率		珠三角	粤东	粤北	粤西	总计
	是	71.0%	62.8%	72.1%	68.8%	69.7%
	否	29.0%	37.2%	27.9%	31.2%	30.3%
	总计	100.0%	100.0%	100.0%	100.0%	100.0%

续表

		珠三角	粤东	粤北	粤西	总计
残疾人受教育程度	从未上过学	22.3%	33.1%	24.8%	28.1%	25.6%
	小学	39.3%	39.6%	38.8%	38.2%	39.0%
	初中	24.9%	20.9%	29.4%	26.6%	25.9%
	高中（含中专）	10.3%	5.4%	6.1%	6.0%	7.7%
	大学专科	2.2%	0.9%	0.8%	0.9%	1.4%
	大学本科及以上	1.0%	0.2%	0.2%	0.2%	0.5%
	总计	100.0%	100.0%	100.0%	100.0%	100.0%
普通教育机构受教育情况		珠三角	粤东	粤北	粤西	总计
	学前	16.2%	19.0%	23.8%	21.0%	19.8%
	小学	45.8%	58.4%	56.4%	55.0%	52.9%
	初中	19.9%	14.8%	13.2%	15.3%	16.2%
	高中阶段（含普通教育、职业教育）	11.4%	5.1%	4.6%	6.0%	7.2%
	大学专科	4.4%	2.1%	1.6%	2.0%	2.7%
	大学本科及以上	2.3%	0.7%	0.5%	0.7%	1.1%
	总计	100.0%	100.0%	100.0%	100.0%	100.0%
特殊教育机构受教育情况		珠三角	粤东	粤北	粤西	总计
	学前	26.4%	46.5%	41.6%	43.1%	33.3%
	小学	51.2%	40.9%	47.2%	43.4%	48.3%
	初中	15.4%	6.3%	7.5%	7.9%	12.1%
	高中阶段（含普通教育/职业教育）	6.1%	4.5%	2.4%	4.2%	5.1%
	大学专科	0.6%	1.1%	1.1%	1.0%	0.8%
	大学本科及以上	0.4%	0.7%	0.3%	0.4%	0.4%
	总计	100.0%	100.0%	100.0%	100.0%	100.0%
教育需求分布		珠三角	粤东	粤北	粤西	总计
	特殊教育学校	49.3%	49.2%	56.8%	56.0%	52.5%
	普通学校随班就读	9.2%	19.6%	16.4%	19.0%	15.9%
	普通学校附设特教班	3.6%	7.4%	5.8%	5.9%	5.7%
	送教上门	37.8%	23.8%	21.0%	19.1%	25.8%
	总计	100.0%	100.0%	100.0%	100.0%	100.0%

续表

		珠三角	粤东	粤北	粤西	总计
是否就业	是	35.3%	22.2%	33.9%	33.1%	32.5%
	否	64.7%	77.8%	66.1%	66.9%	67.5%
	总计	100.0%	100.0%	100.0%	100.0%	100.0%
非农业户口残疾人就业形式分布		珠三角	粤东	粤北	粤西	总计
	集中就业	4.1%	7.5%	5.2%	8.6%	5.1%
	按比例就业	48.7%	13.2%	14.2%	9.1%	36.5%
	个体就业	11.1%	26.5%	22.9%	24.6%	15.5%
	其他形式就业	36.1%	52.8%	57.6%	57.6%	42.9%
	总计	100.0%	100.0%	100.0%	100.0%	100.0%
农业户口残疾人就业形式分布		珠三角	粤东	粤北	粤西	总计
	进城务工	16.6%	14.2%	24.0%	20.4%	19.6%
	从事种植养殖业	22.4%	18.8%	35.3%	42.6%	31.5%
	村办或乡镇办企业就业	6.9%	5.3%	1.2%	1.3%	3.5%
	个体就业	13.0%	24.5%	11.7%	12.2%	13.6%
	其他形式就业	41.2%	37.2%	27.8%	23.5%	31.8%
	总计	100.0%	100.0%	100.0%	100.0%	100.0%
残疾人未就业主要生活来源分布		珠三角	粤东	粤北	粤西	总计
	退休金（养老金）	10.2%	1.2%	1.4%	1.0%	4.4%
	财产性收入	1.7%	0.1%	0.1%	0.1%	0.7%
	社会救助与社会福利	26.2%	21.2%	31.1%	27.8%	26.9%
	家庭成员供养	54.9%	68.6%	57.2%	63.1%	59.7%
	其他	7.0%	8.9%	10.2%	8.0%	8.4%
	总计	100.0%	100.0%	100.0%	100.0%	100.0%
残疾人未就业原因		珠三角	粤东	粤北	粤西	总计
	在校学习	2.5%	1.7%	1.5%	2.3%	2.1%
	退休	10.2%	1.1%	1.3%	0.9%	4.3%
	丧失劳动能力	46.7%	55.5%	51.4%	58.3%	52.0%
	无就业意愿	4.9%	3.7%	3.5%	3.1%	3.9%
	无就业技能	15.5%	20.7%	19.3%	20.8%	18.6%
	农用土地被征用	0.4%	0.2%	0.4%	0.3%	0.3%
	其他	19.8%	17.0%	22.6%	14.2%	18.7%
	总计	100.0%	100.0%	100.0%	100.0%	100.0%

续表

		珠三角	粤东	粤北	粤西	总计
残疾人目前就业扶贫需求	职业技能培训	13.9%	14.7%	14.6%	18.0%	15.1%
	职业介绍	12.5%	11.1%	12.2%	13.7%	12.5%
	农村实用技术培训	6.4%	10.3%	15.3%	17.2%	11.7%
	资金信贷扶持	5.4%	14.1%	16.6%	23.4%	13.7%
	零就业家庭就业帮扶	2.9%	5.9%	4.6%	6.5%	4.6%
	其他帮扶	46.0%	65.5%	62.7%	61.9%	56.8%
	无需求	38.6%	19.6%	21.7%	15.7%	26.2%
参加职工社会保险情况		珠三角	粤东	粤北	粤西	总计
	养老保险	25.3%	4.7%	4.5%	4.1%	12.8%
	医疗保险	24.9%	3.5%	3.7%	3.4%	12.1%
	其他保险	9.2%	0.8%	0.9%	0.9%	4.2%
	未参加	74.0%	94.9%	95.0%	95.6%	86.7%
参加城乡居民养老保险情况		珠三角	粤东	粤北	粤西	总计
	是	55.8%	59.9%	60.0%	71.9%	61.0%
	否	44.2%	40.1%	40.0%	28.1%	39.0%
	总计	100.0%	100.0%	100.0%	100.0%	100.0%
享受居民养老保险缴费补贴情况		珠三角	粤东	粤北	粤西	总计
	是	30.4%	49.6%	33.5%	33.0%	34.2%
	否	69.6%	50.4%	66.5%	67.0%	65.8%
	总计	100.0%	100.0%	100.0%	100.0%	100.0%
参加医疗保险情况		珠三角	粤东	粤北	粤西	总计
	是	74.5%	95.3%	95.7%	95.6%	87.2%
	否	25.5%	4.7%	4.3%	4.4%	12.8%
	总计	100.0%	100.0%	100.0%	100.0%	100.0%
享受医疗保险缴费补贴情况		珠三角	粤东	粤北	粤西	总计
	是	84.4%	72.9%	72.3%	57.0%	72.7%
	否	15.6%	27.1%	27.7%	43.0%	27.3%
	总计	100.0%	100.0%	100.0%	100.0%	100.0%

续表

		珠三角	粤东	粤北	粤西	总计
一年来社会救助及福利补贴情况	最低生活保障	18.2%	35.8%	38.0%	33.6%	28.9%
	特困人员供养（城乡集中或分散供养）	1.5%	1.2%	1.8%	2.7%	1.8%
	医疗救助	68.6%	71.5%	71.3%	61.9%	68.2%
	其他救助（教育救助、住房救助、就业救助和其他临时救助）	7.0%	4.3%	2.3%	2.9%	4.6%
	困难残疾人生活补贴	35.4%	38.2%	36.0%	36.7%	36.2%
	重度残疾人护理补贴	32.4%	58.5%	37.4%	39.4%	38.6%
	其他福利补贴	52.1%	14.0%	12.8%	7.4%	27.3%
	无	6.5%	14.6%	19.6%	29.1%	15.9%
享受托养服务情况		珠三角	粤东	粤北	粤西	总计
	是	8.6%	1.3%	1.6%	0.9%	4.3%
	否	91.4%	98.7%	98.4%	99.1%	95.7%
	总计	100.0%	100.0%	100.0%	100.0%	100.0%
目前托养服务需求		珠三角	粤东	粤北	粤西	总计
	居家托养	29.0%	45.0%	51.0%	53.5%	42.0%
	日间照料	9.7%	13.9%	10.3%	11.1%	10.8%
	机构寄宿托养	7.0%	7.9%	7.0%	10.5%	7.9%
	无需求	54.4%	33.3%	31.7%	25.0%	39.2%
	总计	100.0%	100.0%	100.0%	100.0%	100.0%
康复服务获得情况		珠三角	粤东	粤北	粤西	总计
	康复医疗	20.7%	9.6%	6.9%	10.3%	13.5%
	功能训练	8.7%	3.1%	2.3%	2.8%	5.1%
	辅助器具	12.4%	3.9%	3.5%	3.6%	7.1%
	否	64.8%	85.3%	89.4%	86.3%	78.4%
目前你有哪些康复需求		珠三角	粤东	粤北	粤西	总计
	康复医疗	38.8%	50.7%	45.5%	60.0%	46.8%
	功能训练	20.3%	24.5%	20.6%	25.9%	22.2%
	辅助器具	32.9%	38.4%	37.8%	38.3%	36.0%
	无需求	32.8%	19.9%	28.1%	19.2%	26.9%

续表

		珠三角	粤东	粤北	粤西	总计
家庭无障碍改造情况	是	4.9%	1.4%	1.5%	1.5%	2.8%
	否	95.1%	98.6%	98.5%	98.5%	97.2%
	总计	100.0%	100.0%	100.0%	100.0%	100.0%
无障碍改造需求		珠三角	粤东	粤北	粤西	总计
	有需求	55.6%	76.2%	72.9%	79.1%	67.9%
	无需求	44.4%	23.8%	27.1%	20.9%	32.1%
	总计	100.0%	100.0%	100.0%	100.0%	100.0%
文化体育活动社区（村居）参与情况		珠三角	粤东	粤北	粤西	总计
	是	10.5%	2.8%	1.1%	2.1%	5.3%
	否	89.5%	97.2%	98.9%	97.9%	94.7%
	总计	100.0%	100.0%	100.0%	100.0%	100.0%
不能经常参加社区（村居）文化体育活动原因		珠三角	粤东	粤北	粤西	总计
	没有适合自己的活动项目	36.1%	41.6%	35.1%	49.1%	39.6%
	没有适合的场地和设施	24.1%	43.4%	45.7%	53.6%	39.2%
	没人组织指导	14.7%	27.0%	23.2%	34.4%	23.2%
	其他	56.5%	43.7%	41.8%	26.5%	43.9%

附录四　残疾人社区（村居）数据分区域占比情况列表

		珠三角	粤东	粤北	粤西	总计
综合服务中心设置情况	有	58.6%	17.0%	35.0%	23.1%	37.8%
	无	41.4%	83.0%	65.0%	76.9%	62.2%
	总计	100.0%	100.0%	100.0%	100.0%	100.0%
		珠三角	粤东	粤北	粤西	总计
综合服务中心出入口无障碍设置情况	有	70.5%	61.8%	66.1%	82.2%	70.4%
	无	29.5%	38.3%	33.9%	17.8%	29.6%
	总计	100.0%	100.0%	100.0%	100.0%	100.0%
		珠三角	粤东	粤北	粤西	总计
综合服务中心低位服务台设置情况	有	50.7%	26.5%	23.8%	16.3%	38.2%
	无	49.3%	73.5%	76.2%	83.7%	61.8%
	总计	100.0%	100.0%	100.0%	100.0%	100.0%
		珠三角	粤东	粤北	粤西	总计
综合服务中心无障碍厕所或厕位设置情况	有	21.8%	15.1%	10.8%	8.2%	17.0%
	无	78.2%	84.9%	89.2%	91.8%	83.0%
	总计	100.0%	100.0%	100.0%	100.0%	100.0%
		珠三角	粤东	粤北	粤西	总计
医院（卫生室、所）设置情况	有	79.3%	62.4%	76.7%	86.1%	77.1%
	无	20.7%	37.6%	23.3%	13.9%	22.9%
	总计	100.0%	100.0%	100.0%	100.0%	100.0%

续表

		珠三角	粤东	粤北	粤西	总计
医院出入口无障碍设置情况	有	76.4%	53.7%	62.7%	71.7%	68.6%
	无	23.6%	46.3%	37.3%	28.3%	31.4%
	总计	100.0%	100.0%	100.0%	100.0%	100.0%
医院低位柜台设置情况		珠三角	粤东	粤北	粤西	总计
	有	41.4%	25.4%	21.9%	19.5%	29.1%
	无	58.6%	74.6%	78.1%	80.5%	70.9%
	总计	100.0%	100.0%	100.0%	100.0%	100.0%
医院无障碍厕所或厕位设置情况		珠三角	粤东	粤北	粤西	总计
	有	28.7%	13.4%	11.3%	9.1%	17.5%
	无	71.3%	86.6%	88.7%	90.9%	82.5%
	总计	100.0%	100.0%	100.0%	100.0%	100.0%
学校、幼儿园设置情况		珠三角	粤东	粤北	粤西	总计
	有	72.0%	75.9%	62.5%	89.0%	74.0%
	无	28.0%	24.1%	37.5%	11.0%	26.0%
	总计	100.0%	100.0%	100.0%	100.0%	100.0%
学校（教学楼）出入无障碍情况		珠三角	粤东	粤北	粤西	总计
	有	81.0%	66.2%	69.2%	74.8%	74.2%
	无	19.0%	33.8%	30.8%	25.2%	25.8%
	总计	100.0%	100.0%	100.0%	100.0%	100.0%
学校（教学楼）双侧扶手设置情况		珠三角	粤东	粤北	粤西	总计
	有	54.1%	46.7%	44.4%	29.9%	44.5%
	无	45.9%	53.3%	55.6%	70.1%	55.5%
	总计	100.0%	100.0%	100.0%	100.0%	100.0%
学校无障碍厕所或厕位设置情况		珠三角	粤东	粤北	粤西	总计
	有	25.2%	17.8%	13.0%	11.8%	17.9%
	无	74.8%	82.2%	87.0%	88.2%	82.1%
	总计	100.0%	100.0%	100.0%	100.0%	100.0%
银行网点或者信用社设置情况		珠三角	粤东	粤北	粤西	总计
	有	47.9%	23.0%	19.3%	22.8%	31.1%
	无	52.1%	77.0%	80.7%	77.2%	68.9%
	总计	100.0%	100.0%	100.0%	100.0%	100.0%

续表

		珠三角	粤东	粤北	粤西	总计
银行出入口无障碍设置情况	有	72.0%	56.1%	65.4%	67.6%	68.2%
	无	28.0%	43.9%	34.6%	32.4%	31.8%
	总计	100.0%	100.0%	100.0%	100.0%	100.0%
		珠三角	粤东	粤北	粤西	总计
银行低位服务台设置情况	有	43.6%	25.5%	25.1%	25.2%	35.5%
	无	56.4%	74.5%	74.9%	74.8%	64.5%
	总计	100.0%	100.0%	100.0%	100.0%	100.0%
		珠三角	粤东	粤北	粤西	总计
商店（小卖部）设置情况	有	93.9%	85.2%	81.6%	93.3%	89.2%
	无	6.1%	14.8%	18.4%	6.7%	10.8%
	总计	100.0%	100.0%	100.0%	100.0%	100.0%
		珠三角	粤东	粤北	粤西	总计
商店出入口无障碍设置情况	有	72.8%	62.1%	63.8%	72.6%	68.9%
	无	27.2%	37.9%	36.2%	27.4%	31.1%
	总计	100.0%	100.0%	100.0%	100.0%	100.0%
		珠三角	粤东	粤北	粤西	总计
文体活动中心设置情况	有	69.9%	34.4%	38.7%	38.6%	49.2%
	无	30.1%	65.6%	61.3%	61.4%	50.8%
	总计	100.0%	100.0%	100.0%	100.0%	100.0%
		珠三角	粤东	粤北	粤西	总计
活动中心出入无障碍情况	有	70.7%	60.9%	62.8%	69.6%	67.8%
	无	29.3%	39.1%	37.2%	30.4%	32.2%
	总计	100.0%	100.0%	100.0%	100.0%	100.0%
		珠三角	粤东	粤北	粤西	总计
活动中心无障碍厕所或厕位设置情况	有	24.5%	15.8%	11.2%	11.4%	18.7%
	无	75.5%	84.2%	88.8%	88.6%	81.3%
	总计	100.0%	100.0%	100.0%	100.0%	100.0%
		珠三角	粤东	粤北	粤西	总计
无障碍文化器材和用品设置情况	有	74.1%	47.4%	49.5%	41.4%	60.5%
	无	25.9%	52.6%	50.5%	58.6%	39.5%
	总计	100.0%	100.0%	100.0%	100.0%	100.0%

续表

		珠三角	粤东	粤北	粤西	总计
适合残疾人的体育器材设置情况	有	59.2%	34.2%	33.0%	24.8%	45.3%
	无	40.8%	65.8%	67.0%	75.2%	54.7%
	总计	100.0%	100.0%	100.0%	100.0%	100.0%
		珠三角	粤东	粤北	粤西	总计
社区康复站设置情况	有	34.0%	4.5%	7.2%	7.9%	16.6%
	无	66.0%	95.5%	92.8%	92.1%	83.4%
	总计	100.0%	100.0%	100.0%	100.0%	100.0%
		珠三角	粤东	粤北	粤西	总计
社区日间照料机构设置情况	有	8.3%	0.9%	1.3%	0.7%	3.7%
	无	91.7%	99.1%	98.7%	99.3%	96.3%
	总计	100.0%	100.0%	100.0%	100.0%	100.0%
		珠三角	粤东	粤北	粤西	总计
社区残疾人居家服务设置情况	有	32.9%	2.6%	2.2%	2.2%	13.4%
	无	67.1%	97.4%	97.8%	97.8%	86.6%
	总计	100.0%	100.0%	100.0%	100.0%	100.0%
		珠三角	粤东	粤北	粤西	总计
组织残疾人参与文化体育活动情况	有	44.4%	6.9%	5.1%	5.7%	19.8%
	无	55.6%	93.1%	94.9%	94.3%	80.2%
	总计	100.0%	100.0%	100.0%	100.0%	100.0%
		珠三角	粤东	粤北	粤西	总计
社区体育健身指导员设置情况	有	17.1%	10.3%	2.5%	3.9%	9.5%
	无	82.9%	89.7%	97.5%	96.1%	90.5%
	总计	100.0%	100.0%	100.0%	100.0%	100.0%

后　记

雨后的晚上，放下校对完的书稿，坐在电脑前，与这本书有关的各种记忆浮现在脑中。从加入中山大学中国残疾人事业发展研究中心开展残障研究到这本书稿的完成，前前后后已经有近两年的时间了。这本书，是不经意早已播下的种子在这两年的阳光雨露下结出的一颗果实。而这两年，又不仅仅是一本书的收获。

在研究中与残障人群的接触可以追溯到我在北京大学心理学系读研的日子。当时，作为硕士研究生的我，在导师周晓林教授的指导下做关于大脑执行功能的研究。我的研究对象就是患有注意力缺陷多动障碍（ADHD，俗称多动症）的儿童，研究的主题是关于 ADHD 儿童的注意功能，这属于认知心理学的范畴。那时周老师虽然刚刚从剑桥回来没多久，但在北大的实验室已经有不少的硕士生和博士生了，我们在周老师的实验室度过了三年既紧张又充实的研究生生涯。那些日子，我经常往来于北医六院、小学和实验室，接触了不少患有 ADHD 和其他发展性障碍的儿童和他们的家长。至今我还记得其中一些接受了我们实验研究的小朋友，他们非常的聪明、敏感，但是难以控制自己的情绪与行为。他们当时表现出来的对情绪与行为的控制困难往往超出了常人的想想。与此同时，送孩子来进行实验研究的父母，往往把我们当作“救命稻草”，急切地希望从我们这些“专家”手上拿到能够有效解决他们孩子问题的良方。然而，当时的我作为一名大脑执行功能的心理学研究者，似乎对解决家长们的问题毫无办法。那段时间，我不但不能够解决家长们反映的问题，还通过与上百个患有发展性精神障碍的儿童与家长的接触，发现了更让人揪心的现实。那就是儿童个体所处的社会环境，尤其是他们的照顾者——父母对他们的心理与行为的影响似乎更大。

硕士研究生的这段经历促使我在后续的博士阶段开始转向儿童社会化发展的研究，去关注个体的社会环境如何影响与塑造儿童的情绪与行为。然而，再次与残障人群产生交集则是进入中山大学社会学与社会工作系以后。机缘巧合，我刚入职中山大学就开始与广州市的一个特殊儿童家长组织联系上，先后担任了中山大学社会工作专业学生在该机构的学校实习督导以及该机构聘用的专业督导，同时也负责了该机构委托的家长调查项目。通过该机构在对特殊儿童（大部分是具有精神残疾、智力残疾与肢体残疾的儿童）家长进行调研的过程中，更是深切地感受到残障群体照顾者的艰辛与勇气，更清楚地认识到残障不仅仅是个人的事情，更是家庭的责任，归根结底残障还是社会的责任。

回想这些年来的大部分与残障有关的研究，多是以残障群体为研究对象，开展的却还是认知发展心理学或社会心理学的研究。真正进入残障研究领域，还是从加入中山大学中国残疾人事业发展研究中心开始。2015年，先后收到了蔡禾老师与朱健刚老师关于在中山大学成立中国残疾人事业发展研究中心，邀请研究者加入残障研究队伍的邮件，我便欣然报名，加入了这个队伍。一进来就和朱老师合作，负责广东省的残疾人需求调研项目。以这个项目为开端，我走访了许多与残疾人有关的机构和组织，有民办学校，有培训机构，有各级残联，有社工机构和草根 NGO，也先后通过多种渠道与不同类别的残障者进行了交流。这些调研中的经历，不仅给了我研究上的收获，更对我的生活产生了影响。

此项研究开展与书稿写作的过程，也是我人生中最挣扎、最难忘的一段。2015 年 4 月，父亲在经历了 2 个月不明原因的咳嗽后，去医院检查发现是肺癌。得知消息的那一刻，全家人都傻了眼。面对这个坏消息，我们毫无准备。在我和母亲的眼中，父亲算是身体强健的人，虽然年纪大了总有些小病，但谁会想到这一遭身体出了大问题。从确诊后，时间就显示出其无比的残酷，一个一个坏消息接踵而来。不能动手术了、小细胞癌、没有基因突变、没有针对性的靶向药物。我们的求医问药之路也是无比的纠结，无助感常常侵袭着身心，每一个关于父亲治疗方案的决定都无比困难，常常面对着抉择的路口，这些抉择关乎着生死存亡。父亲辛辛苦苦地坚持了10次化疗，每一个疗程里都要在打完化疗药后去校医院连打7天增加白细胞和血小板的针剂。从一开始自己还能健步如飞到后面连起床的力气都没有了，每一天都在煎熬中。

在研究开展与书稿的写作过程中，经历了父亲病重与去世，看着父亲从高大强健、生龙活虎到骨瘦如柴，卧床不起。对我来讲，这是我之前人生中从未体验过的苦难。在这个过程中，来自残障者及其家属的故事与经历常常与我产生共鸣，让我敬佩，给我力量，让我意识到这两年我的经历并不特殊，它在每个人的人生道路上都可能发生。正如残障，也是每一个人都可能面临的风险。

行文至此，接近尾声，回看过往，最想说的还是感谢。虽然在书的开始部分已经对于本研究有直接帮助的各位师长与同人表达了感谢，但是还远远不够。在这里，我要感谢北京大学的周晓林教授，他也是中国残疾人事业发展研究会的常务理事，在得知我开始从事残障研究后，给予了我积极的支持。通过周老师，我认识了也从事残障研究的宋新明教授，他非常和蔼，两次在残障会议上相遇，我们也成了微信上的圈友。在这两年的残障研究过程中，我也结识了这一领域的学者与实践者，如王旭东老师、葛忠明老师、解岩等，与他们的交流才刚刚开始，但让我对从事残障研究更有信心。还有中山大学中国残疾人事业发展研究中心的同人们，包括深圳大学的周林刚教授、中山大学的富明慧教授、助理研究员严国威等，这本书离不开他们的支持。

当然，还要感谢中山大学社会学与人类学学院的各位师长与同人。蔡禾老师是我做师资博士后期间的导师，也是我工作与研究中的指路明灯，当在工作中遇到疑问的时候我都愿意去向蔡老师讨教。张应强老师、郑君雷老师、王宁老师、侯志红书记等学院领导都在我压力最大、最迷茫的时候给予了我支持与鼓励。周大鸣老师更是平易近人，给予年轻学者最大的支持。记得2015年去参加在北京召开的残疾人研究会议时，恰巧与周大鸣老师乘同一航班前往北京。到达时已是晚上，大鸣老师邀请我与他共乘一辆出租车，并先将我送至了开会地点。还有社会学与社会工作系的王进老师、朱健刚老师、贺立平老师、张和清老师等，都在日常的工作与研究过程中给予了我很多支持与帮助。

同时，要特别感谢李宁利、程瑜、梁玉成、丁瑜和她的先生张宁、余成普、任焰、杨永娇、涂炯、方芗、梁宏、谭兵、裴谕新、羡晓曼、许怡、雷杰、黄晓星、叶华、徐惠、王军、张文义、夏循祥等多位师友同人，他们有的在研究上给予帮助与支持，有的在生活中分享经历与感悟。他们中有不少亲爱的同事还给我提供了很多医疗方面的讯息与帮助，有了他们的支持与陪伴，才能让我在这段时间里，兼顾家人与工作。

这里更要感谢我的家人。我的母亲付出最多。父亲病重时，她既要照顾父亲，又要照顾当时三岁不到的外孙女。现在，我的母亲独自一人成为我们坚强的后盾，是她的无私付出才能让我们安心去努力工作。还有我的先生，这两年来牺牲了很多自己的工作与科研时间来照顾家庭，这才能让我有更多的时间投入研究与写作中。他是女儿心中最好的爸爸。这本书还要献给我的父亲，一个不善言谈但始终为我们着想的父亲。

最后，也要感谢社科文献出版社社会政法分社社长王绯老师和编辑张建中老师，这本书数据量大，图表众多，是编辑们的辛勤工作保证了书稿的顺利出版。

这本书，是我进入残障研究领域的一个开端。从研究开始，到书稿写作完成，再到等待出版的过程中，能够感受到残疾人事业越来越受到重视，越来越多的有关残疾人政策实施的好消息涌现出来，许多调研中残障者反映的问题，也正在逐步获得解决。再一次回看书稿，仍会发现许多有待完善的地方。然而，有不足也就更有前进的动力，真心期望它可以起到抛砖引玉的作用，让更多的专家学者以及社会大众更加重视残障研究与残疾人事业的发展，让我们的社会差异共存，和谐且美好。

徐 岩
2017 年 6 月于中山大学

图书在版编目(CIP)数据

残障者的需求与服务供给：基于广东省的混合研究 / 徐岩著. -- 北京：社会科学文献出版社，2017.8
ISBN 978-7-5201-1014-3

Ⅰ.①残… Ⅱ.①徐… Ⅲ.①残疾人-社会保障制度-研究-中国②残疾人-社会服务-研究-中国 Ⅳ.①D669.69

中国版本图书馆 CIP 数据核字（2017）第 149205 号

残障者的需求与服务供给
——基于广东省的混合研究

著　　者 / 徐　岩

出 版 人 / 谢寿光
项目统筹 / 王　绯
责任编辑 / 张建中

出　　版 / 社会科学文献出版社·社会政法分社（010）59367156
地址：北京市北三环中路甲 29 号院华龙大厦　邮编：100029
网址：www.ssap.com.cn
发　　行 / 市场营销中心（010）59367081　59367018
印　　装 / 三河市东方印刷有限公司

规　　格 / 开　本：787mm×1092mm　1/16
印　张：18.25　字　数：286 千字
版　　次 / 2017 年 8 月第 1 版　2017 年 8 月第 1 次印刷
书　　号 / ISBN 978-7-5201-1014-3
定　　价 / 78.00 元